Técnicas de análisis
e investigación de la Biblia

Un enfoque evangélico
a la Crítica Bíblica

Raúl Zaldívar

Técnicas de análisis
e investigación de la Biblia

Un enfoque evangélico
a la Crítica Bíblica

Editorial CLIE
www.clie.es

EDITORIAL CLIE
C/ Ferrocarril, 8
08232 VILADECAVALLS
(Barcelona) ESPAÑA
E-mail: libros@clie.es
http://www.clie.es

**Técnicas de análisis e investigación de la Biblia.
Un enfoque evangélico a la crítica bíblica**
ISBN: 978-84-944626-6-5
Depósito Legal: B. 1813-2016
ESTUDIO BÍBLICO
Hermenéutica y exégesis
Referencia: 224961

Datos biográficos

Raúl Zaldívar nació en Honduras donde sirvió como pastor y evangelista de Juventud para Cristo. Fue rector del Seminario Teológico de Honduras (SETEHO), donde había hecho su licenciatura en Teología. Sirvió como secretario ejecutivo de la Asociación Latinoamericana de Instituciones de Educación Teológica ALIET. Es fundador del Ministerio Raúl Zaldívar (MERZ) en Chicago y es actualmente el Presidente de Universidad para Líderes Internacional. Es abogado, miembro del Honorable Colegio de Abogados de Honduras y doctor en Derecho Internacional por la Universidad de Barcelona, donde su tesis obtuvo la calificación Cum Laude. Ha escrito varios libros, entre ellos Teología Sistemática desde una perspectiva Latinoamericana, Crítica Bíblica y Doctrina de la Santidad, entre otros. Es anfitrión del programa de radio El mundo en perspectiva y del programa de televisión del mismo nombre, así como del programa UpL 360 en la Cadena Enlace. Como evangelista ha predicado en más de 35 países en todos los continentes. Es catedrático de Teología Sistemática y ha sido profesor de Derecho Internacional en la Universidad de Honduras y profesor visitante en la Universidad Mariano Gálvez de Guatemala, y conferenciante en diversos seminarios y universidades de diferentes países.

ÍNDICE GENERAL

Prólogo de la primera edición

No es nada nuevo, pero la verdadera Iglesia de Jesucristo está siendo atacada. Nos amenaza por un lado el secularismo, desde afuera, y por otro el aún más sutil error doctrinal que viene desde dentro de la propia cristiandad. Hay los que se llaman creyentes que van cogidos de la mano, en mayor o menor grado, del propio enemigo. A veces incluso es muy difícil diferenciar entre lo ortodoxo y lo heterodoxo, a menos que intentemos simplificar las cosas; tanto que acabamos excluyendo a verdaderos hermanos de nuestro círculo de los fieles, siendo así nosotros más estrictos que Dios. Lo que a mi entender hacen falta hoy son hombres capacitados y preparados para enfrentarse con estos retos. A veces salimos al encuentro defendiendo la fe con piedras y palos contra la artillería de la erudición heterodoxa, confiando en ganar solo por pertenecer a la banda correcta. El apóstol Pablo, quien nos anima a defender la fe, era un hombre capaz de enfrentarse con las amenazas de su día, pero no pensaba hacerlo por medio de cuatro tonterías mal expuestas y mucha buena voluntad. Si vamos a defender la fe en el campo académico y científico, tenemos que dar la talla. Si no, el oscurantismo privado es preferible a la necedad pública.

A la vez, no deberíamos nunca desvincularnos de la tarea principal de la Iglesia, que se dedica a las minucias teológicas y por tanto pierde de vista lo más básico. Es un equilibrio difícil de encontrar en esta época de especialización. Sin embargo, el que defiende la fe debería también encarnar el deseo de difundirla.

Por eso ha sido mi privilegio conocer a Raúl Zaldívar, que apareció de la nada en mi despacho un buen día y me habló acerca de su deseo de escribir sobre la Crítica Bíblica. Me impresionó el hecho de que tuviera una gran carga para los "inconversos", junto con un afán por la verdad de Dios y un compromiso personal de hacer las cosas lo mejor que puede. Así que he seguido el desarrollo de su trabajo desde el principio, lo cual ha sido una experiencia rica para mí, no solo a nivel profesional, sino también personal.

Me alegra ver que el resultado haya sido tan positivo y que esta obra dé una buena orientación sobre las distintas clases de crítica existentes, las corrientes de pensamiento sobre la cuestión en la erudición moderna y la respuesta evangélica al tema. Mi deseo más sincero es que este libro sirva de guía para los interesados en el tema y que dé un impulso para seguir profundizando en la verdad con el mismo espíritu que se aprecia en estas páginas.

Scott Garber,
29 de mayo de 1990,
Castelldefels, Barcelona

Presentación de la segunda edición

Han transcurrido ya veinticinco años desde la aparición de *Crítica Bíblica: Un enfoque evangélico a las técnicas de investigación del Texto Sagrado*, y veintiuno desde la primera edición publicada por la editorial Clie.

Hoy vivimos en un mundo completamente diferente al de hace un cuarto de siglo; una nueva generación se ha levantado y a esta no la vamos a convencer con la jerga con la que nos convencieron a nosotros en la escuela dominical. Mi hija, que ha sido educada toda su vida en la fe cristiana, siendo estudiante de Ciencias Políticas en la Universidad de Chicago decide registrarse en un curso de Antiguo Testamento con un erudito profesor judío, quien lleva a cabo un estudio crítico sobre el Antiguo Testamento en el cual demuestra la manipulación del Texto con dos relatos de la creación completamente contradictorios y disímiles.

A este nivel no es posible emplear el lenguaje místico, y muchas veces irracional, con el que se nos habló en la Iglesia. Es necesario aplicar la tesis de Scott Garber, quien afirmaba hace veinticinco años: "Si vamos a defender la fe..., tenemos que dar la talla. Si no, el oscurantismo privado es preferible a la necedad pública". El caso de mi hija simplemente nos hace ver que existe toda una generación que demanda un magisterio eclesial de alto nivel que dé respuesta de su fe al mismo nivel que ellos.

Esta segunda edición desmitifica completamente una serie de enseñanzas irracionales que antaño había que creerlas porque así se habían enseñado. Una de las cosas que quedarán claras al final de esta lectura es que la Biblia es un libro completamente humano, que ha estado sujeto a una serie de manipulaciones por parte de los copistas y de algunos teólogos en el transcurso de los siglos. También descubriremos que existen muchas cosas que nos enseñaron, ya sea por ignorancia o por pereza al estudio, que no son ciertas.

Entiendo perfectamente el riesgo que asumo al realizar declaraciones de esta índole y las críticas a las que me expongo, especialmente por parte de personas que, igual que yo, un día hablaron de cosas simplemente por creerlas ciertas, pero no porque las hubieran analizado.

Lo que sí quiero reiterar enfáticamente es que el autor sigue creyendo en las doctrinas pétreas del cristianismo. El hecho de que el Texto Sagrado sea algo completamente humano no resta un ápice a que sea la Palabra del Dios omnipotente y, precisamente por ello, surge la Crítica Bíblica como ciencia, con el objeto de estudiar estas complejidades del origen del Texto. He de reconocer que es una ciencia muy compleja, reservada para una élite privilegiada de la Iglesia, por lo que haremos nuestro mejor esfuerzo para ponerla al alcance de la persona común y corriente del mundo actual.

Es mi deseo que esta obra clarifique cualquier duda y estimule a estudiantes y profesores de las diferentes universidades, seminarios e institutos bíblicos a investigar más acerca de este tema para así dar respuestas coherentes a una sociedad que exige respuestas científicas y de peso.

Raúl Zaldívar,
octubre de 2015,
Chicago

Presentación de la segunda edición

Le doy la más cordial de las bienvenidas a la nueva edición de uno de los libros de mi buen amigo y colega doctor Raúl Zaldívar. Se trata de una obra realmente técnica, en torno a un tema de gran importancia pastoral, educativa, exegética, teológica y hermenéutica: el estudio profundo y crítico de la Biblia. En efecto, se trata de una obra responsable y seria que explora asuntos, temas y metodologías de importancia capital para las iglesias y para los creyentes del siglo xxi.

Respecto a esta nueva edición, es fundamental destacar dos aspectos. El primero tiene que ver con el propio autor, el doctor Zaldívar, abogado de formación, educador de vocación, pastor por convicción y escritor de compromiso. Cuando se aúnan todas esas pasiones, destrezas y dones en una misma persona surgen obras extraordinarias. Este libro revela lo sistemático de un buen maestro, lo incisivo de las investigaciones legales, la sobriedad que se pone de relieve en las tareas pastorales, y los estilos y la comunicación que se revelan en un autor sobrio y maduro.

Un segundo elemento que debemos destacar es el asunto mismo objeto de estudio y exposición, pues no abundan obras en torno a esta temática escritas en lengua castellana desde una perspectiva latinoamericana. La verdad es que, en el idioma de Cervantes, las obras de estudios bíblicos serios y de crítica científica no dejan de ser, en muchos casos, traducciones de otras lenguas, particularmente del inglés y el alemán. Pero en esta ocasión, Zaldívar no solo escribe desde la óptica del mundo hispanoparlante y desde la cultura latinoamericana, sino que hace uso de las herramientas y metodologías que aprendió en el mundo de las leyes y las aplica en sus estudios bíblicos.

En este nuevo libro acerca de la Crítica Bíblica, las personas interesadas y letradas pueden encontrar buenos recursos para comprender el complejo mundo de los manuscritos bíblicos, así como las formas de catalogarlos, estudiarlos e interpretarlos. En esta obra, Zaldívar ha conseguido identificar y analizar una serie de temas que tradicionalmente no se exploran en la iglesia local y que, por desconocimiento, se convierten en fuentes de tensión en las congregaciones y entre los creyentes.

Recomiendo la lectura de esta obra en las congregaciones locales, como parte del currículo de educación cristiana; y también puede ser muy útil en los contextos educativos superiores de institutos bíblicos, colegios, seminarios, universidades y escuelas graduadas. No solo la lectura del libro aclara temas que no se dilucidan tradicionalmente en ambientes laicos, sino que presenta una buena bibliografía para quienes deseen explorar aún más los asuntos tratados.

Felicito a Raúl por esta relevante contribución a las letras teológicas latinoamericanas. Y asimismo animo al lector de esta presentación, puesto que se ha percatado de que está próximo a emprender un viaje educativo sin retorno a las extraordinarias tierras de las Ciencias Bíblicas.

Dr. Samuel Pagán,
7 de noviembre de 2015,
Roma

Introducción

Ahora más que nunca se vuelve insoslayable el estudio de la Crítica Bíblica, pues la generación que se ha levantado en la actualidad, es decir, la de los *Eco Boomers* (o generación del Milenio, como también se la llama), dispone de todo tipo de información al alcance con un solo clic. Nos referimos a personas que, gracias al fácil acceso al conocimiento, cuestionan los fundamentos de la fe cristiana con toda ciencia y lógica, lo que exige por parte de la Iglesia respuestas coherentes y sensatas. De ahí la importancia del conocimiento y manejo de la Crítica Bíblica en todas sus vertientes.

Objetivo del estudio

Ya en la época veterotestamentaria, los Soferim[1] realizaban trabajos de crítica[2] en el Texto Sagrado de tal modo que cuando se inició la discusión sobre el canon,[3] tanto del Antiguo Testamento (AT) como del Nuevo Testamento (NT), la crítica comenzó a adquirir un carácter que, con el decurso de los siglos, llegó a configurar la ciencia[4] actual. De esta manera surge la

1. Acerca de quiénes eran los Soferim o escribas, véase nota a pie de página 14.

2. La Crítica es la ciencia del discernimiento. Etimológicamente, viene del griego *krino*, que significa "juzgar" o "discernir". Briggs apunta: "La Crítica es un método de conocimiento, y dondequiera que hay algo que saberse, el método crítico tiene su lugar. El conocimiento se gana por el uso de las facultades de la mente humana, a través del sentido de la percepción, la intuición y los poderes del razonamiento. Si el trabajo de crítica fuera infalible y sus resultados confiables, entonces no habría necesidad de crítica". Briggs, *The Study of the Holy Scripture*, Baker Book House, 1978, p. 78.

3. Del griego *kanon*, que significa "vara recta" y que puede definirse como "decisión tomada por un concilio de la Iglesia en el cual establece cuáles son los libros inspirados de la Biblia". Véase Zaldívar, Raúl, *Teología Sistemática desde una Perspectiva Latinoamericana*, Clie, Viladecavalls, 2006, pp. 139 y ss. Para mayor información sobre el canon, véase Báez, Camargo, G., *Breve Historia del Canon Bíblico*, Luminar, 1979.

4. La Crítica Bíblica es una ciencia porque reúne los requisitos básicos que todo conocimiento debe tener para aspirar a serlo: 1) Conocimientos relacionados lógicamente. En el estudio de la crítica que desarrollaremos en los capítulos siguientes podrá observarse la relación lógica que se establece entre los distintos conocimientos. Por ejemplo, en el caso de la Crítica Textual, vemos como concepto, origen, fuentes y enfoque guardan una perfecta relación lógica. 2) Conocimiento conceptual. Al definir con género próximo y

Crítica Textual, Lingüística, Literaria, de Formas, de Redacción e Histórica. Ramas de la Crítica Bíblica todas ellas que serán objeto de estudio en este trabajo de investigación; en primer lugar, en lo que concierne a su enfoque, es decir, al prisma a través del cual el erudito juzga el Texto Sagrado; y más adelante, será objeto de estudio la humanidad de la Biblia y, por ende, la correspondiente desmitificación de la irracionalidad de ciertas creencias que históricamente se han venido enseñando en la Iglesia, las cuales, lejos de abonar el terreno a nuestra fe, nos desacreditan frente a la generación actual que está esperando una mejor respuesta por nuestra parte.

Para finalizar, nuestro objetivo es presentar un ejemplo práctico de cómo realizar el trabajo de crítica, para lo cual hemos escogido la perícopa de la mujer adúltera, que será analizada desde los seis ángulos de la Crítica Bíblica.

Propósito de la investigación

Como cualquier otra investigación, la nuestra tiene una serie de propósitos fundamentales que cambiarán la cosmovisión del estudioso al finalizar la lectura del presente libro:

1) El propósito fundamental de este estudio es mostrar al lector el modus operandi de cada una de las seis ramas de la Crítica Bíblica.

2) Diluir de la mente del estudioso de la Biblia aquellos mitos que hemos fabricado a su alrededor, que hacen de ella un libro sobrenatural escrito por hombres sujetos a éxtasis emocionales o mentales, a los cuales Dios les dio una revelación magnífica de su programa sobre el desarrollo de la historia del hombre.

3) Demostrar que, a pesar de la humanidad de la Biblia y de sus aparentes y reales errores, manipulaciones, interpolaciones y contradicciones, la autógrafa fue inspirada y es inerrante y, por lo tanto: "Toda Escritura es inspirada por Dios..".[5] "... los santos hombres de Dios hablaron siendo inspirados por el Espíritu Santo..".[6]

---

diferencia específica la Crítica Bíblica con sus diferentes ramas, tenemos un conocimiento conceptual de la materia. 3) Conocimiento sistemático. Esto quiere decir que existe una estructura, un armazón dentro del cual se halla enclaustrado el conocimiento. Para comprobar esto tan solo bastará ver la estructura de cada capítulo. 4) Conocimiento metódicamente fundado. Para llegar a una conclusión es menester seguir un camino o método, y la Crítica Bíblica lo sigue. En el caso de este trabajo, se sigue el método dialéctico, *inter alia*. La Crítica Bíblica es, por lo tanto, ciencia. Cf. Fatone, Vicente, *Lógica e Introducción a la Filosofía*, Kapeluz, Argentina, 1951, p. 149.

5. 2 Timoteo 3:16.

6. 2 Pedro 1:20.

4) Mostrar que en la Crítica Bíblica hay un péndulo que puede moverse hacia el lado que el individuo quiera, de manera que a esta ciencia se le puede dar un uso positivo que no afecte a los fundamentos de la fe cristiana; pero también es posible mover el péndulo hacia el otro lado, y afirmar que la Biblia no es la Palabra de Dios y que, por lo tanto, no estamos atados a ella ni en conducta ni en conciencia, aclarando que el movimiento del péndulo no necesariamente tiene que ver con algo científico, sino con la moral del hombre.[7]

5) Subrayar algunos principios metodológicos propuestos por los eruditos para realizar un trabajo de crítica con el Texto Sagrado, apegado a los principios tradicionalmente sostenidos por la Iglesia.

Limitaciones de la investigación

La presente investigación se enmarca en un debate que durante los últimos años se ha sostenido entre los que cuestionan la inspiración e inerrancia de la Biblia, a los que se llama "racionalistas",[8] y aquellos que defienden el punto de vista tradicional, los "bíblicos".

---

7. Acerca del uso positivo que puede dársele a la Crítica Bíblica, se recomienda ver el artículo de Gordon, Wenham, "Crítica Literaria y el AT", *Manual Bíblico Ilustrado*, UNILIT, EE.UU., pp. 182-184; y León, Morris, "Los Evangelios y la Crítica Moderna", ibíd., pp. 530-532.

8. En este trabajo se les llama "racionalistas" a aquellos que cuestionan la inspiración e inerrancia de la autógrafa, y se decidió utilizar este término por lo que a continuación se expone: 1) Porque hacen un rompimiento con la Biblia. Cuando Friedrich Schleiermacher afirma: "El hombre ha de vivir su vida sin el freno o el control de una autoridad superior a su propia alma" (citado por Martínez, J. M., *Hermenéutica Bíblica*, Clie, Viladecavalls, 1984, p. 81) está poniendo a un lado la Biblia y la autoridad de Dios para vivir según sus sentimientos. 2) Porque deifica la razón. La razón, como muy bien la define Chafer, "son las facultades morales e intelectuales del hombre, ejercidas en la búsqueda de la verdad y sin la ayuda sobrenatural" (Chafer, L. S., *Teología Sistemática*, Publicaciones Españolas Dalton. USA. 1974, p. 50). Sobre dicha definición huelga señalar que el cristiano, al usar su razón para escribir sobre cualquier tema de teología, busca la ayuda de Dios, la cual sin duda recibe, pero en el marco de sus limitaciones. Si Dios le diera una ayuda sobrenatural, estaríamos ya ante un caso de inspiración. De esta definición se colige que la razón es puramente humana, natural y terrenal. La pregunta es: ¿Cómo puede lo humano explicar lo divino, lo natural –lo sobrenatural– y lo terrenal –lo celestial–? Ahí radica el problema de los racionalistas. A todo le dan una explicación humana y racional, por muy absurda que pueda parecer. 3) Porque exaltan al hombre como centro del pensamiento o de la experiencia religiosa. J. Wellhausen, al seguir el planteamiento dialéctico de la historia propuesto por Hegel, sitúa al hombre como centro de la experiencia religiosa, donde Moisés es un simple hombre que introduce el monoteísmo que los profetas consolidan. Schleiermacher aseveró: "Todas las doctrinas debieran ser la expresión de lo que acontece en el alma de los creyentes, descripciones de estados humanos, únicamente de los estados del alma se puede partir en busca de la verdad y llegar a ser consciente

No toca aquí extender el estudio hasta el punto de realizar exposiciones exhaustivas acerca de cómo realizar cada una de las críticas. Se considera que cada una de ellas puede ser objeto de un estudio por separado, y que daría como resultado una obra voluminosa, muy útil para aquellos que se interesen por este tipo de problemas.

En otras palabras, el presente trabajo se limita a explicar el modus operandi de cada una de las seis ramas de la Crítica Bíblica, desarrollando ejemplos concretos para su mejor comprensión, y finalmente analizar el enfoque teológico que los críticos racionalistas han efectuado en diferentes épocas con el objeto de realizar una apología bíblica, resaltando el uso positivo que se le puede dar a esta ciencia.

Justificación del trabajo

La nueva generación que se ha levantado es una generación estudiosa que tiene el conocimiento al alcance de un clic y a la cual ya no se le puede decir cuatro boberías mal dichas y creer que tenemos la razón simplemente porque la Biblia lo dice. Esta generación sabe perfectamente que existen muchas cosas que la Biblia dice que en realidad no dice; sin embargo, nosotros nos hemos quedado repitiendo estribillos que nos enseñaron los misioneros en la escuela dominical y esto no puede seguir así. Tenemos que avanzar hacia otro nivel, porque el futuro de nuestra Iglesia está en la generación del Milenio o *Eco Boomers*.

Por otro lado, la artillería heterodoxa del racionalismo alemán, al igual que sus seguidores, ha desacreditado la autenticidad de la Biblia para justificar sus más ruines conductas. Esto exige de la Iglesia un liderazgo que pueda dar la talla, que pueda dar una respuesta científica y contundente que ponga en su sitio la insolencia de aquellos que se han atrevido a desafiar al Dios creador.

Es también necesario dejar claro de una vez por todas que no solo los teólogos alemanes son los únicos que pueden *hurgar* el Texto y explicar lo que la Biblia enseña, sino que en América Latina hemos alcanzado la madurez suficiente para elaborar estudios al mismo nivel que las escuelas europeas; hemos llegado a la madurez de argumentar o refutar teorías con toda ciencia. En América Latina somos la Iglesia del Aviamiento y sabemos perfectamente que tenemos un *rendez-vous* con la historia.

de Dios". Martínez, J. M., *Hermenéutica Bíblica*, óp. cit., p. 81). Porque adapta la teología al pensamiento humano. Adaptar la verdad de Dios a la mentira del hombre es un absurdo total. Reducir a Dios a una categoría humana es una pretensión inadmisible. Ya la Biblia sentencia: "Mis pensamientos no son vuestros pensamientos, ni mis caminos son vuestros caminos" (Is 55:8). 5) Por la apertura al cambio. La verdad de Dios es inmutable, no evoluciona puesto que: "Jesucristo es el mismo ayer, hoy y por los siglos" (Heb 13:8).

Por lo dicho anteriormente, está más que justificada la redacción de este libro, que sin duda constituirá un aporte de la Iglesia de América Latina al mundo de la academia, demostrando nuestra madurez en apenas poco más de un siglo de historia.

Metodología de investigación

Sin un método[9] es imposible la aprehensión de conocimiento, cualquiera que este sea, de manera que el primer método empleado en esta investigación es el *método histórico*,[10] el cual nos permite trabajar con la información proveniente de los trabajos realizados por los teólogos alemanes que dieron origen a la Crítica Bíblica. Al aplicar dicho método, tres son las directrices que vamos a seguir: 1) La obtención de las fuentes documentales que serán la materia prima de nuestro trabajo. En nuestro caso específico, serán los libros traducidos del alemán al idioma inglés, que será nuestra fuente primaria. 2) Una vez tengamos el material de estudio, nuestro trabajo consistirá en efectuar el correspondiente análisis, tanto de forma como de fondo, que nos permita conocer la esencia misma de la filosofía detrás de la teología presentada.[11] 3) Finalmente realizar una síntesis o valorización crítica de todo el trabajo realizado. Una vez seguido este procedimiento, plasmaremos sobre el papel nuestro pensamiento para someterlo al debate académico, constituyéndose *ipso facto* en nuestra contribución científica.

En segundo lugar, utilizaremos el *método dialéctico*.[12] Al terminar cada capítulo efectuaremos una dicotomía, a la cual llamaremos *enfoque crítico*. En este enfoque presentaremos el punto de vista del racionalismo alemán, que será la tesis; luego contrastaremos dicha tesis con el enfoque bíblico, la antítesis, y concluiremos con un resumen o síntesis. De esta manera se desarrollará el método dialéctico.

9. "... en el cual no hay mudanza ni sombra de variación" (Stg 1:17). 6) Por la libertad de pensamiento y acción. Esta es una de las pretensiones más insolentes del hombre contra Dios. El día que Dios dé lugar al pensamiento y acción del hombre, ese día dejaría de ser Dios. El hombre no debe pensar lo que quiere, ni actuar como quiere, pues es criatura, no creador, y aspirar a tal cosa equivale a ser igual a Dios.

Método es el conjunto de procedimientos racionales para la investigación y la demostración de la verdad. Véase Benlloch y Tejedor, *Filosofía General*, SM, Madrid, 1975.

10. El modus operandi del método histórico es tratado de forma magistral en Garraghan, Gilbert, J., *A guide to Historical Method*, Fordham University Press, EE.UU., 1946.

11. Con la crítica alemana no basta con conocer el pensamiento teológico del autor, sino que es necesario entender la filosofía que hay detrás de la teología que se lee.

12. Para mayor información sobre el método dialéctico de Hegel, véase Hirschberger, Johannes, *Breve Historia de la Filosofía*, Herder, Barcelona, 1982, pp. 243-244. Enciclopedia Autodidáctica Océano, t. I, p. 481.

Las fuentes del conocimiento

Para la elaboración de esta investigación se han utilizado las fuentes de rigor en el campo de la Crítica Bíblica, como son: Diccionarios, Enciclopedias, Manuales del AT y del NT, Libros Especializados de Crítica, entre otras fuentes. En cuanto a las bibliotecas, se han consultado: Biblioteca del Instituto Bíblico y Seminario Teológico de España, en Barcelona; Biblioteca del Seminario Teológico de Honduras, en Tegucigalpa, así como otras bibliotecas particulares.

Es importante señalar que para la elaboración de la segunda edición de este libro se amplió la bibliografía original de una forma significativa, se actualizaron algunos títulos ya utilizados, y se consultó bibliografía en otros idiomas distintos al inglés para darle todo el peso que merece un trabajo de esta naturaleza.

Plan de estudio

La investigación consta de seis capítulos, los que contienen las diferentes clases de Crítica Bíblica, a saber: Textual, Lingüística, Literaria, de Formas, de Redacción e Histórica. Cada capítulo abarca los aspectos generales como concepto, propósito, método, y por supuesto el enfoque que pueda efectuarse desde las perspectivas racionalista o bíblica para desembocar en las conclusiones pertinentes.

Al final de los seis capítulos se llega a una conclusión general que constituye la mejor opinión a la que se ha llegado tras un serio trabajo de investigación. Finalmente este libro incluye dos anexos; el primero es un ejemplo práctico de cómo hacer un trabajo de Crítica Bíblica[13] y el segundo es la llamada Declaración de Chicago, un documento preparado por teólogos connotados que apoyan la tesis sostenida a través de estas páginas: que la autógrafa es inspirada e inerrante y, por tanto, es norma de fe y de conducta para el hombre.

13. Este anexo ha sido añadido en esta segunda edición de *Crítica Bíblica*.

I
Crítica Textual

Cuando se habla de la Crítica Textual no se ha de entender en el uso semántico común de "hablar mal de", sino todo lo contrario: se trata de establecer un texto confiable mediante la adopción de la variante más apegada al espíritu bíblico. Una de las formas en las cuales Dios se revela al hombre fue a través de su palabra registrada en la Biblia.

Esto se realiza mediante un proceso divino denominado inspiración de hombres comunes y corrientes para escribir la autógrafa, utilizando, nunca inspirando, a los copistas que fueron los transmisores del logos de Dios a las generaciones futuras.

La pregunta básica de la Crítica Textual no es: ¿Es verdadera la Palabra de Dios? sino ¿Cuál es el texto de la Palabra de Dios? o ¿Hasta qué punto es posible formular las palabras exactas con las cuales Dios se manifestó?

El presente capítulo tomará en consideración los siguientes elementos:

1. Origen y concepto de la Crítica Textual.
2. Fuentes de la Crítica Textual.
3. Errores de transmisión textual y principios confiables para su restauración.
4. Enfoque crítico.
5. Resumen.

1. Origen y concepto de la Crítica Textual

La Crítica Textual ocupa dentro de la taxonomía de la Crítica Bíblica un sitio de honor por bregar con aspectos trascendentales como la vindicación de la autógrafa divina, norma de fe y de conducta del hombre. En este apartado se discutirán dos temas: el origen de la Crítica Textual y su concepto.

1.1. Origen de la Crítica Textual

Antes de Johannes Gutenberg en 1450, todos los libros eran laboriosamente confeccionados a mano. En el caso de los Manuscritos (MSS) sagrados, eran elaborados por un grupo de eruditos llamados Soferim o escribas.[14]

Cada copia era escrita a mano y por diferentes personas. Como resultado de ello no existían dos copias exactamente iguales; y con la multiplicación de las copias, los errores inevitablemente se multiplicaban. Esta realidad se vio agravada por dos aspectos claves: 1) la aparición de diferentes versiones que tomaron como base distintos MSS; y 2) la imposibilidad de la traducción literal de expresiones propias del hebreo, esto es, hebraísmos, por lo que el traductor tenía que hacer aproximaciones.

Se puede afirmar que estas circunstancias *inter alia* son las que dan lugar a las variantes en las versiones que se tienen actualmente en los idiomas vernáculos; de ahí nace el imperativo categórico de realizar un trabajo de Crítica Textual en aras de recuperar la literalidad de la autógrafa.

Se considera a Westcott y Hort como los padres de la Crítica Textual a raíz de su célebre Nuevo Testamento en griego, publicado en 1881, en el que expusieron que los diferentes manuscritos deben ser clasificados en textos o familias de textos.[15]

---

14. Los Soferim eran personas especialmente encargadas de realizar el trabajo de transmisión y cuidado de las Escrituras, así como la búsqueda y la supresión de eventuales errores. A los Soferim también se les llama escribas, sabios de la Escritura, maestros y copistas de la Biblia. Es importante señalar que en la época de los Soferim, el texto hebreo no tenía vocales, era un texto consonántico. En la segunda mitad del primer milenio aparecen los Nacdanim, quienes introducen las vocales en el texto hebreo, y finalmente surgen los masoretas, quienes fueron los que introdujeron notas o masora al texto de la Biblia judía. Cf. Kruger, René, Croatto, Severino, Míguez, Nestor, *Métodos Exegéticos*, Publicaciones Educab, Buenos Aires, Argentina, 1996, pp. 64 y ss.

15. Esta clasificación en familias se basa en la concordancia de un grupo de manuscritos en un amplio número de lecturas variantes, v.g. si se puede mostrar que un grupo de cuatro manuscritos incorpora unas cincuenta o cien lecturas que le son comunes, aunque estas no sean importantes y no se encuentren en otra parte, se puede concluir con seguridad que estas variantes provienen de una fuente común. Cf. Ladd, G. Eldon, *The New Testament and Criticism*, William B. Eerdmans Publishing, EE.UU., pp. 59 y ss.

Antes de Westcott y Hort[16] existía en el idioma griego lo que se dio en llamar el *Textus Receptus* de Erasmo de Rotterdam,[17] de donde se traducían todas las versiones de la Biblia. Westcott y Hort crearon su Nuevo Testamento griego partiendo no solo de los más de cinco mil MSS disponibles en ese momento, sino también de otros MSS descubiertos, como el Sinaítico[18] (א), o el Vaticano[19] (B) *inter alia*. Este NT en griego desplazó al *Textus Receptus* de Erasmo y se convirtió en el texto utilizado para traducir versiones de la Biblia en los idiomas vernáculos. Coetáneo al texto de Westcott y Hort está el NT griego de Nestle, publicado por la Sociedad Bíblica de Württemberg, Alemania, en 1898. En 1952 Kurt Aland creó el aparato crítico de este NT y se convirtió en el NT griego Nestle-Aland. Adquirió prestigio y reputación porque la Sociedad Bíblica Unida lo adoptó como su *Textus Receptus*, del cual se efectuaron una serie de traducciones que dieron lugar a muchas versiones, incluyendo trabajos mancomunados con la Iglesia católica que provocaron toda suerte de reacciones en la Iglesia cristiana evangélica.[20]

16. Westcott y Hort son dos eruditos de origen inglés que trabajaron juntos en el siglo xix en la confección de un NT griego partiendo de los MSS recientemente descubiertos. Estos científicos son considerados como los padres de la Crítica Textual, porque fueron los primeros que hicieron en el NT el trabajo de recuperar el verdadero significado del Texto. A pesar de ello existen innumerables críticas en su contra, hasta el punto de considerarlos responsables de la traducción del Nuevo Mundo de los Testigos de Jehová, que niega la deidad de Jesucristo.

17. El primer Nuevo Testamento impreso en griego fue editado por el erudito holandés Desiderio Erasmo (1466-1536). Johannes Froben, un decidido impresor de Basilea, Suiza, deseaba publicar un NT griego antes de que saliera la obra de Jiménez de Cisneros; por ello persuadió a Erasmo de Rotterdam a fin de que preparara el manuscrito para la publicación. Existen muchas personas que critican el trabajo del gran humanista holandés y le señalan numerosos errores. Sin embargo, el texto de Erasmo llegó a alcanzar tanta popularidad que se conoció como *Textus Receptus* y predominó en los círculos de la Iglesia durante varios siglos, siendo la base de la traducción de muchísimas versiones de la Biblia, incluyendo la célebre versión inglesa *King James*, de 1611. El trabajo de Erasmo fue revisado en diversas ocasiones (1519, 1522, 1527 y 1535). A esas revisiones se le agregó lo que se dio en llamar "anotaciones", que eran notas y comentarios sobre varios pasajes de la Biblia. Para más información sobre el tema, resulta útil ver White, James, *The King James only controversy*, Bethany House Publishers, EE.UU., 2009, pp. 90 y ss.

18. Es un MSS que data del siglo iv d.C. y que comprende la totalidad del NT, aunque el original contenía toda la Biblia. También posee fragmentos de libros no considerados canónicos en la actualidad, como el Pastor de Hermas. El (א) fue descubierto por un profesor alemán de apellido Tischendorf en el año 1848 en el convento de Santa Catalina, sito en el monte Sinaí; de ahí su nombre.

19. Es un MSS un tanto más antiguo que el (א), pero del mismo siglo. El (B) contiene la totalidad del NT y se conserva en la Biblioteca del Vaticano.

20. Un relato exhaustivo del origen y la evolución del NT griego de Nestle y Aland puede ser consultado en Nestle-Aland, *Creek New Testament*, Deutsche Bibelgesellschaft, Alemania, 1998, pp. 1 y ss.

1.2. Concepto de Crítica Textual

Se asume que al leer cualquier libro o documento lo que se lee es exactamente lo que su autor escribió. Lo mismo ocurre cuando se lee la Biblia: el lector cree firmemente que lo que lee es precisamente lo que el hagiógrafo escribió. Sin embargo, por las distintas razones antes explicadas, el Texto Bíblico actual posee variantes, algunas de las cuales son contradictorias o heréticas, por lo que habrá de recuperarse la versión correcta. Es aquí precisamente cuando surge la Crítica Textual, que como afirma G. Eldon Ladd:

> Es el estudio de las muchas variantes en el texto de la Biblia, y el esfuerzo de recobrar el texto original. [21]

Se trata de una definición sucinta que abarca en pocas palabras lo que es esta forma de crítica. El profesor Archer, por su parte, es más explícito y añade una serie de elementos ignorados por Ladd:

> Gira alrededor de la tarea de restaurar el texto original sobre la base de las copias imperfectas que han llegado a nuestras manos. Pretende tamizar las evidencias provistas por las variantes, o diferentes versiones donde los MSS existentes discrepan unos de otros y, por medio de un sistema científico, llegar a lo que probablemente fue la terminología utilizada por el hagiógrafo.[22]

Al analizar esta última definición vamos a encontrar una serie de elementos muy importantes. El primero es *restaurar*. Es muy normal que a raíz de la forma en que los Soferim transcribían el Texto, estos escribas cometieran errores y hubiera una corrupción involuntaria en los MSS; en otros casos también hubo manipulaciones tendenciosas, a las que nos referiremos en su momento, que corrompieron los MSS y por ende el *Textus Receptus*. Cuando el traductor traducía del *Textus Receptus* incluía el error, como es lógico, y ello hace necesario un trabajo de Crítica Textual. Un ejemplo de lo que estamos afirmando lo encontramos en Marcos 1:2 que dice: "… como está escrito en Isaías el profeta". Así aparece tanto en el NT griego de Westcott y Hort como en el de Nestle-Aland. En el *Textus Receptus* de Erasmo aparece diferente, en Marcos 1:2 se lee: "… como está escrito en los profetas…" y no menciona a Isaías profeta. Por eso cuando leemos la versión inglesa *King James*, esta no menciona a Isaías, y simplemente señala a los profetas. Este simple ejemplo nos muestra

21. Ladd, G. Eldon, *The New Testament and Criticism*, óp. cit., p. 4.

22. Archer, Gleason, *Reseña Crítica de una Introducción al Antiguo Testamento*, Moody Bible Institute, EE.UU., 1964, p. 58.

la corrupción en dos NT griegos que sirven de base para la traducción de muchas versiones. La buena noticia es que este problema en concreto se resuelve fácilmente leyendo en contexto. Cuando leemos el pasaje nos damos cuenta que lo que Marcos hace es citar a Malaquías 3:1 e Isaías 40:3, así que la variante que presenta el *Textus Receptus* de Erasmo es la correcta.

El segundo elemento de la definición de Archer son esas *copias imperfectas*. El trabajo de los eruditos en la confección de estos *Textus Receptus* es verdaderamente colosal. Sin embargo, como seres humanos, son imperfectos y por lo tanto todo trabajo humano está y estará siempre sujeto a error, máxime cuando hay miles de MSS involucrados en el proceso.[23]

El aparato crítico de Nestle-Aland supone una verdadera contribución a la ciencia de la Crítica Textual, y será nuestra tarea tamizar las *evidencias provistas*, esto es, el tercer elemento de la definición de Archer. Finalmente será nuestro objetivo, a través de un sistema científico, llegar a la terminología correcta. La Crítica Textual es una ciencia y como tal posee un método, que tendremos que utilizar para llegar a determinar cuál es la variante más adecuada.

Por todo lo anteriormente expuesto, no es correcto satanizar los *Textus Receptus* y las diferentes versiones de la Biblia, puesto que no existe ni existirá nunca una autógrafa que no contenga errores de transmisión textual.

Una vez expuesto lo relacionado con el origen y el concepto de la Crítica Textual, es oportuno abordar lo que se refiere a las fuentes o las herramientas que nos permitirán efectuar este tipo de trabajo.

2. Fuentes de la Crítica Textual

El concepto de *fuentes* que se maneja en este apartado se refiere a los materiales de trabajo con los cuales el crítico textual realizará su tarea. Es menester apuntar que los materiales de trabajo del AT son diferentes a los del NT, razón por la cual se abordará por separado.

2.1. Fuentes en el AT[24]

Los miles de MSS y versiones que existen son la materia prima que el crítico bíblico utilizará en el momento de reconstruir el texto original, es

---

23. Es evidente que el material para realizar este trabajo científico al que se refiere el profesor Archer está formado por una serie de MSS escritos en rollos, códices e impresos, que según Eldon Ladd pueden sumar más de tres mil, aunque luego habla de cinco mil manuscritos griegos. Véase Ladd, E., óp. cit., pp. 50 y 60.

24. Para una información completa, véase Waltke, Bruce, "The Textual Criticism of the Old Testament". *Expositor Bible's Commentary*, Zondervan Publishing, EE.UU., 1979, pp. 47-48.

decir, lo que el hagiógrafo escribió en la *autógrafa*.[25] Las fuentes son diversas y el estudioso deberá contar con las de más prestigio en el momento de llevar a cabo su trabajo. La ventaja con la que se cuenta en la actualidad en relación con el pasado es la existencia de internet, que nos permite tener acceso a cualquier cantidad de fuentes, lo cual nos facilita el trabajo de una forma muy significativa y eficiente.[26]

2.1.1. Los MSS hebreos

El Texto Sagrado es escrito por una ordenación divina y nunca por designios humanos.[27] Pese a los avatares políticos, sociales y religiosos, los MSS fueron preservados providencialmente y los copistas se encargaron de guardar su pureza y fidelidad en la medida de sus posibilidades, así como de transcribirlos y transmitirlos.

Desde los días de Esdras, surgió en Israel una escuela de estudiantes profesionales de la Ley que dedicaron todo su tiempo y su pensamiento a la investigación y la determinación de asuntos relacionados con la revelación divina. Ellos fueron los Soferim, también conocidos como escribas o rabíes.[28] Su actividad se extendió desde el 400 a.C. hasta el 200 d.C., y su hecho más notable o meritorio fue el de normalizar y uniformar un texto puro de las Sagradas Escrituras.[29]

---

25. La jerarquía de la Palabra de Dios se establece de la siguiente manera: l) la autógrafa original, que no existe; 2) los manuscritos más antiguos en los idiomas originales; 3) las versiones; y 4) las citas patrísticas, en el caso del NT.

26. Cuando se escribió la primera edición de este libro, el autor tenía que viajar dos veces por semana en un tren de cercanías desde la ciudad de Barcelona al municipio de Castelldefels, donde se ubicaba la biblioteca del Seminario Teológico de España, para realizar la investigación necesaria que dio origen a esta obra. Hoy, veinticinco años después, las fuentes bibliográficas se hallan digitalizadas, muchos de los MSS están al alcance de un clic y son muy pocas las fuentes que se utilizan de forma física. Esta realidad nos ayuda sustancialmente a llevar a cabo el trabajo de Crítica Textual de una forma más fácil y expedita.

27. Éxodo 17:14. Véase también Éxodo 24:4, 34:27; Deuteronomio 17:18,19; Isaías 8:1; Jeremías 30:2, 36:2; Daniel l2:4; Hebreos 2:2; Apocalipsis 1:11, 19.

28. Dana, H. E., *El Nuevo Testamento Ante la Crítica. Casa Bautista de Publicaciones*, EE.UU., 1953, p. 19.

29. Archer, Gleason, *Reseña Crítica de una Introducción al AT*, óp. cit., p. 66.

En la segunda mitad del primer milenio surgieron los masoretas,[30] que fijaron la grafía, la puntuación de consonantes[31] por medio de signos vocálicos, la pronunciación de las palabras, y asimismo las reglas de lectura pública. Con todo ello lograron darle uniformidad y fijar la forma definitiva del texto del AT.

Se estima que el proceso de formación del texto masorético tuvo lugar entre los siglos VI y X. A finales de este período surgieron dos famosas escuelas de masoretas: la Escuela de Tiberíades en Galilea y la Escuela de Babilonia. La primera escuela estuvo liderada por dos notables familias de masoretas: la de Mosheh ben Asher y la de Mosheh ben David. Por su parte, la segunda escuela fue encabezada por Jacob ben Neftalí.[32] Al final, el sistema predominante fue el creado por la escuela tiberiense, y es este el que actualmente sigue el texto masorético, surgiendo de esta manera un texto estándar autoritativo que se conoce con el nombre de *Textus Receptus* o Masorético.

Con la invención de la imprenta aparecieron un sinnúmero de ediciones del texto hebreo del AT.[33]

---

30. En la segunda mitad del primer milenio surgieron escuelas de eruditos judíos en Babilonia, Palestina y Tiberias para salvaguardar el texto consonantado y representar simbólicamente las vocales que hasta ese tiempo solo acompañaban oralmente al texto. En su esfuerzo por conservar el texto consonantado, agregaron notas marginales. En los márgenes de arriba y abajo daban más explicaciones detalladas y continuas (Masora Magnum) y al final daban una clasificación alfabética de todo el material masorético (Masora Finalis). Cuando los MSS presentaban variantes, ellos las preservaron insertando una lectura Kethib (escrito) y Quere (así debe leerse), y las lecturas alternativas podían ser indicadas en el margen con la expresión: *sebir* (supuestamente). Para mayor información, véanse, Kruger, René, Croatto, Severino y Míguez, Nestor, Métodos Exegéticos, óp. cit., pp. 64-65.

31. El hebreo original no tenía vocales y fueron los masoretas quienes iniciaron el trabajo de vocalización del Texto. Ahora, al grupo que inventó el sistema de puntos que representan las vocales en el idioma hebreo se les llamó Nacdanim. Estos no solo inventaron dicho sistema, sino que fijaron la pronunciación de las palabras. Véanse Jouon S. J., y P. de Paul, *Grammaire de l'hébreu biblique*, Pontificio Istituto Biblico, Roma, 1996, p. 1.

32. Véase Tábet, Miguel Ángel, *Introducción general a la Biblia*, Ediciones Palabra, Madrid, 2004, p. 243. En este libro el autor señala que el sistema inventado por la familia de Mosheh ben Asher de la Escuela de Tiberíades prevaleció a la hora de la formación del texto masorético.

33. Para una información completa sobre las ediciones hebreas, véase Harrison, R. K., *Introduction to the Old Testament*, William B. Eerdmans Publishing, EE.UU., 1973, pp. 248 y ss.

2.1.2. Las versiones del hebreo

Teniendo ya un *Textus Receptus* en el idioma hebreo, el resto es simplemente acometer un trabajo de traducción de ese texto a los distintos idiomas vernáculos para poner al alcance de las personas la Palabra de Dios. Es así como surgen las versiones en las diferentes lenguas.

Existen numerosas versiones,[34] pero a efectos de este estudio se han seleccionado aquellas que se considera que tienen una mayor trascendencia en el momento de llevar a cabo el trabajo de Crítica Textual.

Versiones griegas

De las versiones griegas, la Septuaginta, también llamada versión de los Setenta (LXX), es sin lugar a dudas la más importante, considerándose de menor relevancia las tres restantes, aunque también sean muy valiosas para la Crítica Textual.

Versión Septuaginta (LXX)[35]

Lo que originalmente se tradujo fue la Torá del hebreo consonantado al idioma griego. A esta traducción primigenia se le dio el nombre de "Septuaginta".[36] Luego, durante un período que duró cuatro siglos, se tradujo el resto de los libros del canon del AT incluyendo los libros deuterocanónicos o apócrifos.[37]

Dado que el proceso de traducción se prolongó durante ese largo intervalo y lógicamente fue realizado por diversas personas, el texto varía notoriamente, tanto en calidad como en mérito, de un libro a otro. Así, el Pentateuco fue traducido con mayor precisión, en gran parte, si se compara con los demás libros del AT. Los Profetas Posteriores presentan una for-

---

34. Samuel Pagán realiza un estudio sucinto de las diferentes versiones griegas, arameas y otras versiones antiguas relaciones con la Biblia judía. Se recomienda por su claridad y sencillez. Véase Pagán, Samuel, *Introducción a la Biblia Hebrea,* Clie, Viladecavalls, 2012, pp. 53-58.

35. Esta versión debe probablemente su nombre a la historia que surge en la carta pseudónima de Aristeas a Filócrates, según la cual setenta y dos eruditos de Jerusalén fueron traídos por Ptolomeo Philadelphus (245 a.C.) a Alejandría para traducir el Texto Sagrado del hebreo al griego.

36. Para una información fidedigna sobre el origen de esta versión griega se recomienda mucho la lectura de: Fernández Marco, Natalio y Spottorno Díaz Caro, María Victoria, *La Biblia Griega Septuaginta,* Sígueme, Salamanca, 2008, pp. 11 y ss.

37. Para los católicos es deuterocanónicos o pertenecientes al segundo canon, y para los evangélicos es apócrifos.

ma de paráfrasis, así como el resto de los Poéticos, exceptuando los Salmos que muestran una tendencia a la traducción libre.[38] Para William Lasor y compañía:

La versión de los LXX no puede ser aceptada a la ligera, no obstante es muy significativa en estudios textuales, ya que representa una forma del texto hebreo previo a la estandarización y en conexión con el Pentateuco samaritano y los DSS es uno de los textos de mayor valor a la forma premasorética del texto hebreo.[39]

Existen más de once manuscritos o fragmentos antiguos[40] que atestiguan la existencia de esta versión, cuyo valor estriba en que presenta diferencias a la Masorética, por el mismo hecho de ser anterior a esta.

Versión de Aquila

Fue escrita por un hombre originario de Ponto llamado Aquila en el 130 d.C. Esta versión tuvo un carácter estrictamente literal, intentando ceñirse a un equivalente griego por cada vocablo hebreo. En la actualidad solo existen fragmentos especialmente de Reyes y algunos Salmos.[41]

En virtud de lo anteriormente expuesto, se trata de una versión de menor calado, porque solo existen fragmentos y también porque a veces resulta muy difícil traducir literalmente de un idioma a otro tal y como hiciera Aquila, ya que no siempre se logra transmitir el verdadero concepto.

Versión de Símaco

Es una versión del AT del 170 d.C. aproximadamente, que contiene un buen griego idiomático, ceñida a elevadas normas de exactitud y de la que solo se conservan algunos fragmentos.[42] De manera que el análisis crítico anterior se aplica a esta versión por igual.

---

38. Archer, Gleason, *Reseña Crítica de una Introducción del AT*, óp cit., pp. 49-50.

39. Sanford Lasor, William y otros, *Old Testament Survey*, William B. Eerdmans Publishing, EE.UU., 1983, p. 37.

40. Papiro de Rylands, Chester Beatty, Papiro 9l 1 de Egipto, Manuscrito griego Freer V, Hexapla de Orígenes, Revisión de Hesiquio, Revisión de Luciano, Códice Vaticano, Sinaítico y Alejandrino.

41. Archer, Gleason, *Reseña Crítica de una Introducción del AT*, óp. cit., p. 51.

42. Íd.

Versión de Teodoción

Esta es una versión probablemente del año 180 o 190 d.C.; en realidad se trata de una revisión, ya sea de la versión de Símaco o de la Septuaginta. Uno de sus aspectos más importantes es el desplazamiento que Teodoción realizó del libro de Daniel, por no apegarse este a la forma original del griego.[43]

Para terminar, es importante señalar que para el siglo II el idioma griego seguía siendo la *lingua franca* y que existía una destacada comunidad judía diseminada por el Imperio romano que requería una versión de la Biblia judía en el idioma griego. A esta altura, la versión Septuaginta no gozaba del prestigio requerido por la comunidad judía y además no era accesible en todo el imperio, así que individuos como Aquila, Símaco o Teodoción, convertidos al judaísmo, adquirieron el compromiso de la traducción del Texto Sagrado en beneficio de las comunidades de aquella época.

Lo que queda de aquellas versiones es un material valioso para el crítico textual a la hora de realizar su trabajo.

Los Targumim

A raíz del exilio en Babilonia, los judíos tuvieron que adoptar el idioma arameo como la lengua familiar, lo que dio lugar a la necesidad de traducir el texto hebreo de la Biblia judía a la nueva lengua. A esta traducción, junto con una serie de paráfrasis que los eruditos hicieron de la Biblia judía para su uso en la sinagoga, se la conoce con el nombre de Tárgum.[44]

Tárgum de Onkelos

La traducción más conocida y popular de la Torá es el Tárgum de Onkelos (hebreo: תרגום אונקלוס). Aunque se considera una traducción efectuada en Babilonia, existen indicios para pensar que fue realizada en Israel. Su paternidad literaria se atribuye a Onkelos, noble de la familia imperial romana del siglo I que se convirtió al judaísmo y fue discípulo del Rabino Akiva. Se cree que el Tárgum fue editado durante el siglo III y es una traducción casi literal del texto bíblico.

---

43. Ibíd., p. 52.

44. Durante el período persa, la mayoría de los judíos comenzaron a emplear el arameo en lugar del hebreo y como resultado de ello se convirtió en una costumbre interpretar en la sinagoga las lecturas de la Biblia hebrea con Targumim. Los rabinos prohibieron el uso de Targumim escritos en el servicio de adoración del sábado, pero sí que lo permitieron en el estudio privado.

Finalmente cabe señalar que el Tárgum de Onkelos se ciñe estrictamente al original hebreo en casi todos los pasajes, excepto en los poéticos del Pentateuco.

Tárgum de Jonathan

El Tárgum de Jonathan ben Uziel es probablemente más antiguo que el de Onkelos y se le atribuye a uno de los discípulos del célebre erudito judío Hillel. Algunos lo consideran de autenticidad dudosa por utilizar el Tárgum de Onkelos en citas del Pentateuco. Se cree que fue confeccionado en el siglo IV y ha contado con un gran prestigio dentro de la comunidad religiosa judía.[45] Finalmente, huelga señalar que, en el Tárgum de Jonathan, la sección de los profetas es mayormente una paráfrasis en su interpretación al texto hebreo en relación con el de Onkelos, que es más literal.[46]

En resumen, los Targumim tienen un valor muy reducido frente a los MSS y las Versiones, pero son de suprema utilidad a la hora de determinar cuál es la mejor variante del Texto Sagrado.

Versiones latinas

El idioma del imperio era el latín, que competía mayormente con el griego, la *lingua franca* y el idioma que se utilizaba en la literatura. Con el transcurso del tiempo esto fue cambiando y el latín se fue imponiendo. En el ámbito religioso, el latín cobra un verdadero valor cuando la Iglesia se latiniza, por usar esta expresión, aunque es mejor decir cuando la Iglesia y el imperio forman una alianza y el Estado se convierte de la noche a la mañana de perseguidor de la Iglesia a su protector y auspiciador. En este momento nació una hegemonía del idioma latín que iba a durar más de mil quinientos años.[47]

En este numeral se abordará el tema de las versiones latinas, entre las que destaca la Vulgata.

---

45. Cf., "Tárgum", en Ropero, Alfonso, *Gran Diccionario Enciclopédico de la Biblia,* Clie, Viladecavalls, 2013, pp. 2429-2430.

46. Existen otros Targumim de menor relevancia, tales como el del Pseudo-Jonathan y el Jerosolimitano. Ambos Targumim contienen la Torá.

47. Desde el Edicto de Milano en el 313 d.C. hasta el Concilio Vaticano II, cuando se abolió el uso del latín en la liturgia de la Iglesia, transcurren aproximadamente 1650 años.

Versión Ítala

La versión Ítala no presenta mayor importancia al no ser una traducción directa del hebreo, sino de la versión de los Setenta (LXX); por lo tanto su valor es el de una traducción hija.[48]

Vulgata latina[49]

Su valor es mucho mayor que la versión anterior, pues Jerónimo, además de traducirla de los idiomas originales, se trasladó a Jerusalén para realizar su trabajo.

Esta obra, que todavía hoy en día es muy utilizada, se convirtió en la versión oficial de la Iglesia católica. Es importante señalar que contiene los apócrifos, o deuterocanónicos como prefieren otros, con la salvedad de que Jerónimo señala el carácter dudoso tanto de los libros como de los agregados.

Su traducción es muy confiable aún en el castellano y debe considerarse como una de las más importantes herramientas para la Crítica Textual actual.

Versiones sirias

Las comunidades judías al este de Israel hablaban el siriaco, es decir, un dialecto del arameo oriental; en tal sentido se vieron en la necesidad de contar con el texto de la Biblia en el idioma que ellos manejaban mejor y así poder desarrollar su liturgia religiosa según la costumbre del judaísmo. De esta realidad surgieron las distintas versiones sirias, de las que destacan las siguientes.

Sirio-Peshita[50]

La versión Sirio-Peshita se considera una versión apegada al texto hebreo, aunque presenta influencia de los LXX y de los Targumim.

---

48. Para mayor información, véase Archer, Gleason, *Reseña Crítica de una Introducción del AT*, óp. cit., p. 54. Existen dos códices que atestiguan esta versión: el Palimpsesto y el de Lyons.

49. Por orden expresa del papa Dámaso, Jerónimo (345-420) hizo esta traducción de los originales al latín.

50. La palabra Pesh significa "directamente adelante", y se cree que el rey Adiabene, que se convirtió al judaísmo en el siglo I, envió eruditos a Jerusalén para traducir la Biblia del hebreo al siriaco.

Esta versión se convirtió en la versión autorizada de la Iglesia de Siria hacia el 400 d.C. Finalmente es importante destacar que no contenía los libros apócrifos, los cuales fueron añadidos posteriormente.

Hexapla siria

Es una traducción de la quinta columna de la Hexapla de Orígenes.[51] Por lo tanto se la considera una versión de muy reducido valor.

Con todo lo anteriormente expuesto queda un panorama claro de las fuentes que el estudioso deberá utilizar a la hora de acometer un trabajo de Crítica Textual del Antiguo Testamento (AT). Es menester entonces que se aborde de la misma manera las fuentes que corresponden al Nuevo Testamento (NT).

2.2. Fuentes en el NT

Las fuentes en el NT son los MSS Gr., las versiones (cuando son hechas directamente del Gr.) y las citas de los Padres de la Iglesia.[52]

---

51. La Hexapla es el concepto de un gran genio, ejecutado con una paciencia ejemplar; se trata del intento de Orígenes de mostrar las relaciones exactas entre los Septuaginta y estas versiones, y especialmente con el texto hebreo. El trabajo en sí mismo no se ha conservado, pero su inspiración ha sido bien conocida por los especialistas a través de los primeros escritores cristianos y de numerosos manuscritos de la Biblia, así como por citas halladas en las obras de ciertos Padres. Entre los años 1896 y 1900 se descubrieron, afortunadamente, fragmentos de los Salmos del Hexapla, únicos ejemplares de partes del trabajo de Orígenes, y ello permitió hacerse una buena idea de la apariencia general de su obra. Eusebio de Cesárea, S. Epifanio y S. Jerónimo están de acuerdo en que Orígenes convirtió en una obra una colección de textos y versiones del Antiguo Testamento completo, arreglándolas en columnas paralelas según el siguiente orden: primero, el texto hebreo en caracteres hebreos; segundo, el texto hebreo transliterado a caracteres griegos; tercero, la versión de Aquila; cuarto, la de Símaco: quinto, la Septuaginta; sexto, la versión de Teodoción. Los fragmentos recuperados corroboran este testimonio, aunque carecen de la primera columna.

52. Cf. Everett, Harrison, *Introduction to the New Testament*, William Eerdmans Publishing, EE.UU., 1971, pp. 63-64. Para mayor información, véase Kenyon, Frederic G., *Hand Book to the Textual Criticism of the New Testament*, McMillan, EE.UU., 1901.

2.2.1. Los MSS

Así como en el AT los MSS hebreos tienen la supremacía, en el NT la ostentan los MSS griegos, los cuales sufren una evolución[53] hasta llegar al *Textus Receptus*.[54]

A partir del *Textus Receptus* (TR) se inicia un período de investigación y descubrimiento de textos más antiguos que constituirían la base de una nueva ciencia, la Crítica Textual, y de una serie de ediciones del texto Gr.[55] En estas se destacan las ediciones de Lachmann (Berlín 1831); Westcott y Hort (1881 Londres); ediciones Nestle usada por sociedades bíblicas desde 1898 y otros.

Los profesores Westcott y Hort establecieron una clasificación de textos que después de un siglo aún está vigente, especialmente entre aquellos que han utilizado estos trabajos para traducir el NT a los diferentes idiomas vernáculos o que los han empleado para hacer trabajo de Crítica Textual, porque existe un sector muy importante de la Iglesia que rechaza abiertamente el NT griego de estos profesores británicos.

Bien, Westcott y Hort hicieron todo un trabajo de clasificación de textos en lo que basan todo su trabajo. A continuación se expondrá de una forma sucinta las conclusiones a las que estos eruditos llegaron.

En primer lugar, hablaron del Texto Sirio. Sus editores en el siglo IV, queriendo crear un texto de estilo suave, fácil y completo, combinaron las lecturas variantes que encontraron en textos más tempranos que les eran conocidos; variantes que no son halladas en las fuentes más antiguas. De ahí que el TR, de donde derivan las versiones clásicas de la Biblia, representa a una de las más pobres familias de textos.

En segundo lugar está el Texto Occidental. Detrás del Texto Sirio se pueden detectar varias familias o grupos de textos. Westcott y Hort hallaron en el Códice de Beza (s. v), en los MSS del latín antiguo, en la traducción siriaca de los evangelios y en los antiguos Padres latinos un grupo de lec-

---

53. Los MSS griegos han sufrido una evolución en el decurso de los siglos debido a los avances tecnológicos. En primer lugar los MSS fueron escritos en papiro con letras mayúsculas, sin separación de palabras y con escasa puntuación. Los unciales que son escritos en *vellum* (piel), con letras mayúsculas. Los minúsculos, que crearon la letra minúscula o cursiva. Finalmente, aparecen los leccionarios, que son textos escritos en secuencia, de acuerdo con las lecciones diarias o semanales de los evangelios o las epístolas.

54. El *Textus Receptus* en griego es una edición de Buenaventura y Abraham Elzevir (1633), muy parecida a la edición de Erasmo de Rotterdam, Stephanus y Teodoro de Beza.

55. Para mayor información, véase Gordon Fee, *The Textual Criticism of the New Testament Biblical Criticism*, Zondervan Publishing, EE.UU., 1978, pp. 127 y ss.; Eldon Ladd George, *The New Testament and Criticism*, óp. cit., pp. 55 y ss.

turas comunes que surgieron en la parte occidental del imperio; de ahí que se llame Texto Occidental.

En tercer lugar, el Texto Alejandrino. Westcott y Hort descubrieron un texto cuyas variantes reflejaban el intento de producir un texto más pulido y gramatical. A este texto le llamaron Alejandrino.

Finalmente el Texto Neutro. Se refiere a una familia de textos en los que se habían evitado los refinamientos y las corrupciones que nos presentan aquellos de las familias Alejandrina y Occidental. El Texto Neutro está compuesto por los códices Sinaítico y Vaticano.

Si bien es cierto que se reconoce a Westcott y Hort como los padres de la Crítica Textual (cuyo trabajo en el NT griego de 1881 dio lugar a lo que G. A. Riplinger llama *New Age Bible Versions*[56] o Nueva Era de las Versiones Bíblicas), también se les sindica del error y la tergiversación de la Palabra de Dios. Al haber desechado el TR de Erasmo de Rotterdam y apostado por el (א) y el (B), aduciendo que estos MSS eran más antiguos que los que Erasmo utilizó en el TR, Westcott y Hort prácticamente estaban abriendo la puerta a la tergiversación de la Biblia, puesto que en estos códices existen numerosos textos corruptos.[57] De tal suerte que al ser estos códices la base del NT de 1881 y a su vez ser este último la base de la *New Age Bible Versions,* tenemos como resultado versiones bíblicas con textos corruptos. Entre las versiones que más ataques han recibido están la *New International Version,* así como la Nueva Versión Internacional. En el caso de la versión en inglés, los ataques han venido de parte de los abogados de la *King James,* que sigue el TR de Erasmo, y en el caso de la versión en castellano, de los abogados de la Versión Reina Valera.

Otro de los instrumentos fundamentales para el erudito actual en su afán de hacer Crítica Textual es el uso del NT griego de Nestle-Aland. Este NT griego fue publicado en 1898 por su autor, Eberhard Nestle. En 1904 fue adoptado como el texto griego por la Sociedad Bíblica Británica. Es importante señalar que este NT griego surgió de las comparaciones que el autor hizo de las ediciones de Tischendorf (B), Westcott y Hort y

56. Riplinger, G. A., *New Age Bible Versions: An Exhaustive Documentation of the Message, Men & Manuscripts Moving Mankind to the Antichrist's One World,* A. V. Pubns. EE.UU., 1993.

57. Ibíd., pp. 139 y ss. Existe un nutrido debate acerca de este tema, con muchos autores a favor de Westcott y Hort y otros en su contra. Pero en lo que todos los autores coinciden es en que se acredita a Westcott y Hort el haber asestado el golpe mortal al TR de Erasmo, y con él, haber dado inicio a una nueva era. Véase Boyd, Jesse M., *La corrupción develada. Un análisis crítico del Nuevo Testamento Griego de las Sociedades Bíblicas Unidas,* tesis presentada en Liberty University, EE.UU., 1997. (La tesis no está numerada y la cita fue tomada del capítulo I, subtítulo "El texto de Westcott y Hort").

Weymouth adoptando todo aquello que concordaba entre los dos primeros textos y poniendo notas del tercer texto en el aparato crítico.[58]

En la edición número 13, publicada en 1927, Erwin Nestle, hijo de Eberhard, introdujo un aparato crítico separado al NT griego. Esta novedad hizo posible que el lector evaluara y decidiera la variante de forma independiente.[59]

En la edición número 21, publicada en 1952, Kurt Aland se convirtió en un editor asociado por invitación de Erwin. El trabajo de Aland fue revisar, mejorar y ampliar el aparato crítico del texto. Este trabajo duró más de diez años y vio luz en la edición 25, publicada en 1963. Aland no solo se dedicó a revisar el aparato crítico, sino también el texto del NT griego, y tomó en cuenta los grandes descubrimientos del siglo xx, especialmente el de los papiros.[60]

Por su erudición y su experiencia, Aland fue invitado por la Sociedad Bíblica Unida (SBU), junto con otros eruditos, a formar parte de un comité que en 1955 iba a tener como objetivo fundamental la creación de un texto griego o *Textus Receptos,* que sirviera de base a traductores para traducir la Biblia a los diferentes idiomas vernáculos.

Después de que durante muchos años Aland estuviera trabajando tanto el NT de Nestle como en el de la Sociedad Bíblica, ocurrió lo lógico: ambos documentos iban a convertirse en uno solo. Fue así como la 26ª edición del NT griego, conocido mundialmente como Nestle-Aland y publicado en 1979, y la 3ª edición del NT griego de la Sociedad Bíblica, publicado en 1975, compartieron el mismo texto básico.[61] El texto compartido por ambas ediciones fue adoptado internacionalmente por la SBU, quien estableció un acuerdo con el Vaticano que sirvió de base para nuevas traducciones y revisiones bajo la supervisión de esta Sociedad.[62]

Para finalizar, cabe señalar que este acuerdo entre el SBU y Aland, sin embargo, no es bien visto por un sector de la Iglesia, que cree que supuso un error el haber hecho a un lado el TR de Erasmo para apostar por un NT griego que da prioridad o códices corruptos, como el (א) y el (B), los cuales, aunque son más antiguos que el TR, no representan una alternativa viable. Otro de los hechos que genera descontento en un sector de la Iglesia evangélica es el acuerdo que SBU estableció con el Vaticano para producir

---

58. Véase Nestle-Aland, *Creek New Testament,* [Introducción al NT griego], óp. cit., p. 1.
59. Íd.
60. Íd.
61. Íd.
62. Íd.

versiones como *Dios habla hoy*, también conocida como la versión popular que además tiene los libros apócrifos. Hay autores que incluso creen que existe una agenda escondida en todo este devenir de acontecimientos.

A los efectos de este libro ha quedado suficientemente claro cuáles son los materiales más importantes para realizar el trabajo de Crítica Textual; es pues menester que, siguiendo el orden de importancia, abordemos los siguientes materiales, que en este caso son las versiones que se han hecho directamente de un TR o directamente de los MSS.

2.2.2. Las versiones del griego[63]

Según el orden de importancia, las versiones ocupan el segundo lugar, y en el caso específico del NT, existen versiones en tres idiomas vernáculos claves para una persona que quiera hacer trabajo de Crítica Textual. Esos idiomas son: el latín, el siriaco y el copto. Es importante apuntar que el trabajo de Crítica Textual en estos idiomas presenta ventajas y desventajas. Por un lado, dichas traducciones tienen cierta antigüedad y su ubicación geográfica es la misma que la del escenario de los hechos, y esto es importante para la recuperación del texto original. Pero, por otro lado, el idioma bíblico y su vocabulario es difícil y hasta cierto punto imposible de traducir en su sentido literal. Lo que esto último quiere decir es que si ya existe una pérdida en la traducción de un MSS a un idioma vernáculo, la pérdida es mayor cuando se traduce de una versión a otra.

A pesar de lo expresado anteriormente y de las complicaciones que este hecho nos pueda presentar, aun así, las versiones antiguas en estos idiomas constituyen una fuente muy valiosa para determinar la variante más correcta y para trazar la historia de la transmisión textual y su corrupción.[64]

A continuación se verá de una forma breve las versiones más importantes en los idiomas siriaco, latín y copto, respectivamente.

Versiones siriacas

El evangelio se difundió muy rápidamente desde Siria hasta Mesopotamia, a centros tales como Damasco, Alepo y Edesa, donde se hablaba siriaco. Se considera que fue a partir del 150 d.C. que se comenzó a traducir el NT a esta lengua. A continuación se citarán las versiones más importantes del NT en este idioma.

63. Para mayor información sobre este tema, cf. Harrison, *Introducción al Nuevo Testamento*, Iglesia Cristiana Reformada, Grand Rapids, EE.UU., 1980, pp. 65-67.

64. Se recomienda leer el interesante comentario "Técnicas de Traducción" de José Flores, *El texto del Nuevo Testamento*, Clie, Viladecavalls, 1977, pp. 159-189.

Diatessaron de Taciano

Taciano es un hombre nacido en Siria, convertido al cristiano pero que luego se desvió hacia el gnosticismo. Su legado fue el haber armonizado los cuatro evangelios en una narrativa continua en el idioma siriaco en el siglo II. De manera que este trabajo puede ser valioso en el momento de hacer Crítica Textual en los evangelios.[65]

Antigua Siriaca

La Antigua Siriaca se originó cerca del 200 d.C. y está atestiguada por la versión Siriaca sinaítica y la Siriaca curetónica. Esta es un palimpsesto[66] de los evangelios, de carácter fragmentario, descubierto en 1892 por la señora Lewis en el monasterio de Santa Catalina, sito en el monte Sinaí.

Peshita o versión siriaca común

Esta versión procede del siglo V, pero depende de la versión más antigua, la vieja traducción siriaca, siendo una revisión de la misma. Unos pocos libros quedaron sin ser incluidos en la Peshita, a saber: 2 Pedro, 3 Juan, Judas y Apocalipsis, reflejando así la incertidumbre existente con respecto a la posición canónica de los libros en aquella área de la iglesia.

Siriaca Filoxeniana-Harkleana

La primera de estas versiones es una obra escrita en el 508 d.C. por Filoxeno, obispo de Hierápolis durante el período neotestamentario. Las copias de su obra contienen solo los libros omitidos en la Peshita. Por su parte, la Harkleana fue escrita por Tomás de Harkel y se trata de una revisión de la Filoxeniana, pero que contiene una mayor parte del NT. Su valor reside en su servil rendición del griego, resultando en que su ejemplar original puede ser más fácilmente establecido.

Siriaca palestinense

Esta es posiblemente una producción del siglo V, efectuada de forma independiente, por lo que no está afectada por las versiones siriacas previas.

---

65. La armonización de Taciano puede ser vista en la siguiente página electrónica: http://escrituras.tripod.com/Textos/Diatessaron.htm (Visto el 4 de octubre 2015).

66. Palimpsesto es un manuscrito en el que se ha borrado, mediante raspado u otro procedimiento, el texto primitivo para volver a escribir otro nuevo texto.

La misma estaba confinada a Palestina y su texto se encuentra mayormente en leccionarios.

Una vez visto las diferentes versiones sirias, procederemos a ver las versiones latinas, de capital importancia en el mundo de la Crítica Textual.

Versiones en latín

Cerca del 200 d.C. el latín comenzó a figurar seriamente en la Iglesia occidental, en la que había predominado el griego. Es posible que aun antes de esta fecha ya se hubiese realizado alguna traducción a aquel idioma. La consolidación del latín tenía que ver directamente con la hegemonía que el Imperio romano tenía en aquella época y al hecho de la latinización de la Iglesia, es decir, a la promulgación del Edicto de Milán en el 313 d.C., en virtud del cual se decretaba una tolerancia religiosa que en realidad marcó el inicio de una relación Estado-Iglesia.

Vetus latina o Versión Antigua

Antes de que Jerónimo elaborara la Vulgata, la Iglesia cristiana de lengua latina se hallaba diseminada en áreas como el norte de África, la península Itálica y otras áreas geografías de influencia latina, como puede ser el sur de la Galia; este hecho obligó a los eruditos de la Iglesia a traducir la Biblia al latín para que la autógrafa pudiera ser leída por la Iglesia. Sobre esta versión Alfonso Ropero señala:

> Para mediados del s. III se tendría ya un texto completo de la Biblia en latín … y ya para el s. IV muestran la necesidad de ver un texto depurado debido a la gran variedad de diferencias textuales que se habían ido incorporando a él, por diversas razones.[67]

Esta cita refleja cómo el legítimo esfuerzo de los maestros de la Iglesia los llevó a crear un texto de la Biblia con una serie de variantes e imperfecciones que hacía una necesidad insoslayable la formación de un texto fidedigno, y esto es precisamente lo que pretende Dámaso cuando comisiona a Jerónimo a crear la versión latina de la Biblia.

---

67. Ropero, Alfonso, "Versiones de la Biblia", *Gran Diccionario Enciclopédico de la Biblia*, Clie, Viladecavalls, 2013, p. 2577.

La Vulgata

La necesidad de tener un texto fidedigno de la Biblia en latín hizo que Dámaso, obispo de Roma, comisionara a Jerónimo con la tarea de editar un texto normativo (tanto del AT como del NT) de la Biblia latina. En palabras de Cantera Ortiz de Urbina:

> [Jerónimo]… emprende la ardua tarea de una versión al latín de los libros protocanónicos del Antiguo Testamento a base no ya de la Septuaginta, sino directamente del texto hebreo, traducción que tiene un valor francamente excepcional, entre otras razones por ser una versión del texto hebreo premasorético hecha en su edad madura por un hombre dotado… de condiciones excepcionales para llevar a cabo esa empresa…[68]

El comentario anterior es muy importante en relación con el AT, al ser este traducido directamente del texto premasorético; le da a la Vulgata un valor incalculable. En relación con el NT, Jerónimo dependió significativamente de la Antigua Versión Latina.

La Vulgata, que llegó a ser el texto oficial de la Iglesia occidental durante la Edad Media y fue oficializada en el Concilio de Trento, estuvo vigente por más de mil seiscientos años. Comenzó a decaer a partir del Concilio Vaticano II, cuando este cambió la liturgia de la Iglesia, que hasta aquel momento se hacía en latín, a los idiomas vernáculos. [69]

Para finalizar, cabe reafirmar la importancia de usar la Vulgata latina como instrumento auxiliar en el momento de efectuar el trabajo de Crítica Bíblica, especialmente del AT.

---

68. Cantera Ortiz de Urbina, José, *Antiguas versiones bíblicas y traducción*, Hieronymus, Núm. 2, Universidad Complutense de Madrid, 1995, p. 58.

69. A pesar de que la Biblia en latín era indispensable para el oficio de la misa católica, esta ya había sido traducida al idioma castellano en 1823 por el obispo español Félix Torres Amat y compañía. Esta traducción de la Vulgata es considerada una obra maestra de Torres Amat y fue utilizada durante mucho tiempo en el seno de la Iglesia católica. La versión Nácar-Colunga fue publicada en 1944 y es la primera versión en el idioma castellano traducida directamente de los idiomas originales. Otra de las versiones famosas es la Bover-Cantera, que vio la luz en 1947 y fue la primera Biblia con una aparato crítico en idioma castellano hecho por sacerdotes católicos. Luego apareció la célebre Biblia de Jerusalén, que fue publicada primero en el idioma francés y luego en castellano en 1967. Esta versión es de suprema importancia porque fue traducida directamente de los idiomas originales; además cuenta con aparato crítico que ha sido revisado en las diferentes ediciones posteriores.

Copta

Los cristianos coptos de Egipto necesitaban el Nuevo Testamento (NT) escrito en su idioma. La versión sahídica proviene del alto Egipto; la bohárica fue traducida algo más tarde para el bajo Egipto. Por ser de carácter más literario, esta última llegó a ser la versión oficial de la Iglesia copta.[70]

Con esta información queda claro el panorama para el estudioso que quiera recuperar el sentido original de un texto del NT; para terminar, es menester que abordemos la última fuente que en este caso son las citas patrísticas.

2.2.3. Citas patrísticas

Los Padres de la Iglesia son todas aquellas personas que surgieron a partir del siglo II y que, a través de su magisterio, establecieron las bases doctrinales y espirituales de la Iglesia hasta día de hoy. Estas personalidades escribieron un gran número de tratados sobre enseñanzas en los cuales mencionaban los dichos de Jesús o escritos de cualquiera de los apóstoles para instruir y establecer la Iglesia de la época. De manera que las citas patrísticas son aquellas alusiones que los Padres de la Iglesia realizaron al NT en sus escritos, y que son muy importantes para el trabajo de Crítica Textual. A fin de objetivar su importancia, se transcribe una anécdota que narra José Flores:

> En una cena de eruditos alguien hizo una buena pregunta: Supongamos que el texto del NT hubiera sido destruido y todas las copias perdidas. ¿Podría recuperarse basándose en las citas de los padres del segundo y tercer siglo? Todo el mundo guardó silencio, y dos meses después sir David Dalrymple, que asistió a aquella cena, presentó a los eruditos un grupo de libros de los padres con estas palabras: Poseo ahora todas las obras que existen de los padres del segundo y tercer siglo; las he investigado todas y he encontrado que en ellas se halla citado todo el NT menos once versículos.[71]

---

70. Existen otras versiones como la armenia, la etíope y la gótica. Estas son de menor importancia pero en algún momento pueden ser asimismo de utilidad a la persona que hace el trabajo de Crítica Textual. Para más información sobre estas versiones, véase Ropero, Alfonso, "Versiones de la Biblia", *Gran Diccionario Enciclopédico de la Biblia*, óp. cit., p. 2578.

71. Flores, José, *El texto del Nuevo Testamento*, óp. cit., p. 102. Es importante aclarar que las citas patrísticas tienen sus limitaciones, pues a veces son indirectas y otras están mezcladas con comentarios personales.

Lo anterior evidencia que los Padres de la Iglesia acostumbraron a efectuar citas de los escritos neotestamentarios en sus propios escritos; una costumbre que sin lugar a dudas vindica la autenticidad del texto que se posee actualmente. En conclusión, el erudito bíblico deberá tener a mano los escritos de los Padres de la Iglesia de los siglos II y III en el momento de acometer el trabajo de Crítica Textual del NT, porque los mismos le serán de gran utilidad.

De esta manera se ha abordado todo lo relacionado con las fuentes o los instrumentos que el crítico utilizará en su trabajo de recuperar el verdadero sentido del Texto, tanto en el AT como en el NT. Si algo ha quedado claro de este estudio es la corrupción del Texto debido a los factores ya estudiados, de manera que los errores de transmisión textual no son una quimera sino una realidad, y es este precisamente el tema que se tratará en la siguiente sección y, sobre todo, lo relacionado con los principios que el crítico deberá utilizar para recuperar el verdadero sentido del Texto.

3. Errores de transmisión textual y principios confiables para su restauración

Los errores de transmisión textual en la Biblia son una verdad indubitada, pero esto nunca significa un error en la autógrafa original. De manera que sería poco ortodoxo negar la inspiración y la inerrancia de la Biblia por poseer actualmente textos sujetos a contradicciones, y a veces hasta herejías.

El problema tiene una solución y esta solución se llama Crítica Textual, la rama de la Crítica Bíblica que nos aporta una serie de principios técnicos para restaurar la corrupción de las traducciones actuales. En el siguiente apartado se discutirá lo referente a los errores de transmisión textual y los principios confiables para la restauración del texto.

3.1. Errores de transmisión textual

Al hablar de errores de transmisión textual no nos referimos a errores en la autógrafa, ya que esta es inspirada por el Espíritu Santo a los hagiógrafos y, por lo tanto, es perfecta. Nos referimos a errores que los copistas, de manera intencionada o no, cometieron al transcribir los MSS de un papiro a otro, así como a los que los lingüistas cometieron en el momento de traducir el Texto Sagrado a su propia lengua.[72]

72. Para mayor información, véase Harrison, R. K., *Introduction to the Old Testament,* óp. cit., p. 254-257; Armerding, Carl E., *The Old Testament and Criticism,* óp. cit., pp. 119-125; Archer, Gleason, *Reseña Crítica de una Introducción al Antiguo Testamento,* óp. cit., pp. 58-62.

Finalmente es menester apuntar que algunos errores de transmisión textual pueden ser descubiertos por el contexto, pero hay cierto tipo que requieren un profundo trabajo de Crítica Textual tanto para detectarlos como para corregirlos.

3.2. Principios confiables para hacer el trabajo de Crítica Textual

Solo se necesita tener varios MSS o varias versiones en cualquier lengua para darnos cuenta de las variantes que existen. La pregunta obligada es: ¿Cuál es la variante más correcta? Solo realizando un trabajo científico de Crítica Textual se podrá determinar cuál es la variante más correcta. A continuación se enumerarán algunos principios en los cuales los eruditos se han puesto de acuerdo:[73]

1) Escoger los MSS en griego y hebreo de más prestigio.
2) Escoger la variante más antigua si esta se apega bien al espíritu de la Biblia.
3) Escoger la variante más difícil.
4) Escoger la variante más corta.
5) Escoger la variante que explique todas las otras.
6) Escoger la variante que se ajuste al estilo del autor.
7) Escoger la variante que no refleja ninguna parcialidad doctrinal.

A modo de ejemplo presentaremos un caso concreto del evangelio de Mateo para observar el modus operandi de los principios anteriormente enumerados.

Nos referimos al caso relacionado con el nombre de un discípulo del Señor encontrado en Mateo 10:3. Aquí tenemos el problema de una variante donde en una versión el versículo se lee de una manera y en otra versión se lee diferente. Para el caso, en la RV60 se lee "… Lebeo, por sobrenombre Tadeo"; en cambio, la NVI simplemente dice "… Tadeo". La pregunta obvia es: ¿Cuál de las variantes es la correcta? ¿Quién tradujo correctamente? Para contestar a estas cuestiones es necesario hacer trabajo de Crítica Textual. Pues bien, sabemos que las fuentes para realizar este tipo de trabajo son los MSS, así que esto será exactamente lo que haremos, ver lo que dicen los diferentes MSS acerca de este tema:

73. Véase el método de Kirsopp Lake, citado por José Flores, *El Texto del Nuevo Testamento*, óp. cit., p. 108; Archer, Gleason, *Reseña Crítica de una Introducción al Antiguo Testamento*, óp. cit., pp. 62-64; Armerding, Carl E., *The Old Testament and Criticism of the New Testament*, óp. cit., pp. 149-153.

— Lebeo D.[74]

— Tadeo ℵ, B, f13[75], 892[76], *l* 185[77]

— Lebeo por sobrenombre Tadeo (El TR de Erasmo y los demás MSS que él usó como el Minúsculo 1[78], Minúsculo 2[79] o el Minúsculo 7)

La RV60 está traduciendo del TR de Erasmo que incluye la frase "… Lebeo, por sobrenombre Tadeo", como también lo hace la versión inglesa *King James*. Erasmo está usando los MSS 1, 2 y 7, en cambio la NVI está siguiendo el NT griego de Nestle-Aland, que a su vez sigue el MSS ℵ, *inter alia*, por excelencia. Ahora la pregunta es: ¿Cuál de las variantes es la correcta? Bien, apliquemos los principios anteriormente enunciados y veamos qué pasa:

1) Si aplicamos el primer principio, los MSS ℵ, B tienen más prestigio que los MSS 1, 2 y 7.

2) La variante más antigua es la del ℵ, que data del siglo IV, al igual que el B; en cambio, el MSS 1 se cree que es de los siglos XII o XIII, el MSS 2 del XI o XII y el MSS 7 del XII. Así, si aplicamos este criterio, ℵ y B son más antiguos.

3) El principio 3 no es aplicable.

4) La variante más corta son los MSS ℵ y B usados por Nestle-Aland.

5) La variante más explicativa es la de los MSS de Erasmo.

6) Los principios 6 y 7 no son aplicables a este caso.

En conclusión, puede observarse que en algunos casos conviene seguir a Nestle-Aland y en otros a Erasmo. En este caso, para llegar a una conclusión tenemos que ver cuáles son los principios de mayor peso, y a nuestro criterio son el 1, 2 y 3, es decir, los MSS de más prestigio, más

---

74. Códice de Beza.

75. Se refiere a la familia 13 de MSS.

76. Este es un MSS griego que contiene el evangelio de Mateo.

77. Es un leccionario, es decir, colecciones de porciones del NT griego que se utilizaban como lecturas públicas, similares a las páginas al final de nuestros himnarios hoy en día.

78. El Minúsculo 1 como aparece en la nomenclatura de Nestle-Aland, pero que también lleva el nombre de Códice Basiliense A.N. IV.2.

79. El Minúsculo 2 como aparece en la nomenclatura de Nestle-Aland, pero que también lleva el nombre de Códice Basiliense A.N. IV.1.

antiguos y la variante más corta. Por lo tanto, la variante más correcta es la de Nestle-Aland, que se ve reflejada en la NVI y que simplemente traduce: "Tadeo".

Con este ejemplo es más que suficiente para mostrar el modus operandi de estos principios a la hora de hacer el trabajo de Crítica Textual. Para finalizar este tema, es necesario afirmar que no todos estos principios se utilizarán al mismo tiempo, tal y como hemos podido constatar. En cada caso hay que determinar cuáles son aplicables y luego aplicar aquellos que aseguren un resultado más exacto. Sin embargo, cuando se presentan casos en los cuales se pueden aplicar perfectamente varios principios, el crítico textual deberá extremar el rigor científico, como ha sido el caso antes desarrollado.

Toda esta información que se ha expuesto hasta aquí es como un péndulo que puede ser movido en la dirección que el científico de las Ciencias Bíblicas quiera darle. Podemos mover el péndulo hacia el lado racionalista, que niega la inspiración bíblica, o podemos moverlo del lado que afirma la inspiración bíblica, e incluso, se puede dejar en el centro, afirmando que la Biblia es simplemente el testimonio de la Palabra de Dios, y no necesariamente la Palabra de Dios. A efectos de este trabajo, veremos lo que señalan aquellos que mueven el péndulo tanto hacia el lado racionalista como hacia el lado bíblico.

4. Enfoque crítico

El crítico textual puede realizar su análisis bajo una perspectiva puramente racionalista o bíblica, o incluso mezclar ambas si este es su deseo. Hemos usado la figura del péndulo porque es la que mejor describe esta sección; al final, lo que hay en el corazón de la persona es lo que determinará a qué lado movemos el péndulo. A continuación se tratarán ambas posibilidades.

4.1. Perspectiva racionalista

Los críticos textuales que adoptan una perspectiva no tradicional argumentan dos aspectos principales:[80]

A) ¿Cómo puede tener algún valor para nosotros la inspiración de los originales, si en nuestro poder no hay más que MSS deficientes?

---

80. Cf. Berkhof, L., *Introducción a la Teología Sistemática*, México, 1974, pp. 111-179.

B) La Crítica Textual enseña que el texto original está corrompido y que son imperfectas las traducciones que de aquel se han hecho. Los MSS revelan toda clase de variaciones, lo que testimonia la corrupción del original[81] y las traducciones no siempre resultan como la correcta explicación de aquello.

El primer argumento es lanzado en forma de pregunta y el segundo en forma de aseveración. Ambos se inclinan a pulverizar el concepto tradicional de la inspiración divina e inerrancia de la Biblia.

Antes de inclinar el péndulo hacia el otro lado es menester explicar las implicaciones de esta postura. Lo que los racionalistas están diciendo es que el origen de la Biblia es prácticamente humano, es simplemente otro relato religioso más, como lo es el *Popol Vuh* o los Vedas indios.

4.2. Perspectiva bíblica

Los apóstoles del racionalismo realizan una estructuración perfecta de sus argumentos, apegados a los cánones legislativos de la lógica; sin embargo, es menester apuntar que aunque la conclusión de sus razonamientos es correcta,[82] estos no son ni pueden ser válidos por las razones que a continuación se exponen:

A) Los racionalistas confunden dos conceptos que son absolutamente diferentes: inspiración y preservación.[83]

La Biblia sí reclama la inerrancia de la autógrafa[84] (inspiración), pero en ningún lugar habla de transmisión y preservación inerrante de la Escritura. Estamos de acuerdo con el profesor McClain cuando asevera:

81. Sobre este tema se recomienda leer la genial respuesta que Gleason Archer dio a William La Sor y a Beegle acerca de supuestos errores y discrepancias en los MSS originales de la Biblia. Véase Gleason L. Archer, *Alleged Errors and Discrepancies in the Original Manuscripts of the Bible inerrancy*. En *Inerrancy*. Zondervan, Grand Rapids, 1980.

82. En el sentido que dictan todas las normas de la lógica.

83. Para mayor información sobre la inspiración y la preservación, véase Chafer, L. S., *Teología Sistemática*, t. I, óp. cit., pp. 63-128.

84. Véanse 2 Timoteo 3:16; 2 Pedro 1:10-21; Juan 10:34, 12:34, 15:25; Romanos 3:19. Se recomienda ver el libro editado por Carl F. H., Henry, *Revelation and the Bible;* y los artículos escritos por Alan M. Stibbs, "The Witness of Scripture to its inspiration", Baker Book House, EE.UU., 1980, pp. 105-118; Boettner Loraine, *The Inspiration of the Scriptures,* Eerdmans Publishing, EE.UU., 1937, pp. 23-36; Berkhof, L., *Introducción a la Teología Sistemática*. Edit. Tell, óp.cit., p.159-190.

El veredicto de esta ciencia, Crítica Textual, sin embargo, es que el texto Gr. y hebreo ha sido maravillosamente preservado,[85] así que estamos ampliamente justificados cuando afirmamos, al igual que la confesión de Westminster, que una providencia singular de Dios en este asunto y en declarar que la autoridad de la Escritura en ninguna forma es puesta en peligro por el hecho que las copias que poseemos no están totalmente libres de error.[86]

La acotación de McClain se centra donde debe centrarse, en la preservación del Texto como un testimonio elocuente del elemento sobrenatural que cobija a la Biblia. El Texto Sagrado ha sido providencialmente preservado, resistiendo los avatares a los que el pueblo de Israel ha sido sometido en el transcurso de su historia, siendo este pueblo un verdadero custodio de la Palabra de Dios. Si bien es cierto que el relato religioso de los otros pueblos también se ha preservado, ninguno de ellos alcanza la dimensión de la Biblia, que ha sido traducido a más idiomas que ningún otro escrito en la historia de la humanidad y que se encuentra dispersado literalmente en los cuatro confines de la tierra; esta espectacular difusión es otro testigo elocuente del elemento sobrenatural que se encuentra detrás del relato, que en realidad es el relato de la verdad, la auténtica Palabra de Dios.

En conclusión, sí tiene un valor capital afirmar la inspiración de la autógrafa, pues de lo contrario afirmaríamos su imposibilidad de regir en la conducta de los hombres con carácter general, impersonal y coactivo; antes bien, daríamos pie a las aventuras y licencias de los racionalistas que ya bastante daño han hecho al hacerle perder autoridad a la Palabra de Dios.

B) El hecho de la infinidad de variaciones en el Texto Sagrado en ningún momento sepulta la doctrina de la inspiración bíblica; antes bien, lo único que evidencia son las peripecias que los Soferim o los masoretas tuvieron que hacer para preservar el Texto. Era imposible no cometer un error cuando un ser humano transcribía el texto de la Palabra de un papiro a otro, una práctica que tenía que repetirse constantemente, puesto que la vida útil del papiro era limitada y porque también era necesario hacer copias para que la Palabra fuera divulgada en otras regiones, especialmente cuando el pueblo vivió

---

85. Para ver la forma de preservación del texto y la vindicación de la doctrina de la inspiración por la arqueología, véase Vos Howard F., *Archaeology in Bible Lands*, Moody Bible Institute, EE.UU., 1977, pp. 65-95; Vardaman, Jerry, *La Arqueología y la Palabra Viva*, Casa Bautista de Publicaciones, EE.UU.

86. 49. McClain, Alva J. Christian, *Theology God and Revelation*, Grace Theological Seminary, EE.UU., apéndice, p. l0.

en el exilio babilónico y posteriormente en la diáspora, hechos que hicieron necesaria la multiplicación del Texto y por ende provocaron la multiplicación de errores.

A lo anterior hay que sumarle los problemas lingüísticos en el momento de traducir del original a otro idioma.[87] Debe quedar suficientemente claro que traducir de un idioma a otro constituye una tarea complicada y arriesgada. No existen dos personas que traduzcan del mismo modo. Existen expresiones, palabras o dichos que son propios del idioma del autor que no pueden ser traducidos literalmente porque no tendrían sentido.[88] Es en este momento cuando el traductor debe escoger palabras, expresiones o frases que se acerquen lo más posible al sentido original del hagiógrafo. Esto supone todo un desafío y explica por sí mismo por qué cada versión es diferente. A esto hay que sumarle la evolución semántica de los idiomas, es decir, un idioma como el castellano ha sufrido cambios semánticos en unos pocos años,[89] lo que hace necesario las revisiones de la versión bíblica para actualizarla al lenguaje actual.

Para terminar, es importante tener en cuenta que, además de lo anteriormente expuesto, hubo prejuicios religiosos que llevaron a los escribas a hacer omisiones o adiciones al Texto Sagrado.[90]

La buena noticia es que la Crítica Textual es una ciencia que nos permite identificar todos estos problemas y no solo eso, sino que nos permite resolverlos en la mayoría de casos.

Todo el discurso anterior nos lleva a una sola pregunta: ¿Por qué Dios no inspiró a los copistas o traductores de igual manera que a los hagiógrafos? ¿Por qué Dios comienza con absoluta inerrancia y todo lo que conseguimos es un texto lleno de variantes?[91]

Bueno, debemos partir del axioma de que Dios no puede cometer errores, y si Dios inspirara a cada escriba, a cada traductor, habría, supuestamente, una sola versión de la Biblia, y sin variantes en todo el mundo y en

---

87. La palabra griega "Hilasterion" en Romanos 3:25 no tiene una traducción exacta en español, aunque se puede traducir como "expiación", "propiciación" o "propiciatorio".

88. En el idioma hebreo, por ejemplo, existen los famosos hebraísmos y cuasi hebraísmos, que son giros propios de la lengua hebrea que no existen en otras.

89. La Biblia del Oso, como se la conoce, es la primera Biblia publicada en lengua castellana, en 1569. Este texto presenta un castellano que hoy en día simplemente no se entiende. Sin ir muy lejos, la versión de Reina Valera de 1909 posee un castellano con palabras que tampoco se comprenden en la actualidad.

90. Véase *supra* "Origen de la Crítica Textual".

91. Cf. Shedd, William G. T., *Calvinism Pure and Mixed,* Nueva York, Scribner, 1983, pp. 140-142.

todas las lenguas. Esto sí hubiera sido un verdadero error de Dios, porque ni aun así tendríamos una sola versión sin variantes por las razones que a nuestro juicio se exponen.

La Biblia es la Palabra de Dios en la palabra de los hombres, y la palabra de los hombres se halla en una amalgama de idiomas con peculiaridades propias, muchas veces imposibles de traducir, y que en el mejor de los casos, tras un titánico esfuerzo, se logra apenas tener una aproximación.[92] El archienemigo de Dios y también nuestro hubiera levantado, como efectivamente lo ha hecho, hombres clamando revelación e inspiración del cielo en sus escritos.[93]

En conclusión, el método escogido por Dios es el mejor. Él inspiró a los hagiógrafos y advirtió a los hombres a no añadir o quitar[94] so pena de ser destituidos de la herencia eterna. No negamos que la Biblia tenga toda una serie de variantes, por las razones que ya hemos explicado; lo que sí negamos categóricamente es el razonamiento racionalista que quita toda autoridad a la Biblia y la sitúa como un relato religioso más.

Las traducciones de la Biblia son incorrectas, porque los MSS están llenos de variantes. Por tanto, los originales están corrompidos. La anterior aseveración podría ser contestada de la siguiente manera: las traducciones no son totalmente correctas por las dificultades lingüísticas de traducción, materiales deficientes en que fueron escritos y prejuicios religiosos de algunos copistas. Por lo tanto, el problema no está en los originales sino en sus transcripciones y traducciones.

5. Resumen

1) La Crítica Textual es la ciencia que gira alrededor de restaurar el texto original sobre la base de copias imperfectas. También es la ciencia que nos dice si un texto determinado es o no parte de la autógrafa.

2) Las herramientas para realizar el trabajo de Crítica Textual son los MSS hebreo y griego, las versiones de esos MSS y, en el caso del NT, las citas de los Padres de la Iglesia en sus escritos.

3) La Biblia es inspirada por Dios y por lo tanto inerrante; sin embargo, por razones de transmisión textual, lingüísticas, religiosas, sociales,

---

92. Véase José Flores en su capítulo "Técnicas de Traducción", en el que nos relata la ardua y dificultosa labor de la SBU en la traducción de la Biblia a ciertos dialectos indígenas, óp. cit., pp. 159-189.

93. Como es el caso de José Smith y su libro del Mormón o Carlos Russel, que hizo una traducción tendenciosa de la Biblia.

94. Apocalipsis 22:18-19.

contiene errores, lo que de ninguna manera contradice lo que primeramente hemos afirmado.

4) En virtud de esos errores de transmisión textual, surge la Crítica Textual, que es una ciencia que ayuda a determinar las mejores variantes; distingue la traducción más apegada a los originales y permite interpretar la historia de la variación de un texto y cómo el pasaje fue entendido anteriormente.

5) Existen principios confiables para hacer el trabajo de Crítica Textual y restaurar el texto original.

6) En la Crítica Textual, los criterios están divididos entre los que afirman que las variantes de las versiones son el testimonio más elocuente de la corrupción de los originales y los que defienden que tal inexactitud es producto de circunstancias textuales, lingüísticas, religiosas y de la ciencia.

Una vez estudiado todo lo relacionado con el tema de las variantes del Texto y de cómo recuperar el verdadero sentido del mismo, hay que abordar lo referente al Texto per se, es decir, el aspecto lingüístico, y lo que está detrás del mismo, esto es, la etimología y la etiología del texto, con el único propósito de obtener el significado correcto de esa palabra, de manera que a continuación será objeto de estudio la Crítica Lingüística.

II

Crítica Lingüística

Después de haber abordado la Crítica Textual, es menester referirse a la Crítica Lingüística,[95] que como su nombre muy bien indica tiene que ver con juzgar el aspecto filológico de las palabras utilizadas en el idioma original del Texto Sagrado, al objeto de tener una panorámica histórico-lingüística de esa palabra, frase o pasaje, y por ende acercarse a la interpretación correcta del Texto.

Para el manejo correcto de esta rama de la Crítica Bíblica, además del conocimiento perfecto de los originales bíblicos, se debe conocer tanto la etimología como la etiología de las palabras, pues estas constituyen la materia prima del crítico lingüista. Sin más preámbulo, se procede a abordar el presente capítulo en los siguientes apartados principales:

1. Origen y concepto de la Crítica Lingüística.
2. Idiomas de la Biblia.
3. Principios para hacer Crítica Lingüística.
4. Elementos de las palabras.
5. Un caso práctico de Crítica Lingüística.
6. Enfoque crítico.
7. Resumen.

---

95. Es la disciplina cuyo objeto de estudio es el lenguaje humano, su estructura y su evolución histórica, entre otros aspectos. Las ramas en las que usualmente se divide son: 1) fonética, que estudia los sonidos físicos del lenguaje; 2) fonología, que describe la forma en que funcionan los sonidos del lenguaje; 3) semántica, que tiene que ver con la interpretación del significado de una palabra o de una expresión; y 4) gramática, que estudia los principios y las reglas que regulan una lengua. Esta última se subdivide en: morfología, sintaxis y ortografía. Para más información, cf. Hernando Cuadrado, Luis Alberto, *Introducción a la teoría y estructura del lenguaje,* Verbum, España, 1995.

1. Origen y concepto de la Crítica Lingüística

A diferencia de las otras formas de Crítica, la Crítica Lingüística no ha levantado el mismo grado de polémica, sino todo lo contrario; se le ha dado una importancia inusual en los diferentes seminarios de corte tradicional, así como en aquellos poco ortodoxos. Este hecho es positivo pues, quiérase o no, existe un reconocimiento expreso o tácito de la Palabra de Dios. Cuando utilizamos en este párrafo la frase "el mismo grado de polémica" nos referimos a que existen palabras o expresiones que generan polémica, ya que plantean cosas nunca consideradas por la Iglesia.

En este primer apartado de la Crítica Lingüística se abordará tanto su origen como su concepto.

1.1. Origen de la Crítica Lingüística

A diferencia del resto de formas de Crítica, la Crítica Lingüística no surge en un momento histórico determinado lanzada por un erudito teólogo alemán, sino que aparece en el momento en que el exégeta bíblico desea hallar el significado de un texto sobre la base de lo que las palabras, frases o pasajes expresan en su sentido llano y simple a la luz del contexto histórico en que fueron escritas. Se podría afirmar que la Crítica Lingüística cobró relevancia a partir del momento en que la Biblia trascendió del clero privilegiado a la inmensa mayoría del pueblo en los idiomas vernáculos. Como es obvio, las traducciones son aproximaciones, en muchos casos, de los idiomas originales; de ahí la necesidad de efectuar Crítica Lingüística, la cual no solo busca conocer la etimología de la palabra, sino también su etiología para de este modo comprenderla mejor en el idioma vernáculo.

1.2. Concepto de Crítica Lingüística

La Biblia es un libro con una doble identidad, es decir, es la Palabra de Dios en las palabras de los hombres, lo que representa un fenómeno extraordinario.[96] Teniendo esto claro, es importante afirmar que el significado de las palabras, frases o pasajes bíblicos muchas veces solo puede ser interpretado correctamente después de un análisis lingüístico muy riguroso; de ahí que la Crítica Lingüística podría definirse como:

---

96. Ladd, George Eldon, *The New Testament and Criticism*, óp. cit., p. 83.

El conjunto de conocimientos a través de los cuales el exégeta buscará crear y entrar en el mundo del pensamiento original y estructura lingüística del texto.[97]

En otras palabras, es el intento que hace el crítico por conocer el significado de una palabra, frase o pasaje para su correcta interpretación. Cuando llegamos a este punto, entramos en una de las ramas de la lingüística que se llama semántica,[98] la cual estudia el significado de las palabras. La semántica de una palabra debe ser estudiada por el crítico lingüista, tanto en su forma sincrónica como diacrónica. Solo a modo de ejemplo, veamos qué significaba en la época del NT la palabra γεεννα, que se debería traducir como Gehenna, pero que al no tener sentido en el idioma vernáculo el traductor tanto de la RV[99] como de la NVI, *inter alia*, la tradujo como "infierno". Lo primero que el crítico bíblico tendrá que hacer es identificar el uso semántico que tenía la palabra cuando esta fue escrita. En la época de Jesús, el *gehenna* era el lugar que los judíos habían convertido en vertedero público, en el que era quemada la basura de la ciudad, los cuerpos muertos de los criminales y de los animales. Así es como, poco a poco, se formó la idea de que aquel lugar lúgubre era el lugar de castigo de todos los condenados.[100] El uso semántico de la palabra *gehenna* en el tiempo de Jesús es la semántica sincrónica, es decir, el significado de la palabra en aquel momento concreto: un vertedero.[101] La evolución que la palabra *gehenna* sufrió con el tiempo hasta llegar a significar el lugar de los condenados es lo que se llama semántica diacrónica, es decir, la evolución de la palabra o frase a lo largo del tiempo hasta adquirir un significado.[102]

---

97. Hayes, John, *Biblical Exegesis*, John Knox Press, 1934, EE.UU.

98. Semántica es el estudio del significado en una lengua. La lengua es utilizada para expresar significados que pueden ser entendidos por otra persona. Pero el significado existe en nuestra mente y nosotros podemos expresar lo que está en nuestra mente a través de formas escritas y habladas de la lengua. Para un estudio completo sobre la semántica y la teoría del significado es de mucha utilidad el trabajo: Nazari Bagha, Karim, "A short introduction to Semantics", *Journal of Language and Research*, vol. II, 6, pp. 1411-1419.

99. Es importante señalar que en la versión RV de 1909 se transliteró la palabra "gehenna" en cuatro ocasiones, es decir, que no se tradujo al castellano como se hizo en la versión de 1960 y las siguientes. Los cuatro pasajes son estos: Mc. 9:43, 45 y 47; Lc. 12:5.

100. Véase Ropero, Alfonso, "Gehenna", *Gran Diccionario Enciclopédico de la Biblia*, óp. cit., p. 981.

101. Saussure, Ferdinand, *Curso de Lingüística General*, Losada, Buenos Aires, 1969, p. 144.

102. Ibíd., p. 144 y 146.

Como puede observarse, el trabajo lingüístico que efectúa el crítico lo sitúa en otra dimensión en relación con el entendimiento, la comprensión y la interpretación de palabras, frases y pasajes del Texto Sagrado. Recordemos que los conceptos y las imágenes que tenían los hagiógrafos son completamente diferentes a las que nosotros tenemos hoy en día. Eso hace ineludible el estudio semántico de las palabras, que también lleva implícita la etiología o causa de la palabra, así como la etimología de la misma.

Una vez habiendo clarificado el concepto y el objeto de estudio de la Crítica Lingüística, es menester tratar lo relacionado con los idiomas en los cuales el crítico bíblico deberá trabajar.

2. Idiomas de la Biblia[103]

Dado que el trabajo de la Crítica Lingüística se realiza en la lengua original, es necesario mencionar los idiomas de la Biblia, y sobre todo subrayar que el lenguaje usado por los hagiógrafos fue el vernáculo, es decir, el que hablaba la gente común y corriente de la época en los mercados, talleres, escuelas, etcétera.

2.1. El hebreo

El hebreo[104] es un idioma semítico y comparte sus características interesantes con otras lenguas de la familia. El estudio de otros idiomas semíticos ayuda mucho a comprender mejor el hebreo y viceversa. Las lenguas semíticas son varias y se pueden ubicar según la región del Próximo Oriente en que se hablaban.

Así, en Oriente, es decir, en la región de Mesopotamia, donde florecieron diversas culturas, se hablaba el acadio. En Occidente, en la región de los actuales estados de Israel, Líbano, Siria, etcétera, se hablaba, en la parte norte, el hebreo, el fenicio, el ugarítico y el moabita y, en la parte sur, el árabe y el etíope.[105]

---

103. Sobre este tema se recomienda Geisler y Nix, *A General Introduction to the Bible*, Moody Press, EE.UU., 1973, pp. 214-221; Briggs, *The Study of Holy Scripture*, óp. cit., pp. 42-74. Sobre el idioma hebreo se recomienda Moisés Chávez, *Hebreo bíblico*, t. I, Mundo Hispano, 1981; Yates, Kale, *Nociones Esenciales de hebreo Bíblico*, Casa Bautista de Publicaciones, 1970, EE.UU. Sobre griego se recomienda el clásico de Dana y Mantey, *Gramática griega*, Casa Bautista de Publicaciones, 1975, EE. UU, sobre todo la p. 15.

104. Sobre este tema se recomienda Pagán, Samuel, *Introducción a la Biblia Hebrea*, óp. cit., pp. 50-53.

105. Para más información, véase Chávez, Moisés, *Hebreo bíblico*, óp. cit., pp. 98-100.

Se puede observar que israelitas y moabitas eran "primos hermanos" por Abraham y Lot, saliendo estos últimos de Lot; de ahí que sus diferencias idiomáticas no hayan sido insalvables, sino todo lo contrario, muy comunes. Lo mismo puede decirse de los árabes que son descendientes de Ismael, hijo también de Abraham.

El idioma hebreo originalmente no tenía vocales, hasta que fueron fijadas por los masoretas, ya entrado el primer milenio. A diferencia de los idiomas occidentales modernos, el hebreo se lee de derecha a izquierda.[106]

2.2. El griego

El idioma griego es uno de los más antiguos que aún están vigentes, y saltó a la palestra mundial como producto de una política de expansión cultural llamada helenismo, que fue lanzada primero por Filipo II de Macedonia y luego ejecutada por su hijo, Alejandro Magno.

Será aquí objeto de estudio, si bien de una forma muy sucinta, la evolución de la lengua griega en el decurso de los siglos.

2.2.1. Evolución histórica del griego[107]

La historia de la lengua griega retrocede hasta el año 1500 a.C. El desarrollo de este idioma puede dividirse en cinco períodos destacados:[108]

1) Período formativo. Se extiende desde el origen mismo de la raza hasta Homero, en el siglo VIII a.C. Las tribus primitivas de las cuales surgieron los griegos proceden de un lugar al oeste de Asia. En este grupo étnico se hablaban varios dialectos como el ático, tesaliano, jónico, *inter alia*. Este último fue el que ejerció una mayor influencia.

2) Período clásico. Esta etapa abarca desde Homero hasta Alejandro Magno, en el año 330 a.C. En ella, el ático, basado en el antiguo jónico, alcanzó la supremacía. De ahí que la literatura griega que nos ha llegado sea eminentemente ática.

---

106. Véase *supra* nota 30.

107. Para un estudio completo sobre la historia del idioma griego se recomienda altamente: Rodríguez Adrados, Francisco, *Historia de la Lengua Griega*, Gredos, Madrid, 1999. También resulta muy útil: Tellería J. M., *Diccionario Enciclopédico de la Biblia*, óp. cit., pp. 1060-1064, *inter alia*.

108. Tellería elabora otra clasificación de los períodos históricos de la lengua griega. Este autor habla de siete períodos: período micénico, época oscura, primeros poetas, época clásica, griego koiné, griego bizantino y griego moderno. Ibíd., pp. 1060-1061.

3) Período koiné. Se extiende entre el 330 a.C. y el 330 d.C. En esta época, el idioma griego fue libremente usado y entendido por todo el mundo civilizado. Las cuatro causas principales del desarrollo de la koiné son: la extensa colonización, la estrecha filiación política y comercial de las tribus separadas, las interrelaciones políticas y las conquistas alejandrinas. Huelga señalar que fue en el idioma koiné en el que los hagiógrafos escribieron la Palabra de Dios.

4) Período bizantino. Comprende desde el 330 d.C. hasta el 1453, y comienza con la división en dos del Imperio romano: imperio de Occidente e imperio de Oriente. A este idioma se lo conoce también como el griego de la Edad Media. Es en sustancia el griego koiné limitado a las fronteras del Imperio romano de Oriente, conocido como el Imperio bizantino, de allí el nombre del período. Este fue el idioma que utilizaron los teólogos y maestros de la Iglesia ortodoxa griega.

5) Período moderno. Comprende desde 1453, fecha de la caída del Imperio romano de Oriente, es decir, Constantinopla, hasta nuestros días. Es aquí donde se desarrolla el idioma griego que actualmente se habla en Grecia.

Es importante señalar que debido a que Grecia estuvo sometida al Imperio otomano durante largo tiempo, el griego presenta una influencia turca y eslava muy marcada, así como la de otros países con los que mantenía relación comercial.

Lo anterior nos ubica en el idioma que por alguna razón es en el que fue escrito el NT para que este fuera dado a conocer al mundo entero. Como hemos visto, el idioma griego es llamado por los críticos como el idioma original, y específicamente el griego que se denomina "koiné", que fue el tipo de griego en que se ha difundido el NT.

2.2.2. El griego de la Biblia: el griego koiné

El griego koiné es el tipo de griego en que se escribe el NT y del cual se traduce el NT a todos los idiomas vernáculos. Es importante señalar que el griego de la Septuaginta o versión de los Setenta (LXX) es diferente al griego del NT.

Hablando propiamente del griego del NT, no hay que dejarse engañar por la palabra "koiné", que se traduce al castellano como "común" o "vulgar", en el sentido de que este griego es de un nivel inferior. Esta idea errónea sobre la calidad inferior de la koiné procede de los filólogos de antaño que lo señalaron como inferior y decadente frente al griego clásico de la época de Homero. Lo cierto es que cuando leemos el evangelio de Lucas nos encontramos a un individuo de un elevado nivel lingüístico. Hablando del griego de algunos libros, Tellería enseña:

> El autor de la Epístola a los Hebreos que no duda en citar literalmente o parafrasear a la Septuaginta cuando conviene al desarrollo de su discurso, no oculta su dicción y su sintaxis puramente alejandrinas... El evangelio según san Marcos considerado hoy como uno de los mejores exponentes de lo debería ser la koiné hablada... el Apocalipsis de san Juan... estigmatizado de forma tradicional como obra mal escrita ... evidencia un dominio tal de la sintaxis helena que no tiene que envidiar a ningún autor clásico...[109]

Aunque la koiné era el idioma que hablaba la gente común y corriente, también es verdad que ciertos hagiógrafos poseían un nivel académico que les permitió escribir magistralmente, como los ejemplos de Tellería. El griego del apóstol Pablo es uno de los más complicados de entender; no así el de san Juan, más sencillo. Esto mismo ocurre en el castellano, lengua que hablamos millones de personas; pero hay un nivel de este idioma que puede ser técnico o literario y que una persona común y corriente no va a entender, exactamente igual que con la koiné.

Una vez abordado el tema del idioma del NT, es menester plantear el tema de otro de los idiomas bíblicos, el arameo, que además era la lengua familiar en la época de Jesús. De hecho, fue el arameo la lengua que Jesús utilizó para comunicar el mensaje del reino. Ahora, para que este mensaje transcendiese, era menester escribirlo o traducirlo al idioma koiné.

2.3. El arameo[110]

El arameo entra en la escena bíblica en época del exilio de los judíos en Babilonia. Era el idioma que se hablaba en aquella región y obligó a los judíos a aprenderlo, hasta el extremo de conservarlo después del retorno a su tierra. El arameo llegó a ser el idioma que se hablaba por la familia en casa, de manera que en la época de Jesús esta era la lengua materna y el canal a través del cual Jesús transmitió el mensaje del Reino.

Para un mejor entendimiento del idioma arameo, resulta de capital importancia realizar un breve estudio sobre su evolución histórica.

---

109. Ibíd., pp. 1062-1063.

110. Para más información, cf. Spadafora Francisco, *Diccionario bíblico*, Editorial Litúrgica Española, Barcelona, 1959, pp. 53-54.

2.3.1. Evolución histórica del arameo

Antes que nada huelga señalar que el idioma arameo pertenece al tronco semítico del noreste y que, debido a su gran difusión histórica, más que una lengua es un grupo de idiomas, provisto de peculiares y propiedades fonéticas, morfológicas y de sintaxis en lo fundamental semejantes. A continuación haremos una breve exposición de los diferentes períodos por los cuales ha pasado este idioma:

1) Arameo dialectal (s. VIII a.C.). En él se hallan las típicas formas aramaicas mezcladas con otras cananeas y fenicias.

2) Arameo clásico. Este prevaleció desde el florecimiento de los reinos de Mesopotamia hasta la época de Ciro, en el año 539 a.C.

3) Después de Ciro y hasta Alejandro Magno. Al haberse constituido el gran Imperio persa, con Susa como capital, el arameo se convierte en lengua oficial, aunque no es la única. En todas las satrapías se descubren textos en arameo.

4) Después de Alejandro, con la helenización de los griegos, su lengua tomó la delantera como lengua oficial del imperio; entonces el arameo comienza el proceso de diversificación entre el arameo occidental y el oriental, que en época de Jesucristo será ya definitiva. Hubo un hecho de gran relevancia para el arameo occidental como fue la adopción por parte de los hebreos del arameo como lengua propia después del destierro babilónico.

2.3.1. El arameo y su relación con la Biblia

Existen fragmentos de arameo en el texto bíblico; los más importantes se encuentran en los libros de Daniel, de Esdras y de Nehemías, escritos cuando no había diferencia entre el arameo occidental y el oriental, pero que reproducen las particularidades gramaticales que serán después propias de la variante occidental.

En la época de Jesús, el idioma que se hablaba en la casa era el arameo, de ahí que todo el ministerio terrenal de Jesucristo fuera hecho en esta lengua. En el caso de Marcos, que escribe a judíos no familiarizados con el arameo de Galilea, emplea expresiones arameas tales como: "Thalita qumi, Abba, Ephphata y Eloi lama sabactani", las cuales traduce para su comprensión.

En el caso específico del apóstol Pablo, también usa algunas palabras arameas en sus escritos, como "Abba" o "maranatha".

Existen teorías defendidas por los eruditos del NT que afirman que evangelios como el de Mateo fueron originalmente escritos en idioma arameo y luego traducidos al griego.

Todo lo anterior nos conduce a la siguiente reflexión: si Jesús habló en arameo, y como sabemos que cuando se traduce de un idioma a otro hay algo que se pierde en la traducción, deben existir perícopas que se entiendan mejor en el idioma en que Jesús habló, y no en el griego al que llamamos original.

Una vez estudiados los idiomas de la Biblia, es menester movernos hacia otro tema: los principios que el crítico lingüista debe seguir para llevar a cabo su trabajo.

3. Principios para hacer Crítica Lingüística[111]

Al igual que en la Crítica Textual, existen principios rectores para realizar una Crítica Lingüística aceptable. Los mismos que se aplican para aquella se pueden aplicar a esta.[112] Ahora, los principios que a continuación se comentan se pueden considerar especialmente para la Crítica Lingüística:

1) Que las palabras del hebreo, arameo y griego, como las de cualquier otro idioma, frecuentemente poseen una gran variedad de significados. Es fundamental que el crítico lingüístico realice un análisis semántico, tanto sincrónico como diacrónico de la palabra, frase o pasaje del texto. Ello le permitirá conocer el significado de la palabra, frase o pasaje, tanto en el pasado como en el presente.

2) Que los hagiógrafos no estaban más familiarizados con la historia de su idioma de lo que lo estamos nosotros con el nuestro. Lo que esto quiere decir es que aquellos usaron el lenguaje y todo lo relacionado con su contexto legal, cultural, religioso, social, *inter alia*, para redactar sus escritos que posteriormente fueron canonizados por la Iglesia.

3) Que las palabras o frases individuales no necesariamente tienen un significado teológico especial, pero sí coloquial. Existen en la Biblia numerosas palabras y expresiones que son propias del lenguaje coloquial de la época, y que el día de hoy no tienen ningún significado, de manera que se hace indispensable adentrarse en la cultura judía o grecorromana en que se dio la palabra o expresión concreta a fin de su entendimiento e interpretación actual. A modo de ejemplo podemos citar la palabra ἀπολυτρωσιν, que se traduce por "redención" en el idioma castellano. Este es un término eminentemente teológico en la actualidad y jamás se utiliza en el lenguaje coloquial. En la época de Pablo, esta palabra formaba parte de la jerga diaria de aquella gente. El sistema socioeconómico que imperaba era el esclavismo, de manera que a la

---

111. Cf. Hayes, John, *Biblical Exegesis,* óp. cit., p. 59.
112. *Infra,* pp. 28-29.

transacción comercial de comprar a un esclavo se la llamaba "redención". Cuando Pablo emplea esta palabra en sus cartas no está usando una palabra "rebuscada" para impresionar a sus lectores. Pablo está estableciendo una conexión entre un hecho de la vida diaria y la palabra que representa ese hecho con la obra de Cristo. Algo que la gente de la época podía entender a la perfección. En la era de la globalización económica, el hombre necesita conocer la semántica de la palabra en la época concreta en que esta fue escrita, y al hacerlo va a descubrir que "redención" era una simple palabra coloquial, sin ningún significado teológico. Pero cuando la práctica de la compra de esclavos desapareció, el sentido coloquial lo hizo *ipso facto* y su significado se volvió de uso exclusivo de la teología, tal y como ocurre en la actualidad.

4) Que idénticas o similares ideas o conceptos teológicos pueden ser expresados en una variedad de formas a través del uso de una variedad de palabras. Existen una serie de términos en el idioma griego que se escriben igual y se traducen del mismo modo pero que su significado es diferente. Es aquí cuando tenemos que aplicar una de las reglas clásicas de la hermenéutica, que reza que el contexto de la palabra o frase determinará su significado. Un ejemplo clásico es: …ἠγάπησεν ὁ θεὸς τὸν κόσμον, "...amó Dios al mundo" (Jn 3:16), y Μὴ ἀγαπᾶτε τὸν κόσμον μηδὲ τὰ ἐν τῷ κόσμῳ. ἐάν τις ἀγαπᾷ τὸν κόσμον, οὐκ ἔστιν ἡ ἀγάπη τοῦ πατρὸς ἐν αὐτῷ, "No améis al mundo ni lo que está en el mundo. Si amas al mundo, el amor del padre no está en él" (1 Jn. 2:15). En ambos versículos, la palabra κόσμον, "mundo", es igual, pero su semántica es completamente distinta. El contexto de la palabra es lo que le da su significado. En el primer caso, "mundo" significa la humanidad, sin distingos étnicos, y en el segundo "mundo" significa el sistema perverso organizado por Satanás que funciona completamente fuera de la esfera de Dios.

Como este caso se van encontrar muchos en la Biblia y el crítico lingüista deberá tener cuidado a la hora de realizar su trabajo.

5) Que la mejor guía para descubrir el significado de una palabra, frase o pasaje es el contexto en el que se inserta. Un paradigma de este principio es el célebre pasaje de Mateo 5:39-41.

> … a cualquiera que te hiera en la mejilla derecha, vuélvele también la otra; y al que quiera ponerte a pleito y quitarte la túnica, déjale también la capa; y a cualquiera que te obligue a llevar carga por una milla, ve con él dos…

Para la correcta interpretación de estos tres casos presentados por Jesús, el crítico lingüístico necesita descubrir el significado del pasaje en el contexto cultural y legal de la época de Jesús. El estudio de la cultura de aquella época nos llevará a la conclusión de que "volver la otra mejilla" es hacerle ver al agresor que él mismo se ha incriminado al haber humillado a la víctima, y que en realidad lo que Jesús está diciendo a la víctima es que le dé la oportunidad al agresor de arrepentirse de su mala conducta. En el siguiente caso, "déjale la capa" significa literalmente quedarse desnudo para que el agresor pueda comprender la magnitud de su perversa conducta y así proceda a arrepentirse y reparar el daño. Finalmente, "ve con él dos millas…" es una expresión que se da en un contexto cultural en el cual cuando un grupo de soldados romanos encontraba a un parroquiano en el camino podían legalmente hacerle llevar una carga a lo largo de una milla; si lo hacían por más distancia, el soldado era sujeto a una sanción. Cuando Jesús dice "ve con él dos…" lo que está diciendo es que lo haga culpable de su conducta y lo exponga a una sanción para que vea su mal proceder.[113]

Cuando el crítico realiza el análisis lingüístico del pasaje a la luz del contexto, tanto legal como cultural, se dará cuenta de que el mensaje de Mateo no es que la persona se abstenga de vengarse de la injusticia a la que ha sido sometido, sino que con sus acciones le haga ver al agresor su mal proceder y darle a este la oportunidad de que se arrepienta.

Una vez visto lo relacionado con los principios que el crítico deberá aplicar al efectuar el trabajo de Crítica Lingüística, es de suprema importancia tener en cuenta los elementos propios de la palabra objeto de estudio y es precisamente lo que trataremos en la próxima sección.

4. Elementos de las palabras

Recordemos que las palabras son la materia prima con la que el crítico lingüístico realiza su trabajo, de manera que resulta de capital importancia estudiar este tema desde todos sus ángulos en aras de que el estudiante tenga la mejor cosmovisión del caso. Aunque algo de lo que va a ser objeto de estudio en esta sección ya lo abordamos en la anterior, es importante recalcar el tema de un modo más profundo y claro.

Para finalizar, cabe afirmar que en algunas palabras de la Biblia encontramos elementos históricos o semíticos que nos serán de gran utilidad en nuestro afán por descubrir el significado de la palabra. A continuación se tratarán dos casos prácticos.

113. Véase Granger Cook, John, "Matthew 5.39 and 26.67: Slapping another's Cheek in ancient Mediterranean Culture", *Journal of Greco-Roman Christianity and Judaism*, N.10, 2014, p. 68-89. También se recomienda altamente el siguiente artículo: Novakovic, Lidija, "Turning the Other Cheek to a Perpetrator Denunciation or Upholding of Justice?", 2006, Annual SBL Meeting, https://www.sbl-site.org/assets/pdfs/Novakovic_Cheek.pdf (Visto el 20 de octubre del 2015).

4.1. Elemento histórico de una palabra

Por elemento histórico nos referimos a la etiología de la palabra o su origen; también se puede usar el término "semántica" de la palabra. Aunque este tema de alguna manera ya lo hemos tratado, no está de más ahondar en el asunto y objetivarlo con una palabra cuyo estudio semántico nos arroja una luz indispensable para el entendimiento del pasaje en toda su dimensión. Nos referimos a la palabra παρουσία (parusía), que se traduce "presencia" y que hallamos en Filipenses 2:12, cuando Pablo exhorta a los filipenses a obedecer en su παρουσία (parusía), en su "presencia", o en su ἀπουσία (apousía), en su "ausencia".

Cuando vamos a II de Tesalonicenses 2:1 leemos: ...ἀδελφοί, ὑπὲρ τῆς παρουσίας τοῦ κυρίου ἡμῶν Ἰησοῦ Χριστοῦ καὶ ἡμῶν ἐπισυναγωγῆς ἐπ' αὐτὸν "... hermanos, porque la venida de nuestro Señor Jesucristo y nuestra reunión con Él...", la palabra griega resaltada se translitera al castellano como "parusías" y se traduce al castellano como "venida", hablando de la segunda venida de Cristo. Es la misma palabra que Pablo emplea en Filipenses 2:12 y que se traduce como "presencia", porque en realidad eso es lo que significa. Ahora, cuando estudiamos la etiología y la semántica diacrónica de la palabra "parusía" vamos a descubrir un elemento que nos permitirá entender este término en toda su dimensión.

El uso de la palabra "parusía" en un papiro helenista muestra que este término tiene el significado de designar una visita oficial de una persona de alto rango, especialmente un rey o un emperador. Cuando se daban tales visitas en las provincias, los impuestos eran recaudados para sufragar gastos oficiales y proveer al visitante de una costosa corona en caso de que se tratara de un rey.

Al conocer este antecedente secular, el uso que el NT le da a la palabra "parusía" gana un nuevo significado, ya que Pablo afirma que el Señor vendrá y dará una corona a aquellos que le aman y le sirven. La gente de aquella época pudo entender mejor el término utilizado por Pablo al formar parte de su contexto cultural. Nos toca a nosotros recuperar el significado sincrónico para alcanzar ese mismo conocimiento.

En resumen, la venida de Cristo significa literalmente en la lengua castellana la "presencia" de Cristo. Del mismo modo que la presencia en un lugar de un alto dignatario del Imperio romano originaba un gran evento *mutatis mutandis*, la presencia o segunda venida de Cristo causará el más grande acontecimiento en la historia de la humanidad.

Una vez tratado el tema del elemento histórico de la palabra, toca abordar lo relacionado con el elemento semítico que una palabra puede tener.

4.2. El elemento semítico de la palabra

El NT no se da nunca en un vacío ni religioso ni teológico. Tanto el AT como los otros libros sagrados de los judíos constituyen la base del NT; en otras palabras, el cristianismo tiene su base en el judaísmo tal cual. En virtud de lo anteriormente expresado, los hagiógrafos del NT se vieron en la necesidad de incorporar en su lenguaje escrito términos hebreos que no podían traducirse so pena de perder la fuerza de su significado.

Este fue precisamente el problema de la Iglesia gentil del siglo I. No comprendían una serie de palabras y por ende conceptos teológicos que solo entendían aquellas personas que venían de un trasfondo judío. Este hecho obligó a la Iglesia gentil, como nos obliga a nosotros hoy en día, a estudiar la cultura religiosa judía que dio origen al cristianismo para una comprensión exacta de una serie de términos hebreos que simplemente fueron transliterados al griego y posteriormente a los idiomas vernáculos.

A continuación serán objeto de estudio sucinto algunos de esos términos hebreos que poseen un elemento semítico que es indispensable conocer para su completa comprensión e interpretación.

4.2.1. Χριστὸς - Kristós - Cristo

Uno de los conceptos claves de toda la Biblia es el de Mesías, es decir, el personaje que iba a aparecer en la escena del pueblo judío para su liberación y restauración completa. Los profetas del AT fueron las personas que a través de sus escritos crearon el concepto de Mesías, que en castellano significa "el ungido" o la persona nombrada para desempeñar un oficio previamente determinado. En el idioma griego, Mesías se dice Cristo. Si bien es cierto que los profetas hablaron del Mesías, fue en el período intertestamentario donde este concepto realmente se desarrolló y tenía que ser así para que el escenario de la venida de Jesús estuviera preparado. El pueblo estaba esperando a un Mesías y el Mesías vino. El asunto fue que el concepto que entendieron los religiosos de turno y por ende el pueblo fue un concepto errado, por eso, no recibieron a Jesús como el Mesías.

Teniendo en mente lo anteriormente explicado cobran significado las palabras que encontramos en Mateo 16:16: ...ἀποκριθεὶς δὲ Σίμων Πέτρος εἶπεν· σὺ εἶ ὁ χριστὸς ὁ υἱὸς τοῦ θεοῦ τοῦ ζῶντος... "mas contestó Simón Pedro, tú eres el Cristo, el hijo del Dios viviente...". Otras versiones lo traducen como "... tú eres el Mesías...", que también es completamente correcta.

Como puede observarse en este caso, el elemento semítico es una condición *sine qua non* para el entendimiento del concepto de Cristo o Mesías.

4.2.2. Ὡσαννὰ - hosanná - hossana

La palabra "hosanna" es un término hebreo que encontramos en tres pasajes del NT, a saber: Mt 21:9, Mc 11:10 y Jn 12:13, y en el AT aparece en el Salmo 118:25. En el texto que aparece en Mateo se lee de la siguiente manera: ... ὡσαννὰ* τῷ υἱῷ Δαυίδ· "...hossana al hijo de David...".

En el idioma hebreo significa "salva ahora" o "salva te rogamos". Es una exclamación que en un principio tenía el sentido de una súplica o rogativa a Dios o a un rey (salmo 128:25, II Sam. 14:4). Esta palabra sufrió una evolución semántica hasta convertirse en una expresión de gozo y alabanza, y es precisamente el sentido que este término tiene en el NT.

Según la tradición judía, la palabra "hosanna" se recitaba una vez en cada uno de los primeros seis días de la fiesta de los Tabernáculos mientras se llevaba a cabo una procesión solemne alrededor del altar de los holocaustos. El séptimo día se repetía siete veces, con acompañamiento de palmeras y sauces.[114] Esta costumbre también se seguía en la fiesta de la Dedicación, así como en la Pascua. De ahí que cuando Jesús hacía su entrada triunfal la gente gritó "hosanna" y lanzó palmeras a su paso. Era ya una costumbre del pueblo hacerlo, solo que en el caso de Jesús fue algo sui géneris que celebraba con júbilo la entrada del Mesías a la ciudad santa. Desafortunadamente, mucha gente de esa multitud que gritó ese día "hosanna" al hijo de David, cinco días después gritó "crucifícalo".

El entendimiento del elemento semítico y su contexto religioso nos arroja una luz clave a la hora de entender y usar con propiedad el término "hosanna".

4.2.3. Σατανᾶς - Satanas - Satanás

Satán es una palabra hebrea שָׂטָן que significa en castellano "adversario". El concepto de Satanás no existía en el idioma griego; la palabra es transliterada del hebreo, y obtenemos Σαταν (Satán), que después de una evolución semántica se convierte en el concepto actual. Como se señaló anteriormente, en este sentido de "adversario" se usa en el AT, v.g. los filisteos cuando llaman a David, satán o adversario en 1 Samuel 29:4.[115] De la palabra "satán" se deriva el nombre propio Satanás. Lo cierto es que el

---

114. Gavari Pardavila, "Hosanna", *Gran Diccionario Enciclopédico de la Biblia*, óp. cit., p. 1207. El autor cita a Josefo (Antigüedades 13, 13, 6, 3:10, 4).

115. En este mismo sentido se utilizó en 1 de Reyes 11:4 cuando señala que Dios levantó a un *satán* o adversario para Salomón. Encontramos el mismo caso en 2 Samuel 19:22-23: "¿Qué tenéis vosotros conmigo, hijos de Sarvia, que me habéis de ser hoy adversarios [o satán]?". Hasta este momento, el concepto de Satanás que tenemos hoy en día no existía.

concepto de Satanás se desarrolla después del exilio o en el período intertestamentario. A esta época se la conoce como "los 400 años del Silencio", si bien en realidad no lo fueron, puesto que fue durante ese tiempo que se desarrollaron una serie de doctrinas que sirven de fundamento al mensaje de Jesús. Una de ellas es la de un engendro del mal que gobierna un sistema independiente al de Dios, y que por lo tanto está condenado a la eterna perdición. Jesús mencionó numerosas veces a Satanás, a quien llamó por diferentes nombres como diablo, príncipe de este mundo, belsebú, inter alia. La gente no tuvo problema en entenderle, puesto que era un concepto bien desarrollado en la cultura religiosa judía.[116]

Cuando el evangelio llegó al mundo gentil, este desconocía completamente el origen y la formación del concepto "Satanás", en otras palabras, el elemento semítico al que nos estamos refiriendo. De ahí la importancia del estudio de cómo este concepto llegó a fijarse en el pensamiento teológico del pueblo judío, porque esto es la base de todo lo que sostiene a la ciencia que llamamos "satanología".[117]

4.2.4. Ἀλληλουϊά - Hallelouia - Aleluya

La palabra "aleluya" es en realidad un vocablo hebreo הַלְלוּיָהּ que se translitera al griego Ἀλληλουϊά y posteriormente al castellano quedando "aleluya". Ahora lo importante con este término no es su etimología o su etiología, sino el concepto que existe detrás del mismo.

"Aleluya" es una expresión de alabanza y alegría que utilizaban los judíos en sus liturgias religiosas y que ha sido adoptada por la Iglesia hasta el presente. Siendo la Iglesia de origen judío, era completamente normal y lógico que este tipo de cosas ocurriera. "Aleluya" expresa un sentimiento de júbilo usualmente dado en una celebración religiosa. No se trata de un término con un profundo significado teológico, sino algo que resalta un sentimiento de alabanza en el pueblo.

Este elemento semítico del vocablo era desconocido para la Iglesia de origen gentil, como lo es para nosotros hoy en día; de ahí la importancia de su estudio y comprensión para su correcta interpretación y aplicación.

---

116. Existen numerosos escritos producidos en el período intertestamentario que sirven para formar el concepto de Satanás. Uno de ellos es el libro apócrifo *Vida de Adán y Eva*, que se estima fue escrito en el 70 a.C. Este apócrifo nos relata todos los detalles acerca de lo ocurrido en el Jardín del Edén y especialmente la intervención de Satanás en toda esta tétrica escena. Véase *El primer libro Adam (Adán) y Java (Eva)* http://solution-sagp.es/resources/Libro+de+ADAN.pdf (Visto el 21 de octubre del 2015).

117. La satanología es una de las ramas en las que se divide la angelología. Para una información detallada sobre el tema, véase Zaldívar, Raúl, *Teología Sistemática desde una Perspectiva Latinoamericana*, óp. cit., pp. 220-243.

4.2.5. Ἱλαστήριον - Hilasterion - Propiciación

En Romanos 3:25 tenemos que Pablo escribió: ὃν προέθετο ὁ θεὸς ἱλαστήριον διὰ [τῆς] πίστεως ἐν τῷ αὐτοῦ αἵματι "...a quien Dios puso de antemano como propiciación a través de la fe en la sangre de él...". La palabra ἱλαστήριον, que se traduce al castellano como "propiciación", deja la comprensión a medias. El término "propiciación" posee un profundo significado teológico que tiene su origen en el sistema sacrificial que aparece en la Torá. Al quedarnos con la palabra "propiciación" nos quedamos incompletos, ya que en el idioma griego este término tiene tres posibles connotaciones, a saber: 1) Aplacar la ira de un Dios enojado a raíz del pecado de la humanidad. 2) Cubrir el pecado del hombre. En el AT el propiciatorio era la tabla que cubría el arca del pacto. 3) Expiación, es decir, tomar el lugar que por derecho le pertenece a otra persona. La palabra ἱλαστήριον puede traducirse de tres maneras diferentes sin afectar al significado del vocablo; pero el traductor debe escoger una sola palabra, que en este caso es "propiciación", lo cual es correcto, si bien incompleto. Cuando entendemos el elemento semítico del vocablo y todo lo que encierra la palabra ἱλαστήριον, entonces nos damos cuenta de que Dios predestinó a Jesús para que expiara nuestros pecados, para que tomara el lugar que nos pertenecía por derecho al ser pecadores, para que al morir Él sacrificado aplacara la ira de un Dios que estaba distante, enojado con la raza humana. Todo esto debe conectarse con las prácticas sacrificiales del pueblo de Israel, que eran del tipo del gran sacrificio expiatorio de Cristo. Este entendimiento redimensiona a Romanos 3:25 y lo pone en otra posición.

Existen muchísimos más vocablos que poseen elementos semíticos que el crítico lingüístico debe conocer a la hora de llevar a cabo su trabajo; pero los que aquí hemos escogido nos muestran el tema de una forma clara a fin de que el estudioso los aplique en su afán de interpretar correctamente la Palabra de Dios.

En nuestra próxima sección desarrollaremos un caso práctico de Crítica Lingüística, al objeto de establecer un paradigma que ayude a los estudiosos de esta ciencia a realizar trabajos de esta naturaleza.

5. Un caso práctico de Crítica Lingüística

Para esta sección hemos escogido un caso algo controvertido y escandaloso, pero que resultará de mucha utilidad a fin de apreciar la importancia de la Crítica Lingüística en toda su dimensión. Aquí todo girará en torno al espinoso asunto de si Jesús sanó a un homosexual en su ministerio terrenal o no. Como es obvio, si la conclusión es afirmativa se abriría un argumento a favor de las relaciones gais en la actualidad. Como puede observarse, el tema es harto delicado y el mismo debe analizarse con el mayor cuidado y respeto posible.

5.1. El elemento lingüístico

La controversia a la que nos referimos tiene que ver con la sanidad del siervo del centurión que aparece registrada tanto en Mateo (8:5-13) como en Lucas (7:1-10). En el relato de Mateo, el texto se lee en griego de la siguiente manera: ...καὶ λέγων, Κύριε, ὁ παῖς [siervo] μου βέβληται ἐν τῇ οἰκίᾳ παραλυτικός...; la palabra ὁ παῖς (ho pais) que se traduce "siervo", puede tener tres significados en castellano: siervo, hijo y amante. El texto paralelo de Lucas se lee en el griego de la siguiente manera: ...Ἑκατοντάρχου δέ τινος δοῦλος [siervo] κακῶς ἔχων ἤμελλεν τελευτᾶν, ὃς ἦν αὐτῷ ἔντιμος [querido].[118] Aquí utiliza otra palabra, δοῦλος (doulos), que se traduce como "siervo" o "esclavo". La cuestión con este versículo es que agrega un término que no existe en Mateo, ἔντιμος (éntimos), que significa en castellano "tenido en alta estima" o "en estado de gran respeto".[119]

Es importante señalar que las palabras controvertidas son παῖς y ἔντιμος, que aparecen tanto en el NT gr. de Westcott y Hort como en el de Nestle-Aland. Lo que esto indica es que no existen variables en estas palabras, y que por lo tanto están ambas fuera de toda discusión.

Hasta aquí, todo lo que se ha hecho es presentar lo relacionado con el aspecto lingüístico, que es sumamente importante; pero resulta incompleto si desconocemos los aspectos históricos de la época, algo indispensable para tener elementos de juicio a la hora de realizar un análisis y llegar a una conclusión responsable.

5.2. El elemento histórico

El elemento histórico del pasaje en discusión es de capital importancia porque arroja la luz que se requiere para un mayor entendimiento de lo que está en juego aquí. Sobre el aspecto histórico vamos a citar literalmente a Ropero:

---

118. Sobre esta palabra, Ropero apunta: "δοῦλος, es decir, un criado al servicio del centurión", pero señala que era "muy querido"; en el original gr. éntimos, ἔντιμος, término emparentado como nuestro adjetivo "íntimo", y que tenía connotaciones amorosas de las que carece el vocablo *agapetós'* ἀγαπητός, que se suele traducir como "amado...". Véase Ropero, Alfonso, "Homosexualidad en el NT", *Gran Diccionario Enciclopédico de la Biblia*, óp. cit., pp. 1200-1201.

119. La palabra ἔντιμος corresponde al número 1784 de la concordancia Strog, donde aparece el significado de este vocablo.

Pues bien, como era costumbre en los cuarteles (donde los soldados no podían convivir con una esposa, ni tener familia propia), este
oficial tenía un criado amante, presumiblemente más joven, que le
servía de asistente o pareja sexual. Este es el sentido más verosímil de
la palabra paîs de Mt. 8:6 en el contexto militar (X. Pikaza). De modo
que el centurión pide a Jesús que cure a su amante y Jesús responde
de manera positiva.[120]

Lo que Ropero señala en la cita anterior era una práctica común entre
los griegos y los romanos,[121] de manera que es verosímil que el "siervo" del
centurión haya sido su amante. Ropero también señala que el sentido más
verosímil de la palabra "paîs" es la de amante, puesto que se está hablando
en un contexto militar.

5.3. Conclusiones exegéticas

Después de atender a los aspectos tanto lingüísticos como históricos,
la balanza podría inclinarse al hecho de que el "siervo" fuera la pareja
sentimental del centurión, como han concluido muchos eruditos de las
Ciencias Bíblicas. Si usamos la lógica, algunas de las preguntas que nos
vienen son: ¿Por qué un jefe militar está tan interesado en uno de sus tantos soldados? ¿Por qué llega al punto de acudir a Jesús, una personalidad
con una reputación de sanador? ¿Por qué Mateo utilizó la palabra παῖς
(paîs), un término que tiene la reputación en el idioma griego de usarse
para referirse a una pareja más joven en una relación con una persona
del mismo sexo? ¿Por qué Lucas usó δοῦλος (doulos)? ¿Será que intencionalmente la cambió porque δοῦλος sí tiene la connotación de siervo y no
da lugar a ambigüedades como παῖς? ¿Qué quiso decir Lucas cuando usó
la palabra ἔντιμος (éntimos) que se refiere a alguien que se tiene en alta
estima, alguien íntimo o muy cercano? El tratar de contestar a todas estas
preguntas es caer *ipso facto* en las arenas movedizas de la especulación.
A ciencia cierta, no hay nadie que pueda responder con toda certeza lo que
en realidad pasó.

Partiendo de lo expuesto anteriormente, podemos llegar a las siguientes conclusiones:

120. Véase Ropero, Alfonso, "Homosexualidad en el NT", *Gran Diccionario Enciclopédico de la Biblia*, óp. cit., p. 1201.

121. El mismo Ropero aborda el tema de la homosexualidad en Grecia y Roma, res-
pectivamente. Aquí señala lo que ya la historia nos dice: que personajes como Alejandro
Magno, Octavio (más tarde conocido como Augusto, el primer emperador) o Marco
Antonio tenían amantes masculinos. Ibíd. 1200.

1) Las palabras utilizadas por los hagiógrafos no están en discusión y coinciden en los diferentes MSS griegos.

2) Los términos παῖς (pais) y ἔντιμος (éntimos) utilizados por los hagiógrafos son ambiguos y puede perfectamente concluirse que el "siervo" era el amante del centurión.

3) En el caso de que Jesús haya respondido a la petición de un homosexual, no existe ningún problema. El NT está lleno de pasajes de la relación de Jesús con todo tipo de pecadores a los que amó entrañablemente sin importar la gravedad de sus pecados. No hay ninguna diferencia entre la mujer aprehendida en el acto del adulterio y un centurión que practica la homosexualidad.

4) En el caso de que haya habido una relación homosexual entre el centurión y su siervo, no podemos concluir que Jesús aprobara esta práctica. La Biblia es completamente clara al respecto en numerosos pasajes, tanto del AT y del NT.

5) No podemos tildar a los eruditos que reconocen la relación homosexual del centurión con su siervo como agentes de Satanás, o de irracionales a los que lo niegan, o de débiles a los que no toman partido y reconocen que ambas posturas pueden ser correctas.

6) El mensaje central del pasaje es mostrar la fe de un ser humano, el centurión, no aprobar ni desaprobar la práctica homosexual.

7) Sabemos que el "siervo" fue sanado, pero no sabemos qué pasó después con la vida de estos dos personajes.

8) Finalmente, Dios es misericordioso, no es homofóbico, ama entrañablemente al pecador, y su amor es más grande que nuestro pecado, de modo que no hay nada de escandaloso en afirmar la relación homosexual de los personajes del pasaje; no sabemos si después de esto algo milagroso ocurrió y ambos se arrepintieron de sus pecados, como tantos pecadores a los que Jesús sanó en su ministerio.

6. Enfoque crítico

Hasta el momento no se ha dado un debate teológico en el ámbito de la Crítica Lingüística entre racionalistas y bíblicos, al contrario que en las otras ramas de la Crítica Bíblica. Antes bien, esta ciencia ha sido utilizada muy satisfactoriamente desde una perspectiva bíblica por los eruditos de la hermenéutica.[122] La afirmación anterior en ningún mo-

---

122. Véase Traina, Robert, Método para el Estudio de la Biblia, Logoi, EE.UU., 1981; Martínez, José, Hermenéutica Bíblica, óp. cit.

mento quiere decir que la Crítica Lingüística no tenga su grado de complejidad, pues sí que lo tiene porque brega con el significado de palabras que son la fuente primigenia de la teología y por ende de la conducta y valores que detenta la comunidad de fe o una sociedad si queremos ser más extensivos.

De esta manera hemos abordado nuestro segundo tema, la Crítica Lingüística, el trabajo que el crítico realiza con las palabras utilizadas por los hagiógrafos, teniendo en cuenta los elementos tantos lingüísticos como históricos con el objetivo de desentrañar la verdad de esa palabra o frase. Una vez hecho esto, es menester avanzar en nuestro estudio hacia otro punto sumamente importante de la Crítica Bíblica como son los aspectos literarios que tienen que ver con el autor, la fecha, las circunstancias, entre otros muchos elementos.

7. Resumen

1) La Crítica Lingüística es la ciencia que nos dice el significado de la Palabra de Dios en el momento en que esta fue escrita (semántica sincrónica) y nos dice el significado que tiene actualmente (semántica diacrónica).

2) Los idiomas en que fue escrita la Biblia: en el AT el hebreo y el arameo y en el NT, el griego koiné.

3) Existen al menos cinco principios que el crítico bíblico deberá utilizar en el momento de realizar el trabajo de Crítica Lingüística: 1) una palabra puede tener una variedad de significados; 2) las palabras usadas por los hagiógrafos son las propias de su contexto cultural, social y religioso; 3) las palabras o frases no necesariamente tienen un significado teológico; 4) ideas o conceptos pueden ser expresados con una variedad de palabras; y 5) la mejor forma para descubrir el significado de una palabra es analizar el conjunto de la frase.

4) Hay dos elementos muy importantes a tener en cuenta a la hora de efectuar un análisis lingüístico de una palabra, a saber: el elemento histórico y, en ciertas palabras, el semítico.

5) A diferencia de las otras ramas de la Crítica Bíblica, la Crítica Lingüística ha sido utilizada de buena manera por la academia, especialmente por aquellas personas que hacen trabajo de exégesis.

III

Crítica Literaria

La Crítica Literaria[123] ha sido identificada con la Alta Crítica, de ahí que se consideren como términos sinónimos. Esta rama de la Crítica Bíblica ha sido considerada la plataforma de lanzamiento de toda la artillería pesada del racionalismo; y todo ello por entender, erróneamente, que la idea de esta palabra comunica el significado de "encontrar errores", cuando lo correcto es: "pasar juicio sobre... para estimar recta y justamente tanto los méritos como los defectos del Texto".

En este capítulo se abordará toda esa nutrida polémica que se ha originado en torno a la paternidad literaria de los libros de la Biblia. Para su estudio, este capítulo se ha dividido de la siguiente manera:

1. Historia y concepto de la Crítica Literaria.
2. Método para hacer Crítica Literaria.
3. Enfoque crítico.
4. Resumen.

1. Historia y concepto de la Crítica Literaria

La Crítica Literaria es la plataforma de lanzamiento de la artillería racionalista, hecho este que la desprestigia en los círculos teológicos ortodoxos. Sin embargo, a pesar de ello, esta rama de la Crítica Bíblica ha realizado una contribución muy positiva, al despertar la conciencia de elaborar trabajos de investigación literaria sobre el Texto Sagrado, algo indispensable para una mejor comprensión del Escrito. A continuación se efectuará una sucinta historia de la Crítica Literaria y se analizará su concepto.

123. En el pasado la Crítica Bíblica se dividió en la baja y la alta crítica. La primera se aplicaba a la sustancia y contenido de un libro, y la segunda a la forma o texto. Véase Kenyon, Frederic, *Our Bible and the Ancient Manuscripts*, Eyre, Spotiswoode, Londres, p. 29; pero con el transcurso del tiempo dicha clasificación resultó pobre y la Crítica Bíblica se ha dividido en una serie de ramas consideradas en esta exposición.

1.1. Sucinta historia de la Crítica Literaria

La Crítica Literaria es la pionera entre todos los tipos de crítica que aparecen en la escena académica, razón por la cual es la que tiene un mayor recorrido a través de la historia. Es nuestro propósito en este apartado exponer dicha trayectoria para ubicarnos en el contexto del tema.

1.1.1. Primera Teoría Documental

Johann Gottfried Eichhorn es considerado el padre de la Alta Crítica o Crítica Literaria a raíz de su *Einleitung in das Alte Testament*[124] (Introducción al AT). Se trata de una magnífica obra, escrita originalmente en alemán[125] y posteriormente traducida a varios idiomas. Algunos de sus temas principales son: la literatura judía en general, su publicación, preservación, compilación, autenticidad, y el carácter canónico del Antiguo Testamento; luego trata acerca de la historia de los textos del AT, e incluye asimismo diversas ayudas para la elaboración crítica del mismo, por mencionar solo algunos temas. Como puede verse, esta era verdaderamente una temática novedosa hacia el año 1787, momento en que esta obra de Eichhorn fue publicada. La exposición científica y erudita llevada a cabo por el autor le ha valido ser considerado el padre de la Alta Crítica. Él mismo se expresa sobre este tema:

> Los escritos sagrados de los hebreos, como nos lo dice la historia, han experimentado la suerte común de todos los escritos antiguos, ya sea por causa de accidentes, errores de los copistas de manera que mucho de su sentido original se ha perdido. Es allí donde la crítica debe ejercer su función para que el sentido original sea restaurado no en su totalidad pero sí en parte.[126]

124. Véase Eichhorn, J. G., *Introduction to the study of the Old Testament*, Spottiswoode and Co. New Street Square. Londres, 1888. Eichhorn sostiene que el templo era el lugar donde se custodiaban no solo los escritos sagrados del pueblo de Israel, sino también otro tipo de documentos relevantes. Cabe señalar que esta era también una práctica común del resto de pueblos, esto es, custodiar cualquier tipo de escritos en sus templos. Véase p. 14. Eichhorn también señala que Esdras era la persona que además de restablecer el culto judío después del exilio compiló los escritos sagrados del pueblo de Israel, de donde surge lo que nosotros conocemos como el AT o la Biblia judía. Literalmente escribe: "...justo después de que termina el exilio babilónico y se funda el nuevo Estado en Palestina, los restos de las escrituras en posesión de los exiliados fueron juntadas y con el fin de darle al segundo nuevo templo erigido todas las ventajas del primero, se fundó una biblioteca compuesta con los restos de esos escritos judíos, a lo que nosotros le damos el nombre de Antiguo Testamento", véase pp. 21-22.

125. La versión utilizada en este trabajo de investigación es la traducción al inglés realizada por George Tilly Gollop en 1888. Cabe señalar que en esta versión Tilly Gollop solo tradujo 252 páginas.

126. Véase Eichhorn, J. G., *Introduction to the study of the Old Testament*, óp. cit., p. 237.

El comentario anterior ya nos muestra a un erudito de las Ciencias Bíblicas que no va a creer las cosas porque sí, sino que va hacer un trabajo científico de crítica que lo va a conducir al único lugar donde uno puede llegar después de hacerlo: esto es, a la conclusión de que los Escritos, en este caso del AT, son básicamente la recopilación de varios documentos, considerados sagrados por los líderes religiosos de Israel, que fueron compilados y redactados por hombres píos que dedicaron toda su vida a esta noble labor, como es el caso de los Soferim o escribas y luego de los masoretas. Esto es lo que atestigua el mismo Eichhorn cuando afirmaba:

> Me he visto obligado a ejercer el mayor esfuerzo en un campo hasta ahora sin tratar, la investigación de la constitución interna de los escritos particulares del AT, mediante la Alta Crítica.[127]

Como puede observarse, en esa época la Alta Crítica era un campo virgen, a pesar de que Jean Astruc en 1753 ya había trabajado con ella en un tratado escrito sobre el Génesis.[128]

Con *Einleitung in das Alte Testament*, Eichhorn estaba sentando las bases de la Alta Crítica, que después iba a convertirse en Crítica Literaria; todo lo relacionado con lo que se ha dado en llamar la Hipótesis Documental del AT, como vamos a ver al final de este mismo capítulo, no se le debe llamar así más. Es una realidad que el AT es la recopilación de varios documentos, aunque no necesariamente de la manera como la erudición heterodoxa alemana lo ha presentado.

Después de la Teoría Documental de Eichhorn vino la que se dio en llamar Hipótesis Fragmentaria, que será objeto de análisis a continuación.

1.1.2. Hipótesis Fragmentaria

En 1792 el sacerdote escocés A. Geddes sostuvo que el Pentateuco era un conjunto de fragmentos fundidos quinientos años después de la muerte de Moisés, con lo que situaba la composición del Pentateuco en la Era

---

127. Citado por McDowell, J., *Evidencia que Exige un Veredicto*, t. II, Clie, Viladecavalls, 1988, p. 73. Se cita una fuente secundaria, ya que la traducción al inglés que poseemos es incompleta: fue traducida solo hasta la página 252.

128. Evidentemente, el tratado de Astruc no alcanzó la popularidad de la que gozó el de Eichhorn, de ahí que se considere a este último el padre de esta ciencia. Astruc consideró a Moisés como el padre literario del Pentateuco, pero señaló que sí existían diversas fuentes en su composición. Ibíd., p. 73.

Salomónica.[129] El crítico alemán Vater agregó que existían al menos treinta y ocho fragmentos que formaban el Pentateuco. Esta teoría fue desarrollada con mayor propiedad por A. T. Hartmann y De Wette (1805-1806). En esencia, lo que ellos sostenían era que esa serie de fragmentos post-mosaicos fueron *in crescendo* hasta llegar a convertirse en lo que hoy en día es el Pentateuco. Al final, esta hipótesis planteada no alcanzó la popularidad necesaria para ser considerada como relevante y quedó simplemente en la historia de la Alta Crítica.

Evaluando la hipótesis anterior, huelga señalar que, si bien es cierto que el Pentateuco contiene documentos o fragmentos post-mosaicos, la base del mismo son el resultado del extraordinario trabajo que realizara Moisés. De manera que cuando en el NT se habla de los escritos de Moisés, refiriéndose a la Torá, hace lo correcto, ya que si bien es cierto que no fue Moisés quien redactó el Pentateuco, ni que todo lo que allí aparece fue escrito por él, también lo es que su trabajo literario constituye la base de la Torá hebrea. El problema de la Hipótesis Fragmentaria es entrar en afirmaciones de número de fragmentos y de años que no pueden probarse y, por otro lado, individuos tomando esta información como base para desvirtuar la autenticidad de la Palabra de Dios.

La efervescencia académica entre los eruditos de la Alta Crítica llevó muy pronto a otros profesores a esgrimir una nueva teoría sobre el origen del AT; es así como surge la Teoría Suplementaria, que es objeto de análisis a continuación.

1.1.3. Teoría Suplementaria

El crítico H. Ewald, profesor de las prestigiosas universidades germanas de Gotinga y Tubinga, publicó su célebre tratado *Komposition der Genesis* (La composición del Génesis) en 1823,[130] en donde presentó su tesis. El autor sostenía que la base de los primeros seis libros de la Biblia era el escrito elohísta,[131] pero que posteriormente surgió un texto paralelo que empleaba el nombre divino de Jehová. Esta teoría está explicada por Clyde Francisco de la siguiente manera:

---

129. Véase Francisco, Clyde, *Introducción al Antiguo Testamento,* Casa Bautista de Publicaciones, El Paso, Texas, 2002, p. 31.

130. Archer, Gleason, óp. cit., p. 90.

131. En 1753 Astruc fue el primero en lanzar la teoría de que el Génesis está compuesto por dos documentos. Aquel cuyo autor empleaba para el nombre de Dios el de Elohím, al que llamó documento E, y el otro que usaba el nombre de Jehová, al que llamó documento J. Ibíd., pp. 30-31. Véase también Archer, Gleason, óp. cit., p. 88.

Según esta hipótesis, el documento Elohim fue la base del Pentateuco y el escritor de Jehová lo compuso, añadiendo y modificando. Esta escuela también negaba que Moisés fuese el autor.[132]

Aunque se utiliza la palabra "suplantar", lo que hace, según H. Ewald, es componer, añadir y modificar, que no necesariamente significa suplantar. A esta hipótesis, que se la denominó "suplementaria", se adhirieron personalidades como F. Bleek, quien agregó el libro de Josué a su estudio de las fuentes, hablándose de esta manera por primera vez de un Hexateuco. En H. Ewald 1836 publicó sus primeras conclusiones sobre el libro del Génesis, donde reconoció la paternidad literaria de Moisés en varios pasajes. Él creía que el texto había sufrido varias suplantaciones, siendo la primera de ellas en la época de la monarquía, cuando un compilador anónimo confeccionó la forma más antigua del Génesis. Otra redacción destacada fue llevada a cabo en la época del rey Josías por un compilador anónimo del libro del Deuteronomio que incorporó a Josué para formar el Hexauteco. En 1865 Bleek publicó una Introducción al AT bien completa.[133]

Frank Delitzsch[134] es el otro erudito alemán que adoptó esta tesis y sobre el cual Archer señala:

> … adelantó su opinión de que todas las porciones del Pentateuco, cuyo texto le atribuía a Moisés la paternidad literaria, eran genuinamente suyas. Las leyes restantes representaban una auténtica tradición mosaica, pero no fueron codificadas por los sacerdotes hasta después de la conquista de Canaán. Las partes no mosaicas del documento E fueron compuestas probablemente por Eleazar (tercer hijo de Aarón), quien incorporó el Libro del Pacto.[135]

La postura de Delitzsch es más benigna que la de H. Ewald, el precursor de la Hipótesis Suplementaria. Aquí Delitzsch afirma que todo aquello que se atribuye a Moisés es de Moisés, afirmación esta con la que la Iglesia

---

132. Véase Francisco, Clyde, *Introducción al Antiguo Testamento*, óp. cit., p. 31.

133. Cf. Archer, óp. cit., p. 90.

134. Delitzsch era un erudito profesor judío-alemán que impartió su magisterio en universidades germanas de gran prestigio, como la de Leipzig. Además de escribir numerosos libros y un comentario del AT junto con el erudito profesor Karl F. Keil, Delitzsch tradujo el NT al idioma hebreo, convirtiéndose su traducción en uno de los textos más valiosos. Sin duda, estamos en deuda con el estudio llevado a cabo por este insigne erudito de las Ciencias Bíblicas.

135. Archer, óp. cit., p. 91.

tradicional estará siempre de acuerdo. Sabemos bien que hay segmentos o fragmentos o documentos que no fueron escritos por Moisés, sino por la o las personas que redactaron el Pentateuco. El problema con estas hipótesis estriba cuando Delitzsch, por ejemplo, afirma la existencia de un documento E que fue compuesto por Eleazar. Esto nadie lo puede saber; por lo tanto, al efectuar una declaración de tal naturaleza, cae *ipso facto* en las arenas movedizas de la especulación.

1.1.4. Teoría de la Cristalización

H. Ewald, quien había rechazado su propia Teoría Suplementaria, sostuvo en 1845 que en lugar de un suplantador hubo cinco narradores que escribieron varias partes del Pentateuco en diferentes épocas. El quinto narrador era un judío que vivió en la época del rey Uzías, y que usó el término Jehová, siendo su editor definitivo. Sobre el abrupto cambio de pensamiento de Ewald, Edward J. Young señala lo siguiente:

> En su *History of the People of Israel* (1840-1845) declaró que existían en el Pentateuco fragmentos que no se referían ni a E, J, ni al Deuteronomio. Ewald le asignó a Moisés el Decálogo y unas cuantas leyes. ... Además encontró un libro, el Libro de los Pactos, el cual creyó que lo escribió probablemente algún habitante de Judea durante el tiempo de los Jueces. También creyó que había un Libro de los Orígenes, escrito por un Levita en los primeros años del reinado de Salomón. Esto casi se aproximaba al elohísta de la hipótesis suplementaria. Además había un tercer narrador, probablemente contemporáneo de Elías, el cual, con la ayuda de la primera obra histórica, narró la historia mosaica. Debemos encontrar también un cuarto narrador –profético–, y un quinto, un habitante de Judea del tiempo de Uzías o Jotán. Este quinto narrador utilizó constantemente el nombre de Jehová, y fue el editor. De esta obra derivamos nosotros nuestro Hexateuco, y tres manos trabajaron de forma activa en la redacción final. Lev. 26:3-45 se insertó cerca del año 600 a.C. En la primera edición de su obra Ewald sostuvo que el Deuteronomio fue agregado durante la última mitad del reinado de Manasés, pero en ediciones subsecuentes declaró que originalmente era una obra independiente, la cual fue añadida por un editor final por el año 500 a.C. [136]

---

136. Young, Edward. J., *Introducción al Antiguo Testamento*, Tell, Grand Rapids, EE.UU., 1977, pp. 137-138. Hubo otros biblistas que adoptaron esta postura, como Augusto Knobel en 1861 y Eberhard Schraeder en 1869.

El cambio de opinión de Ewald representa un testimonio elocuente acerca de la fragilidad de los argumentos que ellos presentan en relación con las fuentes del AT. Lo que Ewald nos está diciendo con esta nueva teoría es básicamente que un quinto narrador sirvió como editor del texto y cristalizó el mismo en lo que hoy tenemos como AT. El problema de esta tesis sigue siendo el mismo que el de las anteriores: asegurar acontecimientos que no pueden ser probados, simplemente deducidos mediante una operación lógica, no asegura la autenticidad de la misma.

En resumen, la Hipótesis de la Cristalización constituyó un esfuerzo por arrinconar las dificultades que presentaba la Hipótesis Suplementaria a través de la introducción de suplementos adicionales. Así es como surge la figura de H. Hupfeld, quien expone una tesis novedosa, la cual sentará las bases para la hipótesis documental más aceptada del AT.

1.1.5. Teoría Documental modificada

En 1853 el crítico alemán H. Hupfeld publicó su célebre obra *Die Quellen der Genesis und die Art ihrer Zusammensetzung von neuem untersucht* (Las fuentes del Génesis y las naturaleza de la composición examinadas de una nueva forma). Para Archer, este erudito alemán representó la revolución copernicana en la historia de la Teoría Documental.[137] La teoría de H. Hupfeld puede resumirse en los siguientes puntos:

1) Las secciones J en el Génesis no eran solo suplementos desconectados de una base Elohísta anterior, sino que ellos mismos formaban un documento continuo.

2) Por otra parte, las secciones Elohístas no eran un documento continuo, sino más bien un cuerpo compuesto, que consistía en dos documentos: E1 y E2. Sin duda, de una forma extraña, Hupfeld se inclinaba en favor del E2, aunque empleando el nombre divino de Elohím; sin embargo, en su lenguaje y en otras características, se inclinaba más por el documento J que por el E1.

3) Un redactor ordenó estos tres documentos, es decir, el documento J, E1 y E2, y los dejó en su forma actual. Hupfeld puso mucho énfasis en el redactor, y le otorgó gran libertad en su obra. En realidad, se le puede achacar a este redactor muchas de las "dificultades" que existen en el Pentateuco. En resumen, H. Hupfeld afirmó que las secciones J no eran suplementos, sino un documento continuo, que el documento básico E (T. Suplementaria) no era un documento continuo, sino un compuesto de dos documentos separados (P y E);

---

137. Archer, óp. cit., p. 92.

también señaló que estos documentos fueron puestos en su forma presente por un redactor y que el Deuteronomio (D) era un documento enteramente separado, añadido al final.[138]

De manera que con H. Hupfeld se habla de la existencia de cuatro documentos que dan origen al Pentateuco: el documento E, que es el autor que usa el nombre de Elohím; el segundo documento E, al que se le da el nombre de documento P, y que es documento sacerdotal, es decir, el que contiene el libro del Levítico; el documento J, que es un documento cuyo autor utiliza el nombre de Jehová; y finalmente el documento D, que corresponde al Deuteronomio. De esta forma, H. Hupfeld sostenía que el Pentateuco es el resultado de cuatro documentos: P, E, J y D.

Lo anteriormente expuesto sienta las bases de lo que hoy se conoce como la Hipótesis Documental de Graff-Wellhausen, que será objeto de estudio a continuación.

1.1.6. Teoría Documental revisada

El orden documental de Hupfeld fue P, E, J y D. No obstante, después de 1861 apareció en escena K. Graf, quien sostiene la idea de que el Documento P fue escrito en una época tardía, de manera que la fuente que era tenida como la más antigua pasaba a ser la más reciente. Graf la ubica en la época del exilio. En este mismo sentido se pronunció Kuenen en 1866, asegurando que las leyes que aparecen en la fuente P relativas al culto y a los sacerdotes son posteriores a las noticias que sobre el culto se dan en los demás libros proféticos e históricos. De tal suerte que el orden que estos autores señalaron es el siguiente: J, E, D y P.[139]

En 1876 y 1878 J. Wellhausen[140] formuló hábil y elocuentemente la Teoría Documental revisada de Graff y de Kuenen, dándole su expresión clásica que la llevó a un puesto destacado en la mayor parte de los círculos académicos. Su éxito se debió a la claridad y amplitud de los análisis literarios que realiza y a la relación que establece con la historia religiosa de Israel, tal

---

138. Véase Francisco, Clyde, *Introducción al Antiguo Testamento,* óp. cit., p. 32.

139. Cf. García Santos, Ángel, *El Pentateuco: Historia y Sentido,* San Esteban, Salamanca, 1998, p. 90.

140. J. Wellhausen nació en Alemania el 17 de mayo de 1844 y murió en Gotinga el 7 de enero de 1919. Estudió en Gotinga (doctor en Filosofía, 1870), siendo docente privado (1870) en la Facultad de Teología, profesor en la misma facultad en Greifswald (1872), profesor asociado de lenguas semíticas en Halle (1882) en la Facultad de Filosofía y profesor numerario de la misma asignatura en Marburgo (1885) y Gotinga (1892). Es conocido por su teoría de que el Pentateuco es posexílico, siendo por lo tanto distintivamente judío, más que hebraico o israelita.

y como puede ser reconstruida en función de los datos obtenidos en otros lugares del AT. Ahora la forma final de esta clásica hipótesis es la simbiosis que este hace tras haber estudiado profundamente el trabajo de sus antecesores. La hipótesis presentada[141] por J. Wellhausen es la siguiente:

1) La primera parte del Pentateuco está formada por el escrito yehovista, que a su vez está compuesto por los documentos J y E, y estos están integrados por subdocumentos como J1, J2, J3 y E1, E2 y E3. A pesar de estas subdivisiones, reconoce que es complicado ir más allá de los documentos J y E. Señala que el Documento J es originario del Sur y está escrito hacia 870 a.C., es decir, en el siglo IX a.C., mientras que el documento E data de la centuria posterior.

2) Tras la caída de Samaria en el 721 a.C., algunos habitantes del reino del Sur se refugian en Jerusalén, llevando consigo la obra Elohísta o el documento E. Más tarde, antes de la reforma del rey Josías en 622 a.C., un redactor fusiona los documentos J y E en un solo escrito, dando origen al escrito yehovista.

3) Poco antes de la citada reforma de Josías, en el año 632 a.C. se escribió una tercera obra, el documento D, que contiene el libro del Deuteronomio.

4) Ya en el exilio judío, en el 550 a.C., un redactor añadió el documento D a los J y E previamente redactados. En este trabajo, el redactor introdujo pasajes de J y E al documento D y viceversa, es decir, no se trató de una fusión de documentos, sino que hubo un trabajo de redacción.

5) También en la época del exilio, hacia el 500 a.C. se escribió el documento P,[142] llamado así porque habría sido escrito por un grupo de sacerdotes, que reunirían otras fuentes anteriores hasta confeccionar lo que se conoce como documento P.

6) Por último, un redactor sacerdotal reuniría el escrito conformado por J, E y D y agregaría el documento P recién redactado, formando de esta manera lo que hoy en día conocemos como Pentateuco, estimando que la fecha de composición final de los primeros cinco libros de la Biblia datan de la época de Esdras.

141. La hipótesis de J. Wellhausen aparece en los diferentes manuales del AT, así como en los libros especializados del Pentateuco. De manera que la presentación que realizamos aquí es simplemente la síntesis que aparece en dichos trabajos. Solo por mencionar algunos: Archer, Gleason, *Reseña Crítica de una Introducción al AT*, óp. cit., pp. 92 y ss.; García Santos, Ángel, *El Pentateuco: Historia y Sentido*, óp. cit., pp. 87 y ss.; Francisco, Clyde, *Introducción al Antiguo Testamento*, óp. cit., pp. 34 y ss., *inter alia*.

142. "Priest" en inglés y "sacerdote" en castellano.

7) Algunos de los pasajes del Pentateuco no provienen de ninguno de los documentos anteriores, sino de fragmentos independientes. No es posible determinar en qué fecha fueron agregados, pero todo parece indicar que fue en una fecha tardía.

Para terminar lo relacionado con esta hipótesis, es importante apuntar que J. Wellhausen creía que los documentos J, E y P abarcan el libro de Josué, razón por la cual prefería hablar de un Hexateuco y no de un Pentateuco.

Antes que nada, J. Wellhausen era un judío protestante especialista en lenguas semíticas, profesor de prestigiosas universidades de su época, lo que le da las credenciales suficientes para poder opinar. Su trabajo no es el resultado de una investigación improvisada tomada a la ligera, sino todo lo contrario: es un trabajo de peso científico, propio de un judío-alemán especialista en lenguas semíticas que estudia el tema de las fuentes que dan origen a los primeros libros de la Biblia. Ahora bien, lo señalado anteriormente no significa que lo que Wellhausen nos está diciendo sea la verdad, puesta en la categoría de la ley de Media y Persia, que no puede ser abrogada. Creemos que la mejor forma de presentar el pensamiento de Wellhausen es como la Hipótesis Documental de Graf-Wellhausen, porque en realidad eso es lo que es: una hipótesis que, en efecto, tiene sentido y también es producto del rigor científico, pero que choca con una serie de hechos que la hacen inaceptable, aunque haya partes en su teoría que sean ciertas.

En su momento, realizaremos un análisis crítico sobre todas estas hipótesis; por ahora hemos trazado un hilo histórico del desarrollo de algo que nació como una hipótesis, pero que tiene muchos elementos de veracidad que se llega a convertir en una realidad indubitada. Esta es la historia del esfuerzo humano por comprender las fuentes que dan origen al AT; un hecho fundamental para el hombre, ya que estos escritos son la revelación de Dios para él mismo. Una vez hecho este ejercicio, procederemos a conceptualizar a la Crítica Literaria.

1.2. Concepto de Crítica Literaria

Cuando alguien pregunta quién escribió la Epístola a los Hebreos o cuándo escribió Juan su evangelio, y busca una respuesta a estos interrogantes, ya está haciendo trabajo de Crítica Literaria. Como señala muy bien Barton Payne:

> Pregunta acerca de las circunstancias de composición, incluyendo asuntos como fecha, lugar, paternidad literaria, unidad, propósito, estilo literario y la influencia que los diferentes libros pudieron haber tenido.[143]

143. Payne, Barton y J. Higher, *Criticism and Biblical Inerrancy*, editado por Norman L. Geisler, Zondervan Publishing, EE.UU., 1978, p. 86.

Como se puede observar, la Crítica Literaria abarca una serie de aspectos relacionados con las fuentes y circunstancias que dieron origen a un documento determinado; información que es clave para tener un conocimiento adecuado y correcto del escrito. Es en este mismo sentido que Norman Habel se refiere a la Crítica Literaria:

> Proporciona un conocimiento literario preliminar para un mejor entendimiento de la función y de la importancia de un documento.[144]

Conocer la paternidad literaria del libro, propósito del hagiógrafo, fecha, circunstancias que motivaron la escritura, género literario utilizado, conforma una información valiosa que se obtiene a través del trabajo de Crítica Literaria y es básica para la correcta interpretación del Texto. Una de las mejores alusiones a la Crítica Literaria la proporciona Richard Soulen al enfocar las tres facetas que engloba:

1) Se trata de un acercamiento particular al análisis de la escritura que apareció de forma sistemática en el siglo XIX y que aún se practica.

2) La investigación de un texto que busca explicar la intención y realización de un autor a través de detallados análisis de los elementos constitutivos y de la estructura del texto mismo.

3) El intento de comprender la literatura bíblica simplemente como literatura, a menudo de una forma paralela al interés de la literatura contemporánea.[145]

Esta referencia cita algunos elementos que arrojan más luz acerca de la naturaleza de la Crítica Literaria y que son valiosos tener en cuenta.

Una vez que se tiene claro qué es la Crítica Literaria, es menester movernos hacia el segundo apartado de este capítulo, relacionado con el método que se utiliza por parte del crítico en el momento del trabajo de Crítica Literaria.

2. Método para hacer la Crítica Literaria

El método utilizado tanto por los que sustentan una postura racionalista como por los defensores de una postura bíblica es el mismo, y la única razón por la que llegan a conclusiones diferentes es por el espíritu con

---

144. Norman, C. Habel, citado por Armerding, Carl E., *The Old Testament and Criticism*, óp. cit., p. 23.

145. Soulen, Richard N., *Handbook of biblical Criticism*, John Knox Press, EE.UU., 1981, p. 113.

que se acercan a las Escrituras. El requisito *sine qua non* del crítico es que sea una persona regenerada y santificada, de lo contrario sus conclusiones serán totalmente alejadas de la verdad. El método que utiliza el crítico al efectuar el análisis literario está fundamentado en los criterios que se explican a continuación.[146]

2.1. Criterio estilístico y lingüístico

Cuando un crítico está realizando un estudio sobre un libro determinado de la Biblia, lo primero que va a hacer es observar si existe el mismo estilo[147] y lenguaje[148] en todo el escrito.

2.1.1. Marco teórico

Ha quedado suficientemente claro que el texto del AT es el resultado de una labor minuciosa y responsable por parte de los Soferim y los masoretas, quienes no solo recopilaron todos los documentos sagrados escritos por los hagiógrafos, sino que los redactaron haciendo un trabajo extraordinario para formar el canon del AT. A raíz de este hecho vamos a encontrar en libros como Isaías al menos tres estilos lingüísticos diferentes, porque en la redacción final de este libro el editor tomó como fundamento tres documentos distintos, escritos por autores y épocas diferentes.

La declaración anterior en ningún momento menoscaba la doctrina de la inspiración e inerrancia de las Escrituras. Los libros de la Biblia no fueron dictados por Dios; estos fueron escritos por seres humanos que recibieron una capacidad especial para escribir lo que escribieron. Los documentos escritos por los hagiógrafos fueron custodiados en el templo por los Soferim para que en el momento adecuado los mismos fueran redactados y utilizados en el servicio litúrgico del pueblo de Dios. Aun después de la diáspora, se formaron comunidades de eruditos que vivían exclusivamente para custodiar el Texto Sagrado. Fue así como se formó la comunidad de masoretas en Tiberíades. Estos son los responsables de lo que el mundo conoce a día de hoy como el texto masorético del AT, que sirve de base para realizar las traducciones de la Biblia a los idiomas vernáculos.

---

146. Cf. Guthrie, Donald, *The Historical and Literary Criticism of the New Testament*, Biblical Criticism, óp. cit., pp. 110-114.

147. Por diferencia de estilo se entiende que en una parte se relate historia, en otra poesía, *inter alia*.

148. Por diferencia lingüística se entiende que en una parte se utilice un nombre de Dios y en otra parte otro o también la forma en que se expresa el texto.

El problema con todo esto es que un sector de la academia, a la cual llamamos en este trabajo "racionalista", usa esta realidad para desvirtuar la autenticidad de la Palabra de Dios y por ende para reducir el mensaje de Dios en el AT a una simple historieta producto de caprichos antojadizos de seres humanos. Tal postura resulta inaceptable y es ampliamente debatida en este trabajo de investigación.

Finalmente, cabe afirmar que el criterio de observar las diferencias de estilo y lenguaje en un texto determinado puede servir en el momento de realizar el trabajo de interpretación, ya sea que se utilice el método gramático-histórico o el inductivo; el análisis, tanto estilístico como lingüístico, desempeña un papel muy importante.

2.1.1. Un caso práctico: los tres Isaías

Un estudio minucioso del libro de Isaías nos llevará a observar que existen diferencias radicales de estilos y períodos de tiempo en al menos tres secciones principales[149] del mismo, que irremediablemente nos llevará a la conclusión de que como mínimo existen tres documentos que utilizó el editor para redactar el escrito que conocemos en la actualidad como el libro de Isaías.

En la sección que va del capítulo 1 al 39 vemos a un Isaías de Juicio, declarando los pecados y el castigo, en primer lugar contra Israel y luego contra todas las naciones circunvecinas al pueblo de Dios. En esta primera parte se desarrolla el ministerio profético de Isaías durante los reinados que él mismo menciona: Uzías, Jotám, Acáz y Ezequías. Estamos hablando del siglo VIII a.C., alrededor del año 739 a.C. en adelante.

A partir del capítulo 40, no solo se transforma el estilo literario del libro, sino también su temática. En esta segunda sección nos encontramos que el pueblo de Israel aún se halla en el exilio, aunque el imperio que lo había avasallado, Babilonia, ya ha sucumbido ante los persas, y son estos precisamente quienes gobiernan el mundo en aquella época. El capítulo 45:1 nos habla del emperador de este imperio, Ciro el Grande, a quien el hagiógrafo llama "mi siervo". El versículo reza de la siguiente manera: "Así dice Jehová a su ungido, a Ciro, al que tomé yo por su mano derecha...".

---

149. Desde la publicación del comentario de Bernard Duhm sobre el libro de Isaías en 1895, los académicos han aceptado las tres divisiones principales del libro de Isaías. Isaías 1-39, 40-55 y 56-66, respectivamente. Esta conclusión de los tres Isaías es el corolario de los tres períodos diferentes a los que cada sección se refiere. Isaías 1-39 se sitúa en el período 739-700 a.C., la sección del 55-56 se ubica entre los años 545-535 a.C. y la última parte corresponde al período entre 520-500 a.C. Véase Oswalt N. John, *The book of Isaiah: Chapters 40–66*, William Eerdmans, Gran Rapids, EE.UU., 1998, p. 3.

La Historia Universal nos enseña que Ciro gobernó a finales de la primera mitad del siglo vi, hacia el año 558 a.C., es decir, unos doscientos años después de Isaías. Está por de más decir que este no pudo haber escrito dicho pasaje; es completamente irracional pensar otra cosa.

Es importante señalar que hay un sector de la Iglesia que insiste en la unidad del libro de Isaías. Ronald Manaham, representando a dicho sector académico, concluye en su artículo sobre el deutero-Isaías:

> La única conclusión que parece apropiada a aquel que reverencia el texto de la Escritura es asumir que la lectura de Ciro en el texto es la única lectura aceptable. Además, es cierto que un más simple entendimiento del texto es que Isaías verdaderamente escribió el nombre de Ciro. Cualquier otra interpretación del texto sucumbe ante la abundante evidencia del contexto. Es entonces como Pfeiffer lo pone: Por supuesto este anacronismo no ofrece ninguna dificultad a aquellos que creen que Dios predijo a través de la pluma de Isaías lo que iba a pasar dos siglos después.[150]

Es indiscutible que si Dios hizo el cielo y la tierra y abrió un mar en dos, pudo perfectamente haber puesto en la pluma de Isaías el nombre de Ciro doscientos años antes de que este último naciera. El punto es que la Biblia está escrita por hombres que Dios escoge para tal efecto; hombres que Él usa según las capacidades y limitaciones de cada uno. Los hagiógrafos no eran robots que escribían lo que un ángel les dictaba, sino que eran seres humanos sujetos a las mismas pasiones que nosotros, con la única salvedad de que cuando escribieron lo que se canonizó ellos estaban bajo la influencia sobrenatural del Espíritu Santo, que es a lo que llamamos "inspiración". Si esto que hemos afirmado, y que es lo primero que un profesor de hermenéutica enseña, es cierto, no hay razón para pensar que un hombre fuera a escribir el nombre y la actividad de otro hombre que iba a nacer doscientos años después. Bien, alguien podría argumentar perfectamente que existen profecías mesiánicas en el libro de Isaías que se dijeron más de setecientos años antes de que ocurrieran. El erudito profesor español José María Martínez, en su *Hermenéutica Bíblica*, afirma que los profetas siempre hablaban a sus contemporáneos.[151] Isaías, en realidad, no estaba

150. Manaham Ronald, "The Cyrus Notations of Deutero-Isaiah", *Grace Journal* 11.3 (1970), pp. 22-33.

151. Martínez apunta: "Nunca las predicciones veterotestamentarias se hicieron de modo abstracto, sino estrechamente relacionadas con situaciones concretas en las que Dios irrumpía con su mensaje. En algunos casos pueden tener una proyección más dilatada y apuntar, como ya hicimos notar, a otro acontecimiento histórico situado en tiempos más remotos; pero siempre el profeta hablaba a sus contemporáneos de acuer-

hablando de Jesús, sino de otra persona, y a esto se le llama "cumplimiento próximo"; luego los rabinos redimensionaron la profecía y la pusieron en el contexto remoto. Cuando leemos los evangelios, leemos a Jesús mismo vindicando la interpretación remota de la profecía de Isaías.

Volviendo otra vez al tema del segundo Isaías, existe un hecho a tener en cuenta: un estudio cuidadoso de esta sección nos llevará a la conclusión de que el hagiógrafo le está hablando a los judíos que están en el exilio y que necesitan una palabra de consuelo y esperanza de cara al retorno a su tierra y al cumplimiento de las profecías que habían sido dadas. Esto tampoco concuerda con la época en la que vivió el profeta Isaías y corrobora que dicho documento data del período persa.

Del capítulo 56 al 66 nos encontramos con el tercer Isaías, es decir, un documento diferente a los dos anteriores. En esta sección, el pueblo judío se halla en bancarrota y en un tiempo de decepción espiritual que necesita una palabra de aliento y que les recuerde la futura gloria a la que Dios los ha predestinado.

La aseveración de que el libro de Isaías es la compilación de tres o más documentos no afecta en un ápice a la doctrina de la inspiración e infalibilidad de la Palabra de Dios. El problema es que nosotros no reconocemos el trabajo de salvaguardia, reproducción, fijación del idioma y redacción de los documentos custodiados que llevaron a cabo los Soferim o los masoretas. Estos señores son verdaderos héroes y a ellos les debemos, humanamente hablando, el hecho de tener la Palabra de Dios en nuestras manos. No estamos afirmando que no cometieran errores; estamos diciendo que fueron ellos quienes compusieron y redactaron en muchos casos los libros del canon que nosotros consideramos como la auténtica Palabra de Dios.

Después de una intensa discusión, es importante estudiar otro de los criterios fundamentales de la Crítica Literaria: el criterio doctrinal.

2.2. Criterio doctrinal

El principio de este criterio es que un autor reflejará la misma entrega teológica a través de todos sus escritos, de modo que cualquier desviación será una evidencia de que otro autor ha sido el "padre" literario. Con este criterio se debe tener mucho cuidado porque en un período de tiempo donde hubo muchas facetas en la vida del pueblo, tal uniformidad es imposible.

---

do con sus necesidades, en especial la necesidad de renovar su confianza en Dios y de obedecer su Palabra. Los profetas no hablan nunca al exterior de la ventana, sino que quieren librar a sus desprevenidos oyentes del precipicio que ante ellos se abre. Y todo cuanto tiene que decir acerca del futuro está en función de su misión pastoral en aquel momento", J. M., *Hermenéutica Bíblica*, óp. cit., p. 308.

2.2.1. El marco teórico: los dos relatos de la creación

Aunque en los libros sagrados de otras religiones aparecen relatos de la creación,[152] es el relato que aparece en la Biblia judía el que el cristianismo sostiene que es la única y verdadera historia de cómo Dios creó los cielos y la tierra. Este es el pensamiento que ha prevalecido en la sociedad occidental en los últimos siglos y es el eje del pensamiento religioso que moldea la teología de cristianos y judíos. Ahora este relato nos llega a nosotros en dos versiones que se encuentran descritas en el Génesis 1-3. La primera versión se refiere más que nada a la creación de los cielos y la tierra (Ge 1:1-2:4a); la segunda versión se refiere a la creación del hombre (Ge 2:4b–3:24). Al realizar una yuxtaposición entre ambos relatos nos vamos a dar cuenta de que, en el momento en que se entrelazan, se contradicen. Ambos nos hablan acerca de la creación de la vegetación, los animales y la humanidad, y es aquí, precisamente, en los temas donde coinciden, cuando se contradicen. Veamos en detalle este asunto; en el primer relato, Dios crea el reino vegetal, luego el animal (Primero las aves, la criaturas marinas y luego los animales terrestres), y finalmente crea al hombre. En el segundo relato, Dios crea al hombre en primer lugar, después el jardín, luego los animales y las aves y, por último, a la mujer.

Lo anterior nos lleva a una serie de preguntas: ¿Es que cada relato tiene un autor diferente? ¿Es cierta la teoría de los documentalistas? ¿Existe una explicación lógica a dos relatos contradictorios como estos? El profesor Simeon Chavel señala lo siguiente:

---

152. Solo para ejemplificar lo que estamos abordando, mencionaremos las creencias de los mayas en relación con la creación. En su libro sagrado del *Popol Vuh*, ellos describen cómo estaba todo antes de que comenzara a existir las cosas: "No había nada junto, que hiciera ruido, ni cosa alguna que se moviera, ni se agitara ni hiciera ruido en el cielo. No había nada que estuviera en pie; solo el agua en reposo, el mar apacible solo y tranquilo. No había nada dotado de existencia". Los dioses dialogaron entre sí, según este libro, y decidieron la creación y el crecimiento de los árboles, los animales, las montañas para que los adorasen. Todo estuvo correcto pero toda esta creación no podía hablarles, así que no tenían quien los alabase; todos estos seres no pudieron dirigirse de ningún modo a los dioses; por ello, decidieron crear alguien que fuese como ellos, y pensaron en un nuevo proyecto que consistió en formar un hombre de lodo; una vez formado, no resultó lo pensado, porque este hombre hablaba pero no tenía entendimiento y con el agua se desvanecía. Entonces, realizaron una nueva prueba haciendo muñecos de palo, pero estos no podían acordarse de su creador y no tenían entendimiento, como narra el *Popol Vuh*: "…tuvieron hijas, tuvieron hijos los muñecos de palo; pero no tenían alma, ni entendimiento, ni se acordaban de su Creador, de su Formador… Enseguida fueron aniquilados, destruidos y deshechos los muñecos de palo y recibieron la muerte… Una inundación producida por el Corazón del Cielo; un gran diluvio se formó, que cayó sobre las cabezas de los muñecos de palo". Véase Recinos, Adrián, *Popol Vuh, Antiguas leyendas del maya quiche,* Editorial Leyenda, México, 2012, pp. 27 y ss.

...el mutuo carácter exclusivo de las dos historias significa que uno no puede leer una a la luz de la otra... en términos de teoría narrativa, cada historia tiene su propio narrador...[153]

El profesor Chavel se decanta claramente por la pluralidad de autores, lo cual se entiende por la naturaleza compleja del caso. Lo anterior revela la necesidad de realizar un trabajo de Crítica Literaria para determinar la paternidad literaria. Recuérdese que estamos inmersos en la sección relacionada con el criterio doctrinal como evidencia de la autoría de un escrito y que un cambio de pensamiento puede llevar a pensar inevitablemente que existe otro autor, como parece ser el caso que aquí nos ocupa.

Bien, corresponde examinar este caso a la luz de la Crítica Literaria para ver si existe una pluralidad de autores o bien si hay otra explicación que dilucide la contradicción de ambos relatos.

2.2.2. Crítica Literaria de los relatos de la creación del Génesis 1-3

Aunque estamos en la sección que corresponde al criterio doctrinal, resulta fundamental hablar acerca de los aspectos de estilo, porque ello nos va a llevar a tener un criterio teológico del asunto.

Diferencias de estilo

Uno de los argumentos clave por lo cual estamos hablando de dos relatos escritos por autores diferentes es el uso de palabras distintas. En este sentido, Thompson señala:

Existen diferencias lingüísticas en el uso de *bara* en Génesis 1 y *yasar* en Génesis 2, para describir el acto de la creación. Existen también diferencias estilísticas. El estilo de J es vívido... mientras [que el estilo de] P es formal...[154]

Estas diferencias acotadas por Thompson sirven a los documentalistas para argumentar a favor de la pluralidad de autores. Ellos aseguran que el relato de Ge 1:1–2:4 pertenece al documento P, es decir, creen que tiene un origen sacerdotal, porque describe a un Dios trascendente que majestuosamente crea el universo y que usa la palabra "bara" para crear. En cambio,

---

153. Chavel, Simeon, *On Genesis 1-3*, BIBL 31000, Universidad de Chicago, 2014, p. 2.

154. Véase Thompson. P. E. S., "The Yahwist Creation Story", *Vetus Testamentum*, vol. XXI, fasc. 2 (1971), p. 199.

en el segundo relato, de Ge 2:4–3:24 pertenece al documento J, porque utiliza la expresión Yahweh-Elohím y también utiliza la palabra "yaser", que se traduce como "formar" para la creación del hombre.

Sin lugar a dudas, existen diferencias de estilo y de vocabulario entre ambos relatos, y lo más lógico es concluir simplemente que nos hallamos ante dos relatos escritos por autores diferentes que después fueron conectados por un editor; pero también se puede llegar a la conclusión de que un único escritor hebreo decidió usar palabras diferentes y presentar el relato de la creación desde dos perspectivas distintas; un tema que será ampliamente discutido posteriormente.

Discrepancias narrativas y teológicas

Sin lugar a dudas, las contradicciones en los dos relatos de la creación parecen ser la mejor prueba de la existencia de una pluralidad de autores y no las diferencias de estilo. La principal diferencia entre ambos relatos es el orden de la creación. En el primero aparece "Elohím" creando el mundo en seis días y en el orden siguiente: la luz, el cielo, la tierra, la vegetación, los cuerpos celestiales, tales como el sol, las estrellas; luego las aves, los peces, los animales y finalmente el hombre. En el segundo relato, el hombre aparece en la escena antes de que la vegetación sea creada, y hasta después observamos a YHWH formando animales y finalmente a la mujer. El orden que sigue el escritor aquí es: 1) hombre, 2) plantas, 3) animales y 4) la mujer.[155] Según el segundo relato, el hombre debió de haber sido creado en el tercer día, y no en el sexto como aparece en el primero.

Sobre lo anteriormente explicado, H. H. Rowley ha concluido:

> Entre los dos relatos de la creación hay una discrepancia entre la secuencia de la creación, el uso de los nombre divinos, una diferencia en la concepción de Dios, y una diferencia de estilo.[156]

La acotación anterior es la lógica conclusión del análisis llevado a cabo sobre los dos relatos de la creación; algunos académicos se aventuran a juicios un tanto temerarios, como el siguiente:

> … El Dios del capítulo 1 es todopoderoso y mucho más arriba que sus criaturas humanas. El Dios del capítulo 2 y 3 planta un jardín, da

155. Chavel, Simeon, *On Genesis 1-3*, óp. cit., p. 2.

156. Rowley, H. H., *The Growth of the Old Testament*, Hutchinson University Library, Londres, 1950, p. 24.

un soplo, camina en el jardín, busca a Adán y Eva y tiene características humanas... Algunos teólogos han sugerido que estas diferencias teológicas sugiere el préstamo de otras religiones. Se sugiere que la segunda narrativa es la más antigua historia de la creación conocida en Israel, por lo tanto el autor sacerdotal tomó prestado un relato de la creación de Babilonia y simplemente la hizo monoteísta...[157]

Aunque tiene lógica lo que señala A. Kapelrud, se trata de una especulación inaceptable, como la mayoría que realizan los eruditos racionalistas, porque simplemente le falta el respeto al contexto de los hechos relatados en la Biblia que se conectan directamente con la vida de los seres humanos que han estado siempre al servicio de la causa de Dios.

El reverso de la moneda es que el otro sector de la academia, el que defiende a pie juntillas la unidad del texto, argumentan que "... no son contradictorios, ellos están en realidad, ligados de la forma más cercana como complementarios... el capítulo uno no contiene el relato de la creación, ni de la tierra ni del cielo, ni del reino vegetal; su centro de interés es la creación del hombre y la mujer y toda la narrativa gira alrededor de ese punto...".[158] Hablando ya de las diferencias teológicas, otro erudito apunta: "... las diferencias de estilo no tienen importancia... el contraste entre el Dios trascendente del Génesis 1 con el Dios de los antropomorfismos en el Génesis 2 está sobregirada [queda en déficit] y es francamente ilusoria..."[159] Hasta aquí se puede afirmar que cada pasaje tiene diferentes énfasis; por lo tanto, el autor utiliza distintos estilos e incluso dos nombres diferentes para Dios; pero aún permanece uno de los puntos torales en toda esta discusión, cual es la contradicción obvia entre los dos pasajes.

Sobre el tema de la supuesta contradicción de los dos relatos de la creación, los académicos tradicionales señalan que el versículo del Génesis 2:4 en el que se lee: "... esta es la historia de la creación" (NVI) o "estos son los orígenes de los cielos y de la tierra" (RV60) viene de la palabra hebrea תּוֹלְדוֹת (tol'dot), que se debe traducir al castellano como "generaciones". Según E. J. Young, lo que esto quiere decir es que "hay en realidad dos divisiones básicas en el libro del Génesis. La primera división es la creación... a la segunda se le puede llamar las genealogías..."; la frase

157. Kapelrud, Arvid, "The Mythological features in Genesis chapter 1 and the author's intentions", *Vetus Testamentum*, vol. XXIV, 1974, pp. 198 y ss.

158. Orr, James, *The problem of the Old Testament considered with reference to recent criticism*, Charles Scribner's Sons, Nueva York,1906, pp. 346 y ss.

159. Kitchen, K. A., *Ancient orient and Old Testament*, Inter-Varsity Press, Chicago, 1966, p. 118.

"estas son las generaciones de los cielos y la tierra" realmente nos está diciendo que ya no vamos a leer nada más acerca de la creación sino de algo que viene del cielo y la tierra, en particular, y esto es el hombre, cuyo cuerpo viene de la tierra creada [en la segunda historia], y ya no trata el tema de la creación, sino de lo que los cielos y la tierra, que Dios había creado, han producido...[160]

Con lo dicho hasta aquí es más que suficiente para ver el debate que existe en este tema tan controvertido. En nuestro próximo punto se hará una valorización crítica de ambas posturas.

2.2.3. Valorización crítica

Existe una diferencia de estilos y énfasis teológicos en cada relato de la creación presentado en el Génesis, así como es un hecho innegable que se da una aparente contradicción entre lo que dice el primer relato y lo que señala el segundo. No se puede tapar el sol con un dedo, las diferencias y discrepancias están ahí.

La tesis que surge de esta diferencia y discrepancia defiende la pluralidad de autores, frente a la tesis que tradicionalmente la Iglesia ha sostenido en el sentido de que ambos relatos son autoría de Moisés.

Según nuestro criterio, el meollo del asunto no está en concluir si existe pluralidad de autores o no, sino en que los académicos que sostienen la pluralidad de autores también afirman que un editor unió los dos relatos de forma antojadiza, afirmando que el del Génesis 2 es primero y pertenece al documento P, y que el del Génesis 1 es tomado de relatos religiosos de Babilonia; unos relatos que el editor simplemente adaptó. Con semejante especulación lo que hace un racionalista es desvirtuar completamente la autenticidad de la Biblia, poniendo el relato de la creación al mismo nivel que los de la creación que hallamos en los libros sagrados de otras religiones.

Si ellos solo afirmaran la pluralidad de autores, sin desvirtuar la autenticidad de la Biblia, no habría ningún problema; el asunto es que el hombre siempre anda buscando cómo ridiculizar y menoscabar la majestad de la Palabra de Dios, y esto no es aceptable porque, como hemos podido ver, existe un sector erudito de la Iglesia que puede probar la futilidad de la argumentación heterodoxa de los racionalistas.

A todo esto, el lector está esperando la opinión contundente de este servidor en relación con este espinoso tema. Pues bien, quien quiera que haya sido el hagiógrafo de este o estos relatos, no estuvo allí

---

160. Young, Edward, J., *Introducción al Antiguo Testamento*, óp. cit. (ed. de 1981), p. 42.

para verlo. En este punto todos estamos de acuerdo. El relato de la creación fue transmitido de generación en generación por tradición oral. Después de la parte oral, viene la parte escrita, de modo que lo más seguro es que alguien escribiera el relato que oralmente se venía transmitiendo; de hecho, es muy posible que haya habido diferentes relatos de la creación escritos. Nada malo con esto, es completamente normal que dos personas escriban acerca del mismo tema. Es también completamente normal que el hagiógrafo del Génesis o su editor haya tomado este o estos relatos para incluirlos en el Génesis 1 y 2. Usamos intencionalmente este lenguaje ambiguo porque no podemos saber si en realidad existe una pluralidad de autores; el péndulo puede inclinarse sin problemas a ambos lados; lo que sí podemos asegurar es que el texto del Génesis fue sancionado por los ancianos, los eruditos, los sacerdotes como la auténtica Palabra de Dios. Durante miles de años, ellos transcribieron, tradujeron y custodiaron este texto. Hubo gente que dedicó su vida entera a salvaguardar y preservar este texto que ellos nunca dudaron que era la Palabra de Dios. Finalmente, las comunidades masoretas dedicaron todas sus energías a custodiar, organizar y fijar un texto en el idioma hebreo que ha venido a ser el TR que sirve para la traducción del AT a todos los idiomas del planeta. No podemos ignorar esta realidad solo por el hecho de que a un puñado de eruditos alemanes se les ocurriera cuestionar la autenticidad de la Biblia, y a quienes perfectamente se les puede aplicar lo que la misma Biblia dice: "Profesando ser sabios, se hicieron necios".[161] Con ello, en ningún momento estamos diciendo que su trabajo no tenga valor; lo que cuestionamos es el lado hacia donde movieron el péndulo. Este es el verdadero problema del racionalismo.

3. Enfoque crítico

La Crítica Literaria ha sido una de las ciencias que los racionalistas más han explotado y utilizado para lanzar desde ahí un soberbio ataque contra la inspiración e inerrancia de la Biblia. Han socavado los cimientos de la concepción bíblica sobre la paternidad literaria de los libros de la Biblia, a quienes han reducido a un manojo de escritos producto de intereses políticos, económicos, sociales y religiosos de personas cualquiera. Nuestro trabajo será exponer sus presupuestos e intentar demostrar la debilidad de los mismos.

---

161. Romanos 1:22.

3.1. Perspectiva racionalista

En el ámbito del AT, uno de los que más destaca es el celebérrimo Julius Wellhausen (1844-1918),[162] quien apoyándose en los críticos anteriores alcanzó gran notoriedad por su hipótesis documental sobre el Pentateuco. Pero al igual que Wellhausen, sobresalen Johann C. Doederlein (1745-1792), quien habló de la diversidad de autores en el libro de Isaías, pero con el propósito de desacreditar al Texto Sagrado;[163] C. C. Torrey (1909) y Gustav Hoelscher (1919), quienes hablaron de documentos escritos en períodos diferentes y por autores distintos del libro de Daniel,[164] y muchos otros más. En el NT destaca Johann Gottfried Eichhorn (1752-1827), que fue el primero en sugerir una fuente documental común para los evangelios sinópticos y propuso la hipótesis de que los tres derivaron de copias distintas.[165] Luego apareció Streeter, con su teoría de los cuatro documentos.[166]

La hipótesis documental per se expuesta por los racionalistas no necesariamente es mala o incorrecta: hay evidencias bien fuertes en el Texto Sagrado de que puede existir la pluralidad de autores; el problema de ellos es cuando señalan a un libro sagrado como el producto de una treta política de líderes políticos y religiosos. Este tipo de aseveraciones desvirtúan *ipso facto* al Texto Sagrado y le faltan el respeto a miles de personas que dieron su vida para que nosotros tuviéramos a día de hoy la Palabra de Dios tal cual. A continuación veremos los principios en los cuales los racionalistas fundan sus teorías:[167]

---

162. Con el auge del positivismo de Auguste Comte (1798-1857) vino un énfasis sobre la aplicación del método histórico al estudio de la religión. Comte y sus seguidores estaban interesados en hechos reales y no en abstracciones metafísicas o como ellos la llamaban: "Teología Especulativa". Su metodología se fundó sobre la premisa de que la ciencia positivista explicaba los fenómenos de la naturaleza en términos de leyes verificables. Ellos consideraban espurias las explicaciones teológicas sobre la intervención sobrenatural. Julius Wellhausen, partiendo de la premisa positivista de que la religión era producto de la actividad cultural del hombre, aplicó los conceptos filosóficos evolutivos de Hegel al estudio de la religión de Israel. Véase Harrison, R. K., *Introduction to the Old Testament*, óp. cit., p. 351.

163. Archer, Gleason, óp. cit., pp. 365 y ss.

164. Ibíd., pp. 433-443.

165. Véase Gundry, Robert H., *A Survey to the New Testament*, Zondervan Publishing House, EE.UU., 1972, pp. 68-69.

166. Véase Garber, Scott, *Notas de clase no publicadas*, Instituto Bíblico y Seminario Teológico de España, p. 8. Ambos documentos hablan acerca de la hipótesis documental del NT.

167. Cf. Archer, *Reseña Crítica de una Introducción al AT*, óp. cit., pp. 115-130.

1) Parten de la premisa de que la Biblia no es la revelación sobrenatural de Dios, sino una colección de escritos producto de hombres comunes y corrientes que, movidos por circunstancias políticas, sociales, económicas y religiosas, los redactaron en diferentes libros.

2) Aseguran que la Biblia es la base de nuestras afirmaciones, es decir, afirmamos que la Biblia es la Palabra de Dios, simplemente porque la Biblia así lo dice, cayendo *ipso facto* en una tautología teológica.

3) Tomando como base lo anterior, racionalizan el origen sobrenatural de la Biblia esgrimiendo la hipótesis documental como punta de lanza de su argumentación.[168]

4) En el caso del Deuteronomio, De Wette habló de un origen político-económico, donde el relato bíblico es simplemente una comedia representada por el rey Josías y el Sumo Sacerdote Hilcias para hacer que el pueblo volviera a rendir culto a YHWH en Jerusalén y las finanzas del reino mejoraran.

5) Los racionalistas afirman que la religión hebrea así como el cristianismo son solo producto de la evolución, como todas las demás religiones.

Pueden haber otros principios que gobiernan la postura de los racionalistas, pero los aquí señalados clarifican bien la perspectiva que desafortunadamente estos han sostenido. Ahora es menester ver la otra cara de la moneda, es decir, la perspectiva bíblica de la Crítica Literaria.

3.2. Perspectiva bíblica

De este lado del río, entre los principales apologetas se cuentan Gleason Archer y Josh McDowell, que se han destacado por defender la autenticidad del Texto Sagrado. Vamos a dar pues respuesta a los apóstoles del racionalismo:

1) En contra de los racionalistas, se sostiene que la Biblia es la verdad de Dios revelada al hombre, a quien inspiró a través del Espíritu Santo. De ahí que son muy ilustrativas las palabras de Harold Lindsell cuando señala:

De todos los documentos relacionados con la fe cristiana, ninguno es tan importante como aquel que tiene que ver con la base de nuestro

---

168. Para mayor información sobre la hipótesis documental del AT, véase Pfeiffer, Robert H., *Introduction to the Old Testament*, Harper Brothers Publisher, EE.UU., pp. 129-209; Archer, óp. cit., pp. 99-144.

conocimiento. Porque para cada uno que profesa la fe cristiana, la pregunta clave es: ¿De dónde obtengo el conocimiento sobre el cual fundamento mi fe?... Las respuestas a estas preguntas pueden ser variadas, por supuesto para un cristiano la respuesta será una: la Biblia.[169]

Este es un punto no negociable de la fe cristiana: la Biblia es la palabra de Dios y tiene toda la autoridad para atar la conciencia y voluntad del ser humano. Esta declaración es la consecuencia del respeto que se tiene a la forma en que Dios nos entregó su revelación especial y dado que durante miles de años ha habido hombres que con todo afán han custodiado, transmitido, fijado el lenguaje, traducido, editado el Texto Sagrado, por haber entendido que el mensaje contenido en los antiguos papiros era la revelación de Dios al hombre y el único camino para la salvación de este, ignorar todo esto sería una falta gravísima por parte nuestra parte y también un pecado imperdonable.

2)   Cuando los racionalistas aseguran que la base de nuestras conclusiones[170] es la misma Biblia, están diciendo una verdad a medias.

Es cierto que nuestro primer argumento de la autenticidad del Texto se deriva de la declaración de que "toda palabra está inspirada por Dios y útil…", pero también existen otros argumentos extrabíblicos que ya hemos mencionado y que son igualmente contundentes. Si vamos a ser justos, el problema radica cuando los racionalistas introducen pensamientos de hombres no regenerados que no tienen el más mínimo temor a Dios, como es el caso de Hegel, Comte, Descartes y otros a la Biblia. Las especulaciones que hemos señalado a lo largo de este trabajo hablan por sí mismas, lo que los racionalistas han hecho es una verdadera *eisegexis*[171] en muchos casos, violando de esta manera las reglas hermenéuticas.[172]

3)   Por todo lo que hay detrás de la hipótesis documental tanto del AT como del NT, un sector importante de la Iglesia ha sido alérgica a ellas.

---

169. Lindsell, Harold, *The Battle for the Bible,* Zondervan Publishing House. EE.UU., p. 17. Esta es una denuncia valiente de un hombre de Dios contra preceptos antibíblicos. Y su segundo libro es la contestación del doctor Lindsell a aquellos que reaccionaron contra su primera obra, cuyo título es *The Bible in the Balance. A Further Look at the Battle for the Bible* (1979), Zondervan Publishing House, EE.UU. También resulta muy útil McClain, óp. cit., pp. 107-119.

170. En lógica, a esto se le llama Falacia de Petitio Principi, que se da cuando la premisa y la conclusión son lo mismo.

171. Es el acto deliberado por el cual una persona introduce en el texto pensamientos suyos que no tienen nada que ver con el mismo.

172. Véanse la reglas hermenéuticas de Lund, E., *Introducción a la Hermenéutica Bíblica,* Editorial Vida, 1964, pp. 25-80.

También por el falso concepto que existe en la feligresía de que la Biblia es una especie de libro místico en el cual hombres sobrenaturales escribieron como si Dios mismo les estuviera dictando cosas del todo infalibles, ignorando completamente todo el proceso de custodia, compilación, transcripción, redacción, traducción; proceso realizado por hombres comunes y corrientes que han hecho solo su mejor esfuerzo.

Con lo anterior, lo único que queremos señalar es que sería completamente irracional negar la existencia de la compilación de documentos y por ende la pluralidad de autores en varios de los libros de la Biblia. Con esto tampoco estamos afirmando que todas las hipótesis que los eruditos han expuesto sean ciertas; un buen número de ellas son meras especulaciones y sobre todo lo que subyace detrás de ellas que es desvirtuar la autenticidad del texto.

Para terminar, cabe apuntar que el hecho de afirmar que la diferencia de estilo o de pensamiento es sinónimo de pluralidad de autores es un exabrupto de la academia racionalista. En este sentido, nos parece oportuno citar a Gleason Archer, quien ofrece una respuesta magistral que no solo se aplica al AT, sino también al NT.:

> Los documentalistas dan por sentado que los autores hebreos se diferencian de todos los demás escritores conocidos en la historia de la literatura universal en el hecho de que solo ellos eran incapaces de usar más de un nombre para Dios, más de un estilo de escritura ... de acuerdo con estos teorizantes un solo autor, como Milton, por ejemplo, no podría haber escrito poemas festivos, tales como: *L'allegro*, la *Excelsa*, poesía épica como *El paraíso perdido* y chispeantes ensayos en prosa como *Areopagita*. De haber sido un antiguo hebreo hubiera sido encasillado de inmediato en el ABC de la hipótesis de la multiplicidad fuentes.[173]

La cita de Archer constituye un perfecto argumento de reducción al absurdo y una soberbia contestación a los documentalistas. Existe la posibilidad de que un escritor hebreo emplee varios estilos en sus trabajos y haga digresiones teológicas como hace Pablo en II de Corintios.

4) Cuando la academia racionalista asegura que la Biblia tiene un origen humano,[174] en virtud de lo que hay detrás de esta declaración, se desnaturaliza todo el mensaje, coloca a sus protagonistas como hombres que manipulan la relación Dios-Hombre.

---

173. Archer, Gleason, *Reseña Crítica de una Introducción al AT,* óp. cit., p. 116.

174. Es decir, político-económico, como afirmaba De Wette.

En todo esto hay una paradoja muy importante: la Biblia es un libro enteramente humano y a la vez no es humano. En primer lugar es humano porque hombres como Lucas, por ejemplo, realiza todo un trabajo de recopilación de fuentes bibliográficas y testimoniales antes de sentarse a escribir un libro sobre la vida y ministerio de un personaje con el que nunca anduvo personalmente. Lucas redacta un documento a un hombre llamado Teófilo, a quien le entrega el resultado de su investigación. Lucas nunca pretendió escribir y menos darle a Teófilo un libro inspirado e inerrante, esto lo decidieron después los Padres de la Iglesia, quienes reconocieron en sus escritos la inspiración divina. Es así como Lucas aparece en la célebre lista de Atanasio de Alejandría o en el Códice Muratori, que son considerados como los documentos que canonizan a los libros del NT.

En segundo lugar, la Biblia no es un libro humano; con esto queremos decir que no está al mismo nivel de un tratado de filosofía o de cualquier otra ciencia humana, sino que hay elementos sobrenaturales, como *La perdurable frescura de la Biblia*,[175] como escribe Chafer, que aun después de tanto tiempo tiene un poder relevante en la vida de los hombres y que provoca un cambio metamórfico en el individuo que se entrega a Dios, lo que es totalmente incompatible con la teoría del origen humano de la Biblia. Hay aspectos espirituales en la Biblia que trascienden al mundo natural y que tienen plena vigencia en la vida de todos los seres humanos.

5)   Al hablar de una evolución de la religión fundada por Moisés para los antiguos y por Jesucristo para la actualidad, hay una remisión expresa a la dialéctica de la historia de Hegel, y de esta forma mezclan lo profano con lo sagrado. Esto es lo que se llama una *eisegesis*, un verdadero abuso e insolencia del hombre por desnaturalizar la esencia del mensaje divino.

Después de la catástrofe del diluvio, el ser humano se dispersa por los cuatro confines de la tierra. Dios no iba a dejar a la pieza clave de la creación a la deriva; por lo tanto, pone en funcionamiento su plan de redención al llamar a Abram del cual hace una nación a la cual llama "mi pueblo". Dios decide revelarse exclusivamente a esta nación a quien le da oráculos que nacen de su propio corazón a través de hombres que escriben en papiros esa revelación. El acto más grande de ese plan de redención es la humanización de Dios en la personalidad de Jesucristo. Con Él, la salvación que era exclusiva para un pueblo se hace extensiva para toda la humanidad, cumpliendo el propósito en el momento mismo del llamamiento de Abram.

De manera que al hablar de una evolución religiosa como la han tenido los otros pueblos de la tierra es una verdadera insolencia humana y una declaratoria de la ignorancia más grande de los designios de Dios.

---

175. Chafer, L. S., *Teología Sistemática*, t. I, óp. cit., p. 36.

4. Resumen

1) La Crítica Literaria es la ciencia que estudia el origen, el padre literario de los libros de la Biblia, así como todo lo relacionado con las circunstancias envueltas en la composición del escrito.

2) La Crítica Literaria surge con el propósito de desacreditar el origen de la Biblia a través de la tristemente célebre Hipótesis Documental, que reduce la composición de muchos libros de la autógrafa a intereses políticos y religiosos propios de la conveniencia del hombre.

3) La Hipótesis Documental está fundamentada en las diferencias de estilo, género literario y distintos usos de los nombres de Dios que los hagiógrafos utilizaron, lo cual es cierto en gran medida; sin embargo, esto no significa que la composición de estos escritos tuviera como finalidad satisfacer necesidades de grupos de poder de aquella época.

4) Hay dos criterios para efectuar el trabajo de Crítica Literaria, a saber: el criterio estilístico-lingüístico y el doctrinal.

5) La Biblia es el libro inspirado e inerrante que se transmite a través de hombres a quienes Dios respeta su personalidad, comprende su educación y su capacidad intelectual para que escriban sin error, en diferentes contextos políticos, sociales y religiosos, la Palabra de Dios en la palabra de los hombres, que comprende todos los aspectos literarios que estudia la filología.

6) A la Crítica Literaria se le puede dar un uso bíblico en el ámbito de la interpretación, en la que su análisis es muy importante en el momento de llegar a una conclusión exegética, y uno racionalista, en la que el texto es simplemente una historia como la de cualquier otra religión cósmica.

Con el estudio de este capítulo hemos tratado el tema de la paternidad literaria de los libros de la Biblia, y hemos visto claramente que el ser humano se empecina en desvirtuar la Palabra de Dios poniéndola a un nivel meramente humano e intranscendente, pero también hemos constatado que el trabajo que fue concebido para mal lo podemos usar para bien y que, al final, lo que cuenta es que es Dios quien está detrás de la escritura de la Biblia.

Una vez realizado este estudio, es menester abordar una nueva rama de la Crítica Bíblica y esta es precisamente la Crítica de Formas, que analiza un ángulo del texto nunca antes considerado por ningún erudito de la Biblia.

IV
Crítica de Formas

La Crítica de Formas[176] es una de las ramas más nuevas de la Crítica Bíblica; fue aplicada primeramente en el NT, aunque con posterioridad se utilizó en el AT. Es importante destacar que esta rama surgió dentro del movimiento racionalista alemán después de la Segunda Guerra Mundial.

Mucho del material bíblico fue transmitido por tradición oral antes de ser registrado por autores que escribieron perícopas o los "dichos de Jesús",[177] por mencionar algunas fuentes, que al final fueron utilizadas por el hagiógrafo para redactar su escrito. La Crítica de Formas brega con ese período que comprende entre el acontecimiento y la Escritura final.

La Crítica de Formas presupone que los evangelios, o cualquier otro relato transmitido por tradición oral, están compuestos por pequeñas unidades independientes (perícopas)[178] y que estas unidades estuvieron básicamente determinadas por las necesidades de la comunidad cristiana *Sitz im Leben*.[179] Cuando la comunidad tenía un problema simplemente inven-

---

176. El término Crítica de Formas es una traducción de la palabra alemana *Formgeschichte*, que literalmente significa "Historia de la Forma" y que apareció por primera vez en 1919 con la publicación de *Formgeschichte des Evangeliums* de Dibelius; sin embargo, su origen se remonta al erudito Herman Gunkel (1862-1932).

177. Sobre este tema es altamente ilustrativo el trabajo de Vidal Manzanares, César, *El primer Evangelio: El Documento Q*, Planeta, Barcelona, 1993. Al final del libro Vidal Manzanares traduce el documento Q, que es una serie de dichos de Jesús, los cuales sin duda fueron fuente para escribir los evangelios.

178. Literalmente, una perícopa es una sección que contiene una unidad literaria. Los evangelios están compuestos de muchas perícopas o historias de la vida de Jesús que los hagiógrafos unieron y redactaron para escribir lo que nosotros conocemos como evangelios. Para más detalles del modus operandi de una perícopa será útil: Kruger, René, Croatto, Severino, Míguez, Néstor, *Métodos Exegéticos*, óp. cit., pp. 48, 89 y 321.

179. Un término común en la Crítica de Formas es *Sitz im Leben*, que significa literalmente "posición en la vida" o situación o contexto vital. Hace referencia a que las necesidades de la comunidad de cristianos primitivos fueron determinantes en la formación y la preservación de los escritos evangélicos. Los evangelios son el resultado de lo que la comunidad cristiana necesitaba escuchar y difundir para permanecer y sobreponerse a los problemas con los que se enfrentaba. Véase Martínez, Juan, *Formgeschichte: La Crítica de Formas y sus efectos en el pensamiento cristiano moderno* (www.semilla.org), p. 3.

taba un episodio de la vida de Jesús y el asunto quedaba resuelto.[180] Este capítulo será abordado en los siguientes apartados:

1. Historia y concepto de la Crítica de Formas.
2. Método de la Crítica de Formas.
3. Enfoque crítico.
4. Resumen.

1. Historia y concepto de la Crítica de Formas

Una vez más los teólogos alemanes hacen que el resto de sus colegas pongan "las barbas en remojo" cuando aquellos esgrimen una soberbia teoría que hace reflexionar a propios y extraños, pues consideran elementos que a nadie se les había ocurrido antes, y lo llevan a cabo de una forma científica y muy bien argumentada. En este apartado se considerará su origen y se analizará su concepto.

1.1. Sucinta historia de la Crítica de Formas

La Crítica de Formas tiene su origen en la Alemania de la primera posguerra (1914-1918). Tres eruditos de este país fueron los más importantes académicos con los que esta teoría alcanzó prestigio. El trabajo de estas personalidades será presentado a continuación de una forma sucinta.

K. L. Schmidt es el primero de los tres y se le puede considerar el pionero en hablar de la Crítica de Formas. En 1919 escribió su obra *Der Rahmen der Geschichte Jesu* (El Marco de la historia de Jesús), en la cual los evangelios sinópticos son una compilación de breves episodios de la vida de Jesús que circulaban como unidades independientes en el período de la transmisión oral y pocos de los cuales tienen una indicación de tiempo y lugar. La única excepción destacada para Schmidt es el relato de la pasión, que parece haber existido poco después de la muerte de Jesús. Estas perícopas de la vida de Jesús fueron redactadas por gente como Marcos, que según se cree fue la primera persona en escribir la vida y ministerio de Jesús. La Iglesia de aquella época, a quien iba dirigida estos relatos, simplemente conservó y adaptó estos documentos porque los mismos eran trascendentales para su vida, su culto y su actividad pastoral.[181]

---

180. Esta es básicamente la postura del racionalismo sobre el origen de las perícopas que forman los evangelios o cualquier otro libro del NT.

181. Cf. Brown, Raymond, Fitzmyer, S. J. y otros, *Comentario Bíblico San Jerónimo*, Ediciones Cristiandad, Madrid, 1972, p. 41.

Otro de los padres de la Crítica de Formas es M. Dibelius.[182] En 1919 publicó su célebre libro *Die Formgeschichte des Evangeliums*. Su punto de partida era que la actividad y las necesidades misioneras de la primera Iglesia fueron determinantes en la configuración de la tradición primitiva. En su estudio acerca de la tradición, Dibelius propuso dos principios que fueron aceptados como axiomáticos por los posteriores partidarios de la historia de las formas: primero, que los sinópticos no son obras literarias en un sentido estricto, sino *Kleinliteratur* (poca literatura), esto es, una literatura destinada al consumo popular; segundo, que los evangelistas sinópticos no fueron verdaderos autores, sino más bien compiladores de un material preexistente. La actual tendencia crítica ha reaccionado frente a este segundo principio con la *Redaktionsgeschichte*, es decir, el estudio de la redacción efectuada por los evangelistas como fecundos teólogos y no como simples compiladores despersonalizados.

Finalmente está R. Bultmann, quien, partiendo de las conclusiones de Schmidt y Dibelius, aplicó el método de la historia de las formas a los sinópticos en su obra *Die Geschichte der synoptischen Tradition* (La historia de la tradición sinóptica), publicada en 1921. Frente a la actitud más conservadora de Dibelius, las investigaciones de Bultmann no eran simplemente un medio de clasificación literaria, sino que entrañaban juicios sobre la historicidad de los relatos y la autenticidad de las sentencias contenidas en la tradición. Su escepticismo con respecto al crédito histórico se hace patente en que atribuye la mayor parte del material de la tradición a la imaginación creadora de las primeras comunidades cristianas. El material genuino lo encuentra principalmente en las palabras de Jesús. Pero esa genuinidad no se extiende a los contextos de tales palabras en los evangelios, al *Sitz im Evangelium*, que es obra de la tradición posterior, en especial de los mismos evangelistas.

Con lo anteriormente expresado, queda suficientemente claro quiénes han sido los actores que han dado origen a esta destacada rama de la Crítica Bíblica y su evolución diacrónica. Ahora es menester analizar qué es la Crítica de Formas.

---

182. Martin Dibelius es otro de los eruditos de la Escuela de Tubinga, aunque también estudió en Neuchatel, Leipzig y Berlín. Fue profesor en la Facultad de Teología de Heidelberg. El libro original de Dibelius *Die Formgeschichte des Evangelium*, publicado en 1919, puede consultarse en https://archive.org/stream/MN41397ucmf_1#page/n7/mode/2up (Visto el 12 de octubre 2015). Esta obra consta tan solo de 108 páginas y ocho capítulos. Entre sus títulos podemos citar: los sermones, los paradigmas, las novelas, las colecciones, los mitos, las formas e historias. Hacia 1919 estos títulos eran simplemente revolucionarios y muy sugestivos.

1.2. Concepto de Crítica de Formas

La Crítica de Formas constituye un paso más allá de la Crítica Literaria. Su propósito es reconstruir la tradición oral detrás de los evangelios[183] o de los demás libros de la Biblia, especialmente de aquellos que se prestan para ello.

Así que mientras que la Crítica Literaria estudia el desarrollo de las fuentes, la Crítica de Formas se centra en la reconstrucción de la historia de los dichos o unidades en su forma pre-escrita, lo que supone, como señala Armerding, tres aspectos fundamentales:

1) Cada documento escrito está precedido por algún estado oral de desarrollo.

2) Algo puede ser aprendido del estado o estados a través de un estudio análogo de formas literarias.

3) La historia de un estado preliterario arroja luz al producto literario acabado.[184]

Sin lugar a dudas es una consideración audaz de los teólogos alemanes el hecho de considerar un aspecto tan importante; y tienen razón en mucho de lo que afirman, en el sentido de que existe algo que puede ser aprehendido en el estado pre-literario, arrojando luz para la interpretación del Texto. En definitiva, según Richard Soulen, la Crítica de Formas es:

> El análisis de las formas típicas por el cual la existencia humana está expresada lingüísticamente, tradicionalmente esto se refiere al estado oral preliterario, tal como leyendas, lamentos, etc.[185]

Esta opinión de Soulen, incluye elementos racionalistas, no aceptables por la ortodoxia tradicional; tal definición evidencia la mentalidad con la que la Crítica de Formas fue concebida. Sin embargo, esta se puede utilizar de una forma en la cual la doctrina de la inspiración divina quede absolutamente incólume.

Aunque del concepto recién analizado puede deducirse cuál es la *raison d'être*[186] de la Crítica de Formas, es importante estudiarla en detalle y precisamente es lo que se hará a continuación.

---

183. Garber, Scott, Notas de clase no publicadas, óp. cit., p. 3.

184. Armerding, Carl, *The Old Testament and Criticism*, óp. cit., p. 44.

185. Soulen, Richard, *Handbook of Bible Criticism*, óp. cit., p. 71.

186. Razón de ser.

1.3. Finalidad de la Crítica de Formas

Durante su ministerio terrenal, Jesús realizó un periplo extraordinario en el cual pronunció sermones, dio enseñanzas, dijo cosas impresionantes y tuvo vivencias no solo con sus discípulos sino también con mucha otra gente a la que perdonó, sanó y dio enseñanzas grandiosas. La única forma de que todo esto trascendiera era poniéndolo por escrito, y es así precisamente como surgen las perícopas o unidades literarias que contenían historias y que fueron el fundamento de los evangelios escritos, por ende el principio de la Crítica de Formas.[187]

En virtud de lo anteriormente expuesto, la finalidad de la Crítica de Formas es investigar y analizar el origen e historia preliteraria de la tradición oral que sirve de base a nuestros evangelios. La premisa fundamental de esta rama de la Crítica Bíblica es que los evangelios están formados por perícopas[188] que circulaban después de la muerte de Cristo de forma aislada e independiente. Estas circulaban en las Iglesias que los apóstoles y discípulos habían fundado. La Crítica de Formas estudia esas unidades literarias y también la razón por la que estas fueron incluidas en la redacción final de los evangelios.[189]

Como muy bien puede verse, no fue la intención de nadie escribir el NT o la segunda parte de la Biblia. Lo que había ocurrido con Jesús tenía que trascender a otras generaciones. A diferencia del AT, aquí no existe ninguna exhortación ni directa ni indirecta de parte de Jesús diciéndoles a sus discípulos que escribieran sus enseñanzas y las experiencias de su ministerio. Al surgir la Iglesia, esta necesitaba tener material para desarrollar su liturgia y, sobre todo, material que transmitir a la feligresía. Las enseñanzas de Jesús estaban en la mente y en los corazones de los discípulos así como en los de mucha gente que fue testigo de los milagros de Jesús. La necesidad de la Iglesia de aquella época fue el *Sitz im Leben* de las perícopas, la base fundamental de los evangelios.

Una vez aclarado el surgimiento de la Crítica de Formas, su concepto y la *raison d'être* de la misma, hay que estudiar todo lo relacionado con el método que el crítico de formas debe seguir para dilucidar la verdad que encierra el estado preliterario de una perícopa.

187. Cf. Gundry, Robert, *A Survey of the New Testament*, óp. cit., pp. 99 y ss.

188. Hay otras fuentes a partir de las cuales está formado el NT, como el documento Q, los dichos de Jesús y otros documentos sobre la vida y ministerio de Jesús.

189. Stephen H. Travis, "Form Criticism," en Howard Marshall (ed.), *New Testament Interpretation: Essays on Principles and Methods*, 1977, pp. 153-154.

2. Método de la crítica de formas

La Crítica de Formas, al igual que cualquier otra ciencia, tiene su propio método para alcanzar su propósito. Hablando acerca del mismo, Armerding[190] señala:

1) Analizar la estructura del pasaje y definir la unidad. Esto significa identificar las unidades, medirlas y entenderlas.
2) Descubrir el género, tipo o forma.
3) Determinar el Sitz im Leben, que no es más que establecer el contexto sociológico, crítico, legal o político del género.
4) Determinar la función, que no es otra cosa que el propósito del pasaje. [191]

Siguiendo lo anteriormente expresado por Armerding, analizaremos algunos ejemplos en el evangelio de Marcos.

2.1. Estructura y unidad literaria de la perícopa

Ya sabemos que un evangelio es la unión de muchas perícopas, junto a otros documentos como los dichos de Jesús, por ejemplo; de manera que el crítico bíblico deberá identificar la estructura y la unidad literaria de la perícopa. Para un mejor entendimiento de lo anteriormente expuesto, hemos seleccionado un pasaje del evangelio de Marcos.

En la sección que va desde el 2:1–3:6 Marcos narra cinco sucesos relacionados con discusiones entre Jesús y los líderes religiosos: 1) discusión del poder de Jesús para perdonar pecados (2:1-12); 2) discusión de por qué Jesús se relaciona con pecadores (2:13-17); 3) discusión de por qué Jesús no observa el ayuno (2:18-22); 4) discusión de por qué Jesús no guarda el sábado (2:23-28); y 5) discusión sobre si se puede sanar un sábado que termina con un intento de complot para matar a Jesús (3:1-6).

El análisis nos muestra claramente que este material no fue agrupado por orden cronológico, sino más bien teológico. Las partículas que conectan una perícopa con otra se leen en castellano de la siguiente manera:

---

190. Armending, óp. cit., pp. 49-60.

191. Una aplicación bíblica de este método al Salmo 2 sería: (1) estructura de cuatro estrofas, cada una con unidad interna clara y una progresión de pensamiento; (2) este es un salmo real que muestra la relación de Dios con el rey; (3) *Sitz im Leben*, es un rey en el futuro o en el pasado; y (4) celebrar el papel de un rey ungido representante de YHWH que se sienta en el trono de Jerusalén.

"De nuevo salió Jesús a la orilla"; esta expresión muestra que no hay una relación entre la historia del poder de Jesús de perdonar pecados y la historia de la relación de Jesús con pecadores. En el verso 18 se lee "… al ver que los discípulos de Juan"; esta partícula no conecta con la historia de la relación de Jesús con pecadores y la historia de por qué Jesús y sus discípulos no ayunaban. En ese mismo orden, en el verso 23 se lee, "un sábado, al cruzar Jesús los sembrados…", donde no hay conexión entre la historia de por qué no ayunan los discípulos de Jesús y por qué Jesús y sus discípulos no guardan el sábado. Esto ocurre también en las otras dos perícopas.

Lo anterior simplemente quiere decir que Marcos, intencionadamente, seleccionó cinco relatos de Jesús y sus discusiones con los líderes religiosos, dejándonos claro que está siguiendo un criterio temático en la redacción final de su escrito; tema que será objeto de estudio en el próximo capítulo, cuando hablemos de la Crítica de Redacción.

Otra agrupación temática que hace Marcos en su evangelio es la de los milagros en (4:35–5:43); en esta sección Marcos selecciona tres perícopas que hablan de cuatro milagros y las une, al parecer siguiendo un orden cronológico. El primer milagro es cuando Jesús calma la tormenta (4:35-41); el segundo, cuando Jesús libera al endemoniado de Gadara (5:1-20); y finalmente el milagro de la resurrección de la hija de Jairo que aparece entremezclado con la sanidad de la mujer que tenía una hemorragia (5:21-42).[192]

2.2. El género de la perícopa

Antes que nada es fundamental tener en cuenta que, en el campo bíblico, el análisis de los géneros y las formas es una tarea sumamente necesaria para el entendimiento del texto en toda su dimensión. Antes de continuar definamos qué es género: "Es una categoría en que podemos clasificar una perícopa". A continuación hablamos de los diferentes tipos de géneros, los géneros literarios en general y los que se aplican especialmente al Texto Sagrado.

---

192. El milagro de la mujer con hemorragia sigue un orden cronológico. Sobre el orden de esta historia, Stephen H. Travis afirma: "Solamente en raras ocasiones hay razones para creer que tales agrupaciones de tradiciones preservaron el orden cronológico de eventos. El más famoso ejemplo de esto es la inserción de la historia de la mujer con hemorragia en la historia de la resurrección de la hija de Jairo (Marcos 4:21-43) debido probablemente al recuerdo que fue así como realmente pasó". Véase Stephen H. Travis, "Form Criticism" I. Howard Marshall, ed., New Testament Interpretation, óp cit., p. 154.

Según Kruger y compañía, los géneros a identificar en la Biblia son los siguientes: poesía y prosa, narración histórica y épica, discursos proféticos muy variados, dichos de sabiduría popular o especulativa, himnos, cartas breves y otras kilométricas, visiones apocalípticas, parábolas, metáforas, dichos de Jesús, interpretaciones de los evangelistas, piezas litúrgicas, historias ejemplares y otras biográficas, y muchas cosas más.[193] El mismo Kruger enseña que existen otro tipo de géneros a identificar en la Biblia, aquellos que crearon la comunidad judía y los de la comunidad cristiana.

El pueblo de Israel creó una serie de géneros muy diversos: *relatos* (para recordar el pasado y crear una conciencia de pertenecer al mismo pueblo de Dios); *epopeyas* (para fomentar el entusiasmo y celebrar eventos y personajes); *leyes* (para organizar la vida social, política y religiosa); *liturgias* (para establecer normas en las relaciones con Dios y en la comunidad creyente); *poemas e himnos* (como expresiones de fe); *oráculos proféticos* (para corregir, denunciar, anunciar, animar, advertir en nombre de Dios); *listas* (para ordenar, clarificar, garantizar la ascendencia a través de genealogías); *textos sapienciales* (para transmitir la reflexión de ciertos círculos sobre la vida, la muerte, Dios, el sufrimiento, etc.).[194]

Las comunidades cristianas, por su parte, produjeron y transmitieron otro tipo de literatura a partir de sus experiencias y según las necesidades de misión y enseñanza: se juntaron los materiales sobre la vida, la actuación y la predicación de Jesús; se formó la historia de la pasión y la resurrección; se citaron textos del AT; se escribieron cartas y notas; se emplearon tablas de pecados, virtudes, deberes domésticos y ministeriales; hubo himnos; doxología; confesiones; se tomaron cosas de ambiente y se crearon otras totalmente nuevas.[195]

En el caso de las perícopas de Marcos que estamos abordando, se trata de un género que bien podemos llamar "paradigmas", término que puede ser definido de la siguiente manera:

> Un paradigma es un episodio breve que culmina en un dicho autoritativo de Jesús o algunas veces en una declaración sobre la reacción de espectadores.[196]

---

193. Kruger, René, Croatto, Severino, Míguez, Nestor, *Métodos Exegéticos,* óp. cit., p. 127.

194. Ibíd., p. 28.

195. Íd.

196. Véase Stephen H. Travis, "Form Criticism", en Howard Marshall (ed.), *New Testament Interpretation,* óp. cit., p. 155.

Las cinco perícopas de Marcos 2:1–3:6 caen dentro de esta categoría que los críticos de formas han establecido, entre ellos M. Dibelius, quien situó dichas perícopas en esta categoría.[197]

El otro conjunto de tres perícopas tratado en esta sección cae dentro de la categoría de "milagros de Jesús"; categoría inaceptable para los racionalistas, quienes ubican los milagros de Jesús dentro de la categoría de mito; pero esto será abordado posteriormente.

2.3. El Sitz im Leben de la perícopa

Es una frase alemana que se utiliza en la Crítica de Formas y denota el contexto social o el estilo de vida que existe en el momento de surgir una perícopa. De manera que hay temas particulares en el AT, por ejemplo, que solo pueden ser entendidos cuando se relacionan con la cultura y la vida social de Israel en aquella época determinada. Antes de que las fuentes que dieron origen al Pentateuco fueran compiladas, ellas fueron transmitidas de forma oral, probablemente en el contexto de adoración o de diálogo familiar; esto era su *Sitz im Leben*. El carácter social de una situación determina el estilo de la comunicación.

En el caso específico del NT, los eruditos de la Crítica de Formas tratan de establecer una relación entre los dichos de Jesús con el *Sitz im Leben*, primero de la Iglesia en cuyo seno fueron transmitidos, y en segundo lugar, del ministerio de Jesús en donde los "dichos" se originaron.

Si seguimos este orden, nos vamos a dar cuenta de que el *Sitz im Leben* de la Iglesia era que esta necesitaba primero de las perícopas y luego de textos que sirvieran de base para la enseñanza y predicación de la Palabra que Jesús había enseñado, y podemos decir que la actividad literaria de la Iglesia fue realmente muy abundante. No obstante, los Padres de la iglesia y el juicio de los ancianos al final solo reconocieron veintisiete escritos como el canon del NT. Es de capital importancia señalar que en la época en que se escribe este evangelio había un sitio establecido por los romanos que iba a terminar con la destrucción de Jerusalén y su templo, tal y como el mismo evangelio lo profetiza. Esta tensión entre judíos y romanos había provocado la huida de muchas personas, incluyendo la Iglesia del Señor; esta es la otra parte del *Sitz im Leben* de la Iglesia.

En relación con el *Sitz im Leben* de Jesús, cada perícopa o el conjunto de ellas debe ser objeto de análisis para determinar su origen. En el caso que nos ocupa, de las cinco perícopas compiladas por Marcos, podemos llegar

---

197. Íd. Dibelius creía que este tipo de perícopas tenían esta forma al objeto de servir como ejemplos o ilustraciones en la predicación de los primeros misioneros. De ahí el nombre de "paradigma", que en el idioma griego significa "ejemplo precisamente".

a la conclusión de que el hagiógrafo está estableciendo el advenimiento de un nuevo orden de cosas al que Jesús llama el reino de Dios, *vis-à-vis* las existentes concepciones judaicas que indefectiblemente tienen que ceder ante el nuevo fundamento establecido por Jesús. Si el lector analiza cada una de estas perícopas, se dará cuenta del tema que subyace entre Jesús y los líderes religiosos de su época.[198]

2.4. *El propósito de las perícopas*

Lo primero que debemos tener claro es que Marcos escribe justo antes de la destrucción del templo a una comunidad de judíos probablemente en Roma, y su propósito principal es revelar al Hijo de Dios, expresión mesiánica utilizada por Marcos en el mismo principio de su relato (Mac 1:1), y que es un título mesiánico (II Sam 7:14).

En el caso específico de las cinco perícopas que nos ocupan es muy valiosa la opinión de J. M. Martín Moreno, quien declara:

> Las cinco controversias de la sección primera presentan la hostilidad creciente, el endurecimiento y la ceguera respecto a Jesús. Al mismo tiempo, se ve una revelación gradual de Jesús como Mesías que era revelado en la segunda parte como el Hijo del Hombre... Marcos narra varios incidentes que dan lugar a diversas controversias que irán arrojando luz sobre la naturaleza de Jesús. Así la curación del paralítico a quien perdona sus pecados, lo que provoca la murmuración de los escribas diciendo que solo Dios puede perdonar pecados. Jesús no les rebate esta tesis, pero a continuación dice que el Hijo del Hombre tiene potestad para perdonar pecados...[199]

Las perícopas son simplemente unidades literarias que obedecen a un objetivo de redacción por parte del hagiógrafo, de manera que si el propósito de Marcos era demostrar la mesianidad de Jesús a la comunidad judía de la diáspora, las cinco perícopas cumplen a la perfección dicho propósito. Cada una de las cinco controversias nos muestran palmariamente que existe un nuevo orden de cosas, donde Jesús tiene toda la autoridad, y no solo esto, sino que se presenta a sí mismo como Dios, pues cuando los escribas le increpan diciendo "solo Dios puede perdonar pecados...", lo cual es completamente cierto y Jesús no contradice sino que afirma que Él tiene autoridad

---

198. Cf. Green, B. Joel (ed.), *Dictionary of Jesus and the Gospels,* Intervarsity Press, EE.UU., 1992, p. 245.

199. Martín Moreno, J. M., "Marcos, Evangelio", *Gran Diccionario Enciclopédico de la Biblia,* óp. cit., pp. 1607 y 1609.

para perdonar pecados, está haciendo una declaración de su deidad, está diciendo no solo que es Mesías o el Hijo de Dios, sino que es Dios mismo. Marcos había entendido esto y lo deja bien claro en estas cinco perícopas.

Una vez vista la metodología a seguir para efectuar el análisis de las perícopas de una pasaje, es importante estudiar cómo los eruditos mueven el péndulo en este tema de la Crítica de Formas, así que nuestro próximo tema será el enfoque crítico.

3. Enfoque crítico

Como es característico en este trabajo de investigación, se realizará un enfoque de la Crítica de Formas según las perspectivas racionalista y bíblica.

3.1. Perspectiva racionalista

Para un mejor estudio del tema, vamos a ver lo que los eruditos racionalistas han señalado acerca de la Crítica de Formas tanto en el AT como en el NT.

3.1.1. En el Antiguo Testamento

En el AT toman un papel protagonista M. Noth y Gehard von Rad, *inter alia*, quienes socavan los cimientos tradicionalistas del relato bíblico exponiendo una nueva síntesis que a continuación se expone:

1) Que los relatos de los orígenes que se hallan en el libro del Génesis son muy similares a las leyendas y mitos que sobre los orígenes tienen algunos pueblos orientales; por tanto, concluyen que estos relatos orientales fueron las fuentes utilizadas para escribir el Génesis.[200]

Básicamente lo que se está diciendo aquí es que tanto el que escribió el documento J como el documento E utilizaron perícopas propias de la religión que había surgido en Mesopotamia. Los israelitas hicieron las adecuaciones del caso porque estos eran politeístas, de manera que al escribir el relato del Génesis nos presentan una religión monoteísta y a un Dios al que llaman el Dios de Abram, de Isaac y Jacob, el Dios que liberó a Israel de la esclavitud de Egipto. La conclusión de estos académicos es que el Génesis es simplemente una fabricación humana que tiene su origen en mitos y leyendas de los sumerios o babilonios.

200. Para mayor información sobre esto se recomienda Grelot, Pierre, *Hombre, ¿quién eres?. Los once primeros capítulos del Génesis*, Verbo Divino, Estella, 1988, p. 21.

2) Que los relatos acerca de los patriarcas es producto de una técnica de redacción de toda una serie de "ciclos legendarios" que existían en la época y que giraban en torno a la "Promesa patriarcal", que para los racionalistas proviene de las que ellos llaman "leyendas patriarcales".[201]

Fanuli, contrario a lo que aseveraban los críticos de los sinópticos, afirma que el relato del AT no se forma de pequeñas unidades, sino que nace y se desarrolla como un ser vivo que va creciendo mientras asimila la alimentación cotidiana.[202]

En resumen, aquí se refieren a perícopas extensas que nos hablan de personajes determinados que el compilador o redactor final de la historia crea y presenta como el recipiente de las promesas y bendiciones de YHWH.

Bien, esto son solo unos ejemplos aislados de la postura racionalista sobre la composición del texto del AT, porque todo el mismo es precisamente eso, la compilación de documentos hecho por editores que manipularon las fuentes para redactar un documento que presentara la política o el sentir de una sociedad o de un grupo de poder. Al tomar como cierta esta lamentable postura están poniendo el relato del AT al mismo nivel de cualquier otro relato religioso que existe en el mundo y, como corolario de lo anterior, nada de lo que allí se diga es digno de confianza y por lo tanto es ilógico que el hombre trate de vivir su vida fundamentada en mitos o leyendas manipuladas por editores.

De la misma manera que hemos ejemplificado el punto de vista racionalista en el AT, lo haremos ahora en el NT.

3.1.1. En el Nuevo Testamento[203]

El tema de la manipulación de las fuentes no es un asunto exclusivo del AT, sino que también lo podemos ver en el NT; es así como eruditos de la

---

201. Cf. Von Rad, Gehard. *El Libro de Génesis,* Ediciones Salamanca, 1977, pp. 23-26.

202. Fanuli sostiene que los relatos de los patriarcas y otros hombres relevantes son producto de "recuerdos legendarios" que se van transmitiendo por tradición oral, a la vez que se van ampliando y articulando. Véase Fanuli, Antonio, "Las Tradiciones en los libros Históricos del AT Nuevas Orientaciones", en *Problemas y Perspectivas de las Ciencias Bíblicas,* Salamanca, 1963, pp. 17-46.

203. Sobre este tema se recomienda McKnight, Edgar, *What is Form Criticism,* Fortress Press, EE.UU., 1971, pp. 17-33, que habla, entre otras cosas, de las categorías que establecen Dibelius y Bultmann. Guthrie, Donald, *New Testament Introduction,* Intervarsity Press, EE.UU., 1970, pp. 191-208, que habla de la teoría de la predicación misionera de Dibelius, la teoría de la imaginación de Bultmann, la nueva demanda y la teoría del análisis literario puro. Gundry, Robert, *A Survey of the New Testament,* óp. cit., pp. 99 y

talla de Dibelius y de Bultmann asumen que los materiales pueden ser clasificados como formas y que estas capacitan al estudiante para reconstruir la historia de la tradición. Dibelius afirma que una lectura crítica cuidadosa de los evangelios refleja que el hagiógrafo tomó unidades de material que ya poseía, idea con la que Bultmann estaba totalmente de acuerdo.

Ahora vamos a ver en detalle, y en una forma sucinta, la teoría racionalista de Dibelius.

Teoría de M. Dibelius

Dibelius establece cinco categorías para clasificar el material narrativo o perícopas que el editor utiliza en la redacción final de su libro, sin incluir en estas categorías el relato de la pasión.

Las categorías establecidas por Dibelius son:

1) Paradigmas, cuentos y leyendas. Hablemos de la primera categoría, el *paradigma*. Eran pequeñas historias de hechos aislados de la vida de Jesús y que eran propias de los sermones predicados en la época. Dibelius cita como paradigmas puros a Mc. 2:1-12, 18-22, 23-28; 3:1-5, 20-30; 10:13-16; 12:13-17; 14:3-9. También habla de paradigmas menos puros que son aquellas perícopas que introducen elementos extraños, tales como nombres de caracteres en la historia, que no son hallados en un paradigma puro. Por ejemplo, Mc. 1:23-27; 2:13-17; 6:1-6; Lc. 9:51-56; 14:1-6. El autor creía que los paradigmas adquirían esta forma porque servían de ejemplo o ilustración en la predicación de la Palabra.[204]

2) La segunda categoría es el *cuento*, definiéndolo como historias de los milagros de Jesús y que pueden subdividirse de la siguiente manera: exorcismos (Mc. 5:1-20; 9:14-29), milagros de sanidades (Mc. 1:40-45; 5:21-43), milagros de la naturaleza (Mc. 4:35-41; 6:35-44, 45-52). Todas estas historias siguen el mismo modelo: (1) una descripción de la enfermedad o la situación que necesita ser remediada; (2) una declaración de la sanidad o solución realizada por Jesús; y (3) un relato de los resultados del milagro, ya sea los efectos sobre la persona sanada o la reacción de los espectadores del milagro. En estos cuentos, afirma Dibelius, existe una falta de motivos devocionales y no se

ss., donde lleva a cabo una exposición menos profunda, pero no por ello menos valiosa. Loshe, Eduard, *Introducción al Nuevo Testamento,* en su capítulo V: "Formas y géneros de la tradición oral acerca de Jesús", Ediciones Cristianas, España, 1972, pp. 115-125.

204. Véase Dibelius, Martin, *From tradition to Gospel,* James Clark & Co. England. Ed. 1982, pp. 37 y ss.

pueden hacer aplicaciones que tengan fines didácticos, de manera que a diferencia de los paradigmas, estos no fueron formados con el propósito de ilustrar sermones, sino que su *Sitz im Leben* era que los relatos fueron hechos para ser utilizados por los contadores de historias y probar de esta manera la manifestación de Dios a través del sanador; esto fue hecho como un cuento en un momento diferente a la predicación del sermón. También señala que fueron usados en el contexto helenístico para probar la superioridad de Jesús frente a otros dioses que hacían sanidades.[205]

3) La tercera categoría es *leyendas*, término que Dibelius tomó de aquellas expresiones que se usaron posteriormente en la Iglesia: "leyendas de los santos". En el vocabulario de este autor, el término "leyenda" no significa necesariamente un relato no histórico o irreal. Para él, la importancia de las leyendas es el propósito narrativo, puesto que estas perícopas son narraciones religiosas de un hombre santo en cuyos trabajos y suerte existe un interés. Según Dibelius, las siguientes son las leyendas sobre Jesús (Lc. 2:41-49; 4:29), sobre Pedro (Mt. 14:28-33; 16:13-23) y sobre Judas (Mt. 27:3-8), por mencionar algunas.[206]

4) La cuarta categoría es *exhortaciones* (*paränesen* en alemán o parénesis en castellano). Con esta categoría, Dibelius se refiere al material de enseñanza que se halla en los evangelios. El *Sitz im Leben* es la catequesis. Para este autor, los dichos de Jesús pueden dividirse en máximas, metáforas, parábolas, desafíos proféticos, mandamientos cortos y extensos (Mt. 5:29, 44-48; 6:2-4).

5) La última categoría son los *mitos*. Para Dibelius son narrativas que representan lo sobrenatural irrumpiendo en la escena humana. El autor pone dentro de la categoría de mito el milagro del bautismo (Mc.1:9-11), la tentación de Jesús (Mt. 4:1-11 y paralelos) y la transfiguración (Mc. 9:2 -8).[207]

Una vez expuesta la categorización de M. Dibelius sobre las fuentes que dan origen a los evangelios, es fundamental conocer la teoría de R. Bultmann.

---

205. Ibíd., pp. 70 y ss.
206. Ibíd., pp. 104, 115.
207. Ibíd., p. 271.

Teoría de Bultmann

Para Bultmann, la Crítica de Formas determina la naturaleza y el contenido de la tradición oral clasificando las unidades del material del evangelio escrito. Al igual que Dibelius, elabora una categorización de fuentes: 1) apotegmas, 2) dichos, 3) historia de milagros y 4) narraciones históricas de leyendas. A continuación será objeto de estudio las categorías establecidas por Bultmann:

1) Primero hablemos de los *apotegmas*. Estos pueden ser definidos como un "dicho de Jesús enmarcado en un relato breve".[208] Los apotegmas se pueden subdividir del modo siguiente: *Diálogos controversiales* (Mc. 3:1-6), *Diálogos didácticos* (Mc. 12:28-34), que surgen de la necesidad de tener apotegmas polémicos, apologéticos y finalmente biográficos.[209]

2) La segunda categoría son los *dichos de Jesús*. El autor realiza una división en tres grupos específicos, a saber: a) dichos sabios, b) dichos proféticos y apocalípticos y c) leyes y regulaciones sociales. Al final Bultmann solo pudo aislar dos tipos de formas: *mis dichos*, que son todos aquellos relatos en los que Jesús habla de sí mismo, de su ministerio y de su destino (Mt. 5:17; Mc. 10:45); y las *parábolas*, cuyo análisis de su contenido resulta muy ilustrativo.[210]

3) La tercera categoría es la *historia de milagros* como modelos para los sanadores cristianos.

4) La cuarta y última categoría es la *narración de historias y leyendas*, que es el equivalente a la categoría de *mitos* de Dibelius. En esta categoría, Bultmann incluye las tres historias de mitos de Dibelius; esto es, el bautismo, las tentaciones y la transfiguración de Jesús.

En resumen, lo que estos académicos nos están diciendo es que en el momento en que el hagiógrafo redactó el documento final, este utilizó materiales pertenecientes a las categorías anteriores hasta conformar un libro al que se consideró sagrado. Sin duda, las categorizaciones que elaboran tanto Dibelius como Bultmann son producto de un cuidadoso análisis de los evangelios y evidencian la erudición con la que tan importante tema fue abordado.

---

208. Perrot, Charles, *Jesús y la Historia*, Ediciones Cristiandad, Madrid, 1982, p. 38.

209. Bultmann. R., *History of the Synoptic Tradition*, (Oxford 1963), es una traducción de la tercera edición alemana de (1958), *Die Geschichte der synoptischen Tradition*, 1921, p. 30.

210. Ibíd., pp. 166-179 y 188-192.

Dibelius establece cinco categorías y Bultmann cuatro; en esencia, ambos siguen la misma metodología y lo que cambia es únicamente la nomenclatura que utilizan, en algún momento existe una traslape de categoría en la categorización de Bultmann, pero en principio es la misma metodología.

Corresponde ahora realizar un análisis de la perspectiva bíblica de la Crítica de Formas.

3.2. Perspectiva Bíblica

Una vez expuesta la perspectiva racionalista, corresponde mover el péndulo hacia el otro lado para ver el reverso de la moneda y poderse formar una imagen completa sobre este tema. El estudio lo haremos tanto en el AT como en el NT.

3.2.1. En el Antiguo Testamento

En relación con la acusación de utilizar fuentes paganas o de religiones sumerias para construir el relato de la creación *inter alia,* esta resulta antojadiza. Es muy cierto, después del análisis efectuado, que existen similitudes interesantes entre los relatos paganos de la creación y el Texto Sagrado grabado en el Génesis; sin embargo, como señala John Stott:

> Todas comienzan con un caos y terminan con una clase de cosmos, pero las diferencias son mayores. Las historias del Cercano Oriente son crudas, politeístas, inmorales y grotescas, el relato bíblico es divino, monoteísta, ético y sublime.[211]

En tal sentido se puede afirmar que a través de la tradición oral el hombre de aquella época, sin importar su etnia o religión, conocía el relato de la creación. No obstante, a raíz de la confusión generada por la aparición de diferentes idiomas, el ser humano se agrupó en distintas comunidades y regiones del planeta. De entre todos los pueblos de la Antigüedad, Dios escogió a un hombre para crear un pueblo propio; un pueblo que no desconocía dicho relato. Estos tenían una relación estrecha con el Dios-Creador, así que cuando uno de ellos decidió redactar, tomando como base la tradición oral, el relato de la creación, por ejemplo, lo hizo bajo la inspiración divina, de manera que el resultado constituye un relato fidedigno, y no un

---

211. Stott, John, *Cómo comprender la Biblia,* Ediciones Certeza, Argentina, 1977, p. 62. Cabe decir que en este punto estamos de acuerdo con Stott; sin embargo, en su postura entre la teoría de la evolución y 1a Biblia disentimos totalmente.

ajuste que una persona cualquiera hizo de un relato sumerio cambiando una perspectiva politeísta por una monoteísta.

El resto de pueblos eran comunidades paganas que se hallaban totalmente alejadas del Dios-Creador, de ahí que tuvieran un relato distorsionado de los hechos, máxime cuando habían transcurrido ya muchos siglos.

En definitiva, se estima que ninguno tomó de nadie, sino que a través de la tradición oral se conocía el relato; de ahí la similitud de los escritos, incluso con los de los pueblos indígenas de Mesoamérica; pero únicamente a la versión judía se la puede considerar como la versión autorizada.

En relación con la afirmación de que las fuentes utilizadas por el editor del Génesis para redactar el relato de los patriarcas son leyendas, puede ser considerada como un exabrupto de los racionalistas. Tal afirmación no puede ser cierta porque el relato de los patriarcas está vindicado no solo en el resto del AT, sino por Jesucristo[212] y los apóstoles,[213] quienes no vindican leyendas, sino hechos históricos que encierran una moraleja para el ser humano. Y si lo anterior no fuera suficiente, los descubrimientos arqueológicos de Mari,[214] y de Nuzi[215] *inter alia* nos demuestran fehacientemente que los nombres, las costumbres observadas por los patriarcas, según se recogen en la Biblia, concuerdan perfectamente con los de los hallazgos antes mencionados.[216]

Está suficientemente claro que Moisés, padre literario de una gran parte del Pentateuco, recibió toda la información de sus diálogos directos con Dios y a través de la tradición histórica oral y escrita de los hechos acaecidos. Y lo que escribió Moisés procedente de esas fuentes no contiene ni

212. Véase el discurso de Jesús en Juan 8:12-59.

213. Véase el discurso de Esteban en Hechos 7:1-9; Hebreos 11:8-21.

214. La ciudad de Mari, actualmente Tell El-Hariri, está ubicada en el Éufrates medio, 7 millas al noroeste de Abukemal, un pequeño pueblo sirio en la frontera con Irak. Las excavaciones fueron llevadas a cabo por el profesor André Parrot bajo los auspicios del Museo del Louvre. Los trabajos se iniciaron en el año 1933 y continuaron hasta después de la década de 1950. Su importancia bíblica radica en que esta región fue la casa de los patriarcas. Entre las muchas cosas que contienen, cabe destacar la mención del nombre Habiru, que puede ser la primera significación de "hebreos". Además existen una serie de referencias a nombres bíblicos que sin lugar a dudas vindican el texto sagrado. Véase el suplemento arqueológico, *Greatest Archaeological Discoveries*, Open Bible, Nelson Publishers House, EE.UU., pp. 1236 y ss.

215. Hoy en día la antigua ciudad de Nuzi se llama Yorghan Tepe, en Irak. Está situada a unas 150 millas al norte de Bagdad. Fue excavada entre 1925 y 1931 por la Escuela Americana de Investigaciones Orientales y la Universidad de Harvard. Su interés bíblico radica en que ilumina los tiempos y las costumbres patriarcales. Para mayor información, Ibíd., pp. 1235 y ss.

216. Para mayor información sobre este tema específico, véase Yamaughi, E., *Las Excavaciones y las Escrituras*, Casa Bautista de Publicaciones, 1977, pp. 3l y ss.

puede contener error, pues Dios mismo inspiró a Moisés para escribir un relato verídico; además todo está vindicado por Jesucristo, los apóstoles en el NT y los grandes hallazgos arqueológicos de los últimos siglos.

Una vez dadas las respuestas a las objeciones hechas en el AT, procederemos a responder a las que se han efectuado en el NT.

3.2.2. En el Nuevo Testamento

En relación con la categorización de las fuentes que hace tanto Dibelius como Bultmann y que sirven de fundamento al editor para la redacción final de su escrito, resultan muy ilustrativas. No cabe la menor duda de que los evangelistas utilizaron diversas fuentes en la redacción final de sus escritos, como muy bien señala Lucas en el prólogo de su evangelio; por otro lado, habían pasado más de veinte años entre la muerte de Jesús y la escritura del primer evangelio, y es completamente lógico que circularan por las iglesias de aquella época muchas perícopas que el liderazgo religioso usaba en su liturgia. La idea de categorizar las fuentes que dan origen a los evangelios es simplemente genial; se trata de algunas categorías que establece tanto Dibelius como Bultmann; nos referimos a la categoría de los mitos y las leyendas, por ejemplo. Resulta absurdo que evangelistas como Mateo o Juan utilizaran mitos o leyendas si ellos habían sido testigos oculares de los hechos o que la gente que había visto el ministerio de Jesús aceptara relatos fantasiosos. Es en este sentido que nos parecen muy ilustrativas las tesis de Robert Gundry sobre este tema:[217]

1) Hacen un desmedido énfasis en el análisis literario para la reconstrucción oral de la tradición del Evangelio.

2) No admiten la posibilidad de que la tradición de los evangelios fuera preservada simplemente porque fuese verdad.

3) Las mitologías normalmente no se desarrollan en medio siglo; sin embargo, los cristianos estaban proclamando la resurrección de Jesús inmediatamente.

4) La Crítica de Formas olvida que los testigos oculares, cristianos y no cristianos, de la carrera de Jesús debieron haber y pudieron haber detenido la infiltración de distorsión en la información.

5) Hay que pensar que la gente no iba a aceptar cada cuento o historia sobrenatural que oían; el mundo grecorromano era muy escéptico.

---

217. Gundry, Robert, *A Survey of the New Testament*, óp. cit., pp. 71-73.

Se estiman muy atinadas las consideraciones del profesor Gundry; sin embargo, vale la pena ampliar e incluso matizar algunos de los conceptos vertidos. Si bien es cierto que se realiza un "desmedido énfasis" en el análisis literario, el mismo es indispensable para la reconstrucción, a pesar del hecho de que en la mayoría de los casos va a ser absolutamente imposible lograrlo.

El segundo aspecto de no admitir la veracidad de las unidades literarias sino de considerarlas irreales es producto de un corazón insensible a los actos poderosos y milagrosos de Dios.

Sí, es correcto afirmar que los cristianos del siglo i, especialmente los que conocieron a Jesús, estaban allí para salvaguardar la pureza de las enseñanzas. Resulta absurdo pensar que Pedro, Juan o Jacobo iban a permitir que las enseñanzas de Jesús que ellos habían seguido se distorsionaran de la manera que pretenden los críticos de formas del ala liberal.

Y finalmente se considera una falta de respeto el hecho de pensar que la gente del primer y segundo siglo fuera tan ingenua como para creer cada bobería que la gente decía por allí; y aún más nosotros que, aunque no hemos visto, hemos creído no solo por el testimonio de nuestros antepasados sino también por las obras milagrosas que hemos observado hoy en día, entre las que destaca la regeneración y la transformación de un ser humano.

4. Resumen

1) La Crítica de Formas estudia el estado preliterario de la perícopa, cuya historia arroja luz para el mejor entendimiento de los evangelios y de otros libros de la Biblia.

2) La perícopa es la unidad independiente y básica que forma un evangelio, por ejemplo. Para su comprensión es necesario utilizar un método hermenéutico que consta de cuatro pasos bien establecidos: a) análisis de la estructura de la perícopa; b) determinar el género de la perícopa; c) determinar el *Sitz im Leben* de la perícopa; y d) establecer el propósito de la perícopa.

3) Los racionalistas afirman que la Crítica de Formas es el estudio que consiste en la asunción de que ciertas leyes de la tradición oral, si se aplican a los evangelios, guiarán a la recuperación de la forma más antigua de tradición. Un estudio cuidadoso de estas formas llevó a la conclusión de que en sus estratos más antiguos el material en los evangelios fue transmitido oralmente como una serie de unidades discontinuas, anécdotas, historias, dichos, enseñanzas, etcétera. Bultmann llegó a afirmar:

Después de un análisis detallado, casi toda la tradición de los evangelios fue fabricada o altamente distorsionada. Una línea típica de razonamiento es que ya que los cristianos creían en la mesianidad de Jesús, ellos justificaron sus creencias urdiendo historias en las cuales Jesús realizaba milagros mesiánicos. Hay, pues, que desmitologizar los evangelios a fin de hacer el mensaje cristiano más aceptable al hombre moderno...[218]

4) Que la Crítica de Formas surgió como una doctrina racionalista con el propósito de desacreditar el concepto de inerrancia del texto bíblico.[219]

5) A pesar de todo lo anterior, a la Crítica de Formas se le puede dar un uso bíblico, es decir, puede utilizarse para vindicar el Texto Sagrado. Todo dependerá del espíritu con que el crítico se acerque al Texto.[220]

Ha quedado suficientemente claro que la Biblia no es conjunto de libros dictados por Dios a un puñado de hombres míticos, sino un conjunto de libros hechos por muchos seres humanos que participaron en un largo proceso que duro más de dos mil años hasta confeccionar el Texto que tenemos hoy. En todo este largo proceso han participado los que escriben las perícopas, luego los que las redactan, a quienes llamamos hagiógrafos, y finalmente los que le dan el acabado final al libro. Todos ellos desempeñan un papel fundamental, y en todo ese proceso hay una intervención divina en su afán de preservar la esencia del mensaje central de toda la revelación de Dios.

Bien, una vez estudiado todo lo relacionado con la Crítica de Formas, es necesario pasar al siguiente estadio y este es la Crítica de Redacción. Una vez que el editor tiene todas las fuentes a su disposición, el siguiente paso es la redacción del escrito y es precisamente lo que vamos a estudiar.

218. Se recomienda Rudolf Bultmann, *Kerygma and Myth,* editado por H. W. Bartsch, Harper, Nueva York, 1961, pp. 1-44.

219. G. T. Manley expone que las falacias que vician los métodos de la crítica moderna son la falta de evidencias externas, fundamentos defectuosos, un método arbitrario o indeterminado, etcétera. Véase Manley, C. T., *Nuevo Auxiliar Bíblico,* Clie, Viladecavalls, 1981, pp. 51-64.

220. Si se utiliza para vindicarla, el erudito Donald Guthrie señala seis principios que sirven de límite a los abusos racionalistas. Véase, *New Testament Introduction,* óp. cit., pp. 210-211.

V
Crítica de Redacción

En la segunda mitad del siglo xx comenzó a desarrollarse esta disciplina conocida como *Redaktionsgeschichte* o Crítica de Redacción, siempre bajo la égida intelectual racionalista alemana. Este método añade una nueva dimensión a la crítica tanto del AT como del NT; el *Sitz im Leben* del autor.

En definitiva, la Crítica de Redacción intenta determinar el punto de vista teológico del escritor. Los críticos intentan establecer las fuentes o los relatos que eligieron y por qué. Sin más preámbulo se considerará en este capítulo:

1. Historia y concepto de la Crítica de Redacción.
2. Cuestiones de redacción en el Texto Sagrado.
3. Enfoque crítico.
4. Resumen.

1. Historia y concepto de la Crítica de Redacción

Los teólogos alemanes no quedaron satisfechos con la Crítica de Formas, así que fueron más allá, a la Crítica de Redacción; sin duda había un interés en considerar todos los ángulos posibles desde los cuales poder considerar el Texto Sagrado. Una lección muy importante para los teólogos tradicionales, quienes habían descuidado profundizar en algunos aspectos tan importantes. A continuación se analizará algo de la historia y el concepto de esta rama de la Crítica Bíblica.

1.1. Historia de la Crítica de Redacción

En reacción al tratamiento de los evangelistas por la Crítica de Formas, algunos eruditos posteriores a la Segunda Guerra Mundial analizaron los evangelios como composiciones unificadas, cuidadosamente editadas por sus autores con el objeto de proyectar diferentes puntos de vista teológicos.[221]

221. Gundry, Robert, *A Survey of the New Testament,* óp. cit., p. 74.

El término *Redaktionsgeschichte*, que se traduce del alemán "Crítica de Redacción", fue acuñado por Willi Marxsen en su obra *Der Evangelist Markus-Studien zur Redaktionsgeschichte des Evangeliums*[222] (El evangelista Marcos. Un estudio sobre la historia de la redacción de los evangelios). Dicho libro fue publicado en 1956 y a partir de entonces el estudio de este evangelio tomó una nueva dirección. El profesor Marxsen creía que Marcos había creado un género literario distintivo al que puede llamársele "El evangelio", que iba a servir de prototipo para los otros escritores de los relatos de la vida y ministerio de Jesús, como lo fueron Mateo y Lucas, pues, según Marxsen, Marcos fue la primera persona en escribir este tipo de relatos; también creía que el evangelio de Marcos era el resultado de un trabajo bien planificado que perseguía una meta bien definida.[223] Marxsen señalaba que mientras la Crítica de Formas se centraba en realizar estudios de pequeños fragmentos de tradición oral o escrita, él prefería ver la orientación del escritor que daba como resultado la totalidad de un escrito. Este autor tenía la convicción que el evangelista (redactor que editada la tradición que había recogido) era una persona creativa.[224] A este acercamiento que Marxsen hacía lo llamaba Crítica de Redacción, y de esta manera surgió una nueva rama de la Crítica Bíblica. En este mismo sentido se ha expresado el erudito profesor de la Universidad de Salamanca Xabier Pikaza:

> Marcos es más que un simple recopilador de sentencias y relatos previos: es un verdadero autor, un creador que, asumiendo datos de la tradición, fijados en parte por la comunidad cristiana, ha elaborado un género literario nuevo, desconocido hasta entonces; ha escrito un evangelio. Ciertamente, Marcos tiene prehistoria (plano diacrónico): asume el testimonio previo de un Jesús a quien se toma ya como Mesías, recoge elementos de una tradición eclesial bien estudiada en la línea de los métodos anteriores. Pero, al mismo tiempo, Marcos es un libro unitario que debe entenderse y leerse por sí mismo. En este nivel he querido situarme, acentuando aquello que pudiéramos llamar la sincronía, es decir, la unidad temporal y, más aún, textual, de su evangelio. El redactor (Marcos) es un verdadero autor: un hombre que asume con autoridad la tradición eclesial de Jesús y fija su figura de un modo unitario, ofre-

---

222. El libro original es W. Marxsen, *Der Evangelist Markus-Studien zur Redaktionsgeschichte des Evangeliums* (Vandenhoeck & Ruprecht, Gotinga, 1956, 1959). A los efectos de esta investigación se está utilizando la traducción al idioma inglés llevada a cabo por R. A. Harrisville, *Mark the Evangelist: Studies on the Redaction History of the Gospel*, Nashville, Abingdon, 1969.

223. Marxsen, Willi, *Mark the Evangelist: Studies on the Redaction History of the Gospel*, óp. cit., p. 18.

224. Ibíd., p. 21.

ciendo así su propia versión del evangelio que la Iglesia ha aceptado como propia, al incluirla en el canon de su Escritura (en el NT).[225]

Este comentario de Pikaza se halla en perfecta consonancia con las tesis planteadas por Marxsen en el sentido de que Marcos era un verdadero autor que, partiendo del material tanto oral como escrito con el que contaba, creó un nuevo género literario al que llamamos "evangelios". Que lo escrito por Marcos es el resultado de un plan preconcebido que obedece a un propósito que él pretende alcanzar, de modo que Marcos redactó un escrito en base a un propósito que tenía como escritor. El acercamiento que hace el crítico bíblico tratando de investigar cuál era la intención del editor es lo que se conoce como Crítica de Redacción. Este es el aporte de Willi Marxsen a la ciencia de la Crítica Bíblica, un nuevo método de estudio del Texto Sagrado. [226]

Una vez visto lo relacionado con el origen de la Crítica de Redacción, corresponde analizar el concepto y es precisamente lo que haremos en el próximo apartado.

1.2. Concepto de Crítica de Redacción

La Crítica de Redacción está muy relacionada con la Crítica de Formas, aunque ambas ramas de la Crítica Bíblica se mueven en direcciones opuestas.[227] La primera intenta poner las formas juntas, en el sentido de que muestren cómo un autor (el redactor) ha dado la forma final a los materiales;[228] en cambio, el crítico de formas las separa para su estudio. En definitiva, Richard Soulen sostiene que la Crítica de Redacción es:

> El método de la Crítica Bíblica que busca dejar desnudas las perspectivas teológicas de un escritor bíblico analizando su redacción y técnicas de composición e interpretaciones empleadas por él en formar y estructurar la tradición oral y escrita disponible.[229]

---

225. Pikaza, Xabier, *Comentario al Evangelio de Marcos,* Clie, Viladecavalls, 2013, pp. 30-31.

226. Cf. Hayes, John H., *Biblical Exegesis,* John Knox, Atlanta, 1982, p. 99.

227. La Crítica de Formas guía al pasado a la forma original y su función en la comunidad y la Crítica de Redacción guía al pasado a la unidad del texto tal y como lo hemos recibido.

228. Perrin, Norman, *Redaction Criticism at Work, a Sample. The Bible and Its Literary Milieu,* John Maier and Vincent Tollers, William B. Eerdmans Publishing, 1979, p. 344.

229. Soulen, Richard, *Handbook of Biblical Criticism,* óp. cit., p. 165.

Con esta definición, Soulen nos está dejando claro que el hagiógrafo no fue un mero compilador de tradiciones que contribuyó de forma mínima en la elaboración de su escrito; él nos está afirmando, en consonancia con la Crítica de Redacción, que los editores del texto tenían perspectivas teológicas bien claras y que las mismas son desarrolladas en sus escritos. En este mismo sentido se expresa Pikaza:

> La teología, es decir, el contenido o mensaje, no es algo accidental ni es tampoco un dato secundario, algo que se estudia solo al fin, cuando se ha visto ya y se ha definido (se ha resuelto) el dato literario. El contenido teológico, es decir, la buena nueva mesiánica, es elemento básico de Marcos. Así quiero estudiarlo. No es que mi análisis sea primero literario y luego teológico: es teológico siendo literario, y viceversa.[230]

Lo que la Crítica de Redacción nos está diciendo es que cada evangelista escribió la vida y ministerio de Jesús, pero cada cual tenía una singular teología (siguiendo la expresión de Pikaza) que los distinguía uno de otro. Mateo redactó su evangelio con una intención muy diferente a la de Marcos o Lucas y dicha redacción no es accidental, tal y como señala Pikaza, sino que es intencionada y esa es precisamente la tarea de la persona que realiza Crítica de Redacción, esto es, descubrir las intenciones teológicas del hagiógrafo.

Una vez estudiado el origen y el concepto de la Crítica de Redacción es necesario movernos hacia la siguiente sección que son los aspectos controvertidos que nos muestra la Crítica de Redacción tanto en el AT como en el NT.

2. Cuestiones de redacción en el Texto Sagrado

Tanto en el AT como en el NT existen libros que nos muestran de una forma clara las intenciones teológicas del escritor en el momento de redactar su escrito, algunas de ellas de difícil entendimiento, pero que resultan muy importantes de identificar a fin de obtener la mejor comprensión posible del texto y llegar a la mejor interpretación posible del mismo.

Para un estudio más didáctico acerca de este tema, vamos a dividirlo en cuestiones de redacción en el libro de Samuel (para tratar un caso del AT) y cuestiones de redacción en Mateo (para abarcar un caso concreto del NT).

---

230. Pikaza, Xabier, *Comentario al Evangelio de Marcos*, óp. cit., p. 31.

2.1. Cuestiones de redacción en el libro de Samuel

El estudio del libro de Samuel[231] desde la perspectiva de la Crítica de Redacción nos da otros ángulos pocas veces vistos. La importancia de este relato es que nos construye la vida de David, el fundador de una dinastía que tiene trascendencia mesiánica. La crítica sitúa la redacción de Samuel antes del exilio babilónico en el año 587 a.C. En relación con la fecha y el propósito de la escritura del libro de Samuel, Baruc Halpern afirma que:

> ... fue escrito durante el reinado de Salomón con el objeto de exaltar la figura del fundador de la dinastía, es decir, David, y por otro lado, mejorar la posición política de Salomón frente al pueblo.[232]

El comentario de Halpern nos revela las intenciones teológicas del redactor. Su primera intención fue exaltar la figura de David. Nadie va a cuestionar esto. Existen muchos versículos que hablan de una figura que, a pesar de haber cometido adulterio y matado, tiene un "corazón conforme al corazón de Dios",[233] un personaje que vence a gigantes, tiene el favor de la gente que grita "David hirió a sus diez miles", respeta a Saúl no quitándole la vida (según la versión del escritor de Samuel), puesto que era el ungido de Dios, el hombre que perdona los pecados de sus hijos Amón y Absalón, y quien rescata el Arca del Pacto de manos de los filisteos y danza lleno de júbilo frente al Señor..., bueno, tiempo hace falta para enumerar todos aquellos hechos que resaltan la figura de un poeta, músico, guerrero, juez, rey, estadista, estratega militar... En fin, realmente Samuel exalta la figura de David. Lo que sí es cuestionable es el segundo propósito que propone Halpern, cuando afirma que Samuel escribe para mejorar la imagen del rey Salomón. Esto último nos acerca a las teorías de De Wette en relación con el propósito teológico o de redacción que tuvo el escrito del Deuteronomio.

Siguiendo con el tema, no vamos a negar que existe un propósito del redactor en exaltar la figura de David, eso está bien claro; solo que vamos agregar que también el libro de Samuel tiene propósitos históricos, es decir, que fue escrito para dejar constancia de cómo se funda la dinastía de David, la cual tiene implicaciones mesiánicas, según nos lo clarifica Pablo en Romanos 1:3-4.

---

231. Al principio estos libros fueron uno. A efectos de esta investigación los trataremos de esta manera.

232. Halpern, Baruc, *David's Secret Demons. Messiah, Murderer, Traitor, King,* William B. Eerdmans Publishing, Grand Rapids, EE.UU., 2001, p. 57.

233. Hechos 13:22.

El problema con el libro de Samuel es que nos deja una serie de historias confusas que abren la imaginación de cualquier estudioso de la Biblia y que desafortunadamente han constituido la materia prima de la erudición racionalista para negar la autenticidad del Texto Sagrado.

Al estudiar el libro de Samuel vamos a encontrar una serie de muertes violentas de personajes que representaban un estorbo para David. Los racionalistas aseguran que el redactor de Samuel dirige sus energías en defender a David de las acusaciones que sus oponentes levantaban en aquella época por el asesinato de esas personas.[234]

A continuación vamos a ver una serie de lagunas del redactor que nos dejan una serie de puertas abiertas.[235]

El exterminio de la casa de Saúl

El estudio del libro de Samuel nos muestra que hubo un exterminio de la casa de Saúl por parte de David. Comencemos con el caso de los gabaonitas. El texto se lee de la siguiente manera:

> Durante el reinado de David hubo tres años consecutivos de hambre. David le pidió ayuda al Señor, y él le contestó: Esto sucede porque Saúl y su sanguinaria familia asesinaron a los gabaonitas. Los gabaonitas no pertenecían a la nación de Israel, sino que eran un remanente de los amorreos. Los israelitas habían hecho un pacto con ellos, pero tanto era el celo de Saúl por Israel y Judá que trató de exterminarlos. Entonces David convocó a los gabaonitas y les preguntó:
>
> —¿Qué quieren que haga por ustedes? ¿Cómo puedo reparar el mal que se les ha hecho, de modo que bendigan al pueblo que es herencia del Señor?
>
> Los gabaonitas respondieron:
>
> —No nos interesa el dinero de Saúl y de su familia, ni tampoco queremos que muera alguien en Israel.
>
> —Entonces, ¿qué desean que haga por ustedes? —volvió a preguntar el rey.

---

234. Véase VanderKam, James, "Davidic Complicity in the Deaths of Abner and Eshbaal: A Historical and Redactional Study", *Journal of Biblical Literature* (1980), pp. 521-539.

235. Es importante señalar que no vamos a seguir en esta sección el orden cronológico que nos presenta el redactor del libro de Samuel, sino un orden temático, más conveniente a los propósitos de esta obra.

—Saúl quiso destruirnos —contestaron ellos—; se propuso exterminarnos y nos expulsó de todo el territorio israelita. Por eso pedimos que se nos entreguen siete de los descendientes de Saúl, a quien el Señor escogió, para colgarlos en presencia del Señor en Guibeá de Saúl...

David se los entregó a los gabaonitas, y ellos los colgaron en un monte, en presencia del Señor. Los siete murieron juntos, ajusticiados en los primeros días de la siega, cuando se comenzaba a recoger la cebada.[236]

El estudio cuidadoso de este texto nos va a presentar una serie de aspectos que no concuerdan con la misma Biblia:

1) Más de cuatrocientos años antes de este acontecimiento,[237] Josué había acordado un pacto con el pueblo pagano de los gabaonitas para no exterminarlos en virtud de una audacia de estos que logró el juramento de Josué de no matarlos.

2) Según el texto, Saúl rompió el juramento matando gabaonitas cuatrocientos años después de ese juramento.

3) Según el redactor de Samuel, Dios envía una hambruna a su pueblo, Israel, porque un pueblo pagano está ofendido por la ruptura de un pacto hecho cuatro o cinco generaciones atrás.

4) David, el ungido de Dios, mantiene un diálogo con el líder de un pueblo pagano a quien pregunta cómo puede resarcir el daño hecho por Saúl. Estos contestan que la única forma de reparar el daño es asesinando a siete descendientes de Saúl a quienes van a ahorcar en la presencia del Señor. La pregunta obvia es: ¿De qué señor hablan los gabaonitas? El Señor de los judíos no puede ser el Dios de un pueblo pagano.

5) David entregó a los siete varones, que fueron asesinados por los gabaonitas. De esos siete, cinco eran hijos de Mical, la hija de Saúl y primera esposa de David. El texto también dice que el padre de los cinco hijos de Mical era Adriel, lo cual es incorrecto porque Adriel era el esposo de Merab, la otra hija de Saúl, y no el marido de Mical, que era Paltiel.

236. 2 Samuel 21:1-9.

237. Aquí estamos adoptando la fecha propuesta por los eruditos del AT, la que llaman datación temprana, que ubica el Éxodo en el 1445 a.C. o 480 años antes de que se construyese el templo de Salomón. Existe otra teoría, que se conoce como la datación tardía, que estima la fecha del Éxodo en el 1290 a.C. Sobre el tema de la fecha del Éxodo y de su relación con la existencia de David, véase Archer, Gleason, *Reseña Crítica de una Introducción al AT,* óp. cit., pp. 247-248.

En resumen, el redactor nos está diciendo que Dios está castigando a un pueblo inocente porque Saúl, que ya estaba muerto, había roto la promesa que Josué había hecho a los gabaonitas, cuatro o cinco generaciones atrás, de no hacerles ningún daño. Dios, ofendido porque que se le había faltado la palabra a un pueblo pagano e idólatra, había enviado una hambruna. David, para aplacar la ira de Dios, entregó a siete seres humanos que no tenían nada que ver con la conducta de su abuelo Saúl, para que los gabaonitas los asesinaran en la presencia de Dios, como si estos fueran parte de su pueblo.

Como puede observarse, todo esto es incongruente con el espíritu y las enseñanzas de la Torá. Suena inverosímil que Dios entregue a miembros inocentes de Israel a pueblos paganos para que estos los sacrifiquen a fin de poder revertir un castigo. La Ley de Dios prohíbe terminantemente el sacrificio de seres humanos con propósitos expiatorios de pecados. La Torá habla de quitar la vida a personas que han incurrido en ciertos delitos, pero jamás para expiar pecados. Este hecho da pie a pensar que todo esto fue una treta de David al objeto de exterminar a la familia de Saúl. En este sentido se expresa Halpern:

> Las muertes de los descendientes de Saúl dieron lugar a acusaciones en contra de David. Una de esas acusaciones ocurrió cuando David abandonaba Jerusalén a raíz de la revuelta de Absalón, un miembro del clan de Saúl. Simeí le salió al paso diciendo: Fuera, fuera hombre sanguinario y perverso, Jehová te ha dado el pago de toda la sangre de la casa de Saúl...[238]

El mismo texto nos está diciendo que había acusaciones contra David culpándole del exterminio de la casa de Saúl. Aquí el punto es que el redactor está tratando de exaltar la figura de David y en su redacción deja muchas cosas a la imaginación. De modo que existen dos posibilidades en este caso: o el redactor ha manipulado el texto a favor de David, o no hizo bien su trabajo porque la teología de la perícopa no concuerda con la Torá.

2.1.2. La muerte de Saúl contrastada con la de Is-boset

Al análisis del pasaje anterior, en el cual queda abierta la posibilidad de que David fuera el responsable directo del exterminio de la casa Saúl, podría argumentarse que aquel no tuvo nada que ver con la muerte tanto de Saúl como de Is-boset, pues el mismo texto nos relata cómo David le

---

238. Halpern, Baruc, *David's Secret Demons. Messiah, Murderer, Traitor, King*, óp. cit., p. 85.

quitó la vida a las personas que mataron a ambos. A pesar de que el texto nos dice esto, el análisis de la redacción de estos pasajes sigue dejando la puerta abierta a que el exterminio de la casa de Saúl no fuese un accidente, sino un plan bien orquestado por David que el redactor del libro de Samuel esconde.

Antes que nada, existen dos relatos diferentes sobre la muerte de Saúl. En la fuente (A)[239] de Samuel se asevera que Saúl se suicida echándose sobre una espada ante la negativa de su escudero de rematarlo. En la fuente (B)[240] se dice que Saúl fue rematado por un amalecita, quien trajo la corona y otra joya, símbolo del reino, a David. Como puede observarse, este es un tema de la Crítica Textual y por lo tanto no nos compete tratarlo en este momento, pues nuestro interés radica en la perspectiva teológica del redactor. El relato termina diciendo que David manda a matar al amalecita que se atrevió a quietarle la vida al ungido del Señor.

Ahora veamos el caso de la muerte de Is-boset, quien era hijo de Saúl y rey de Israel puesto por Abner, comandante del ejército israelita. En el relato que hallamos en la fuente (B) de Samuel, vemos como dos individuos, Recab y Baana, asesinan a Is-boset cuando este dormía, le cortan la cabeza y se la traen a David.

Como puede observarse, ambos relatos tiene similitudes interesantes; primero, ambos casos tienen que ver con la casa de Saúl; segundo, que los asesinos de ambos son ajusticiados por David. Ahora la pregunta lógica es: ¿Cómo se explica que un amalecita[241] que no tiene nada que ver con David venga al tercer día a decirle que había matado al rey de Israel? ¿Por qué un amalecita iba a querer congraciarse con David, si este venía de masacrar al pueblo amalecita?[242] En el caso de Is-boset: ¿Por qué dos personas relacionadas con la tribu de Saúl iban a viajar toda la noche con la cabeza de Is-boset para dársela a David y congraciarse con él?

Si vamos a ser honestos con esto, a partir de la información que tenemos en este momento no podemos más que especular. La lógica nos dice que David estaba envuelto en un complot orquestado por él mismo para

239. La fuente A corresponde a 1 Samuel. El relato de encuentra en 1 Samuel 31:1-6.

240. La fuente B corresponde a 2 Samuel. El relato se encuentra en 2 Samuel 1:1-10.

241. Entre las tribus que se rebelaron como enemigas del pueblo de Israel, durante ese mismo período, se cuentan los amalecitas. Se trata de grupos esencialmente nómadas que recorrían con asiduidad el Sinaí, el Néguev y Transjordania. Ya se menciona a los amalecitas en la Biblia como enemigos de Israel en la época de los Jueces, y prosiguen esos conflictos durante las administraciones de Saúl y David; con el tiempo desaparecen como enemigos reales, pero se mantienen en la memoria colectiva como enemigos por antonomasia. Pagán, Samuel, *El Rey David. Una biografía no autorizada*, Clie, Viladecavalls, 2013, p. 45.

242. Véase 1 Samuel 30.

quedarse con el trono de Saúl. En ambos casos tiene que matar a las personas que le están "limpiando el camino", porque de lo contrario el pueblo, que amaba entrañablemente a David, podría retirarle su apoyo que en ese momento era indispensable para acceder al trono de Israel.

2.1.3. El caso de Abner y Amasa

Abner era el comandante del ejército de Israel y segundo en mando en el reino que dirigía Is-boset. Abner tuvo enfrentamientos militares contra el ejército de David, quien gobernaba en Judá. El relato nos dice que Abner tomó por mujer a una concubina de Saúl. En aquella época esto tenía implicaciones políticas; la persona que hacía esto estaba manifestando pretensiones políticas en relación con el reino.[243] Is-boset le reclama airadamente a Abner su conducta y este, por despecho, le retira su apoyo y pacta con David. Al ser Abner el comandante del ejército, esto significaba que estaba pasando el poder del reino a David. Abner visita a David para acordar el pacto y este fue recibido con un banquete. Joab, el comandante del ejército de David, no estaba en el lugar, y al enterarse urde un plan y asesina a Abner.

Algunas preguntas que nos sugiere este relato son: ¿Por qué Joab no estaba en la visita de Abner a David, si ello representaba el reinado de David en toda Israel? ¿Por qué el redactor de la fuente B dedicó seis versículos a relatar el asesinato de Abner y doce versículos a establecer la inocencia de David? Si David condenó el asesinato de Abner proclamando su inocencia e incriminando de una forma contundente a su sobrino Joab, ¿por qué no le destituyó y en cambio lo dejó en su cargo?

El relato nos muestra que el redactor deja bien parado a David en toda la historia; sin embargo, quedan las preguntas anteriores en el aire y bien podría pensarse que la muerte de Abner forma parte de ese complot de David para exterminar la casa de Saúl y todo lo que se relaciona con ella.

El caso de Amasa presenta muchas similitudes el anterior. Primero, Amasa era hijo de Abigail, hermana de David, por lo tanto su sobrino y primo de Joab y de Abisay. Amasa había sido nombrado comandante del ejército por Absalón, primo también de este. Cuando Absalón muere, David lo nombra comandante de su ejército en sustitución de Joab. El redactor no nos dice por qué David hace esto. Lo cierto es que cuando surge la revuelta de Seba, hijo de Bicri, David le da un plazo de tres días a Amasa

---

243. El caso de Betsabé, cuando pide a su hijo Salomón que dé por mujer a la virgen que cuidaba a David a su hermano Adonías, desata la ira de este y mata a Adonías por su pretensión (1 Reyes 2:19-24). Para más información sobre esta costumbre, véase Halpern, Baruc, *David's Secret Demons. Messiah, Murderer, Traitor, King,* óp. cit., p. 82.

para que reúna al ejército y se dirija contra el sedicioso. Amasa no logra reunir la gente en el plazo establecido y David manda a su sobrino Abisay, quien con sus hombres, incluyendo a Joab, van contra Seba. En el camino se encuentran Amasa y Joab; este último lo mata a traición. Cuando Joab y Abisay regresan triunfantes de su misión, David restituye a Joab como comandante de su ejército.

Este segundo caso no tiene nada que ver con la casa de Saúl, pero presenta similitudes que el redactor nos muestra sobre el modus operandi de David. Las preguntas que nos deja el redactor de Samuel son: ¿Por qué David nombra comandante de su ejército a un sobrino traidor? ¿Por qué le da un plazo de tres días a Amasa para reunir un ejército si la situación era apremiante y requería una intervención pronta? ¿Por qué Abisay y Joab no tuvieron ningún problema y salieron en el mismo instante de la orden del rey tres días después? ¿Por qué si la conducta de Joab es reprochable al haber matado a su primo hermano por traición, David lo restituye en su cargo de comandante general?

El redactor nos está dejando a David como inocente de todo esto; sin embargo, las anteriores preguntas nos dejan una ventana abierta para pensar que estamos ante un asesino en serie a quien el redactor de Samuel simplemente exalta.

2.1.4. *El caso de Joab y Simei*

Para terminar hemos seleccionado dos casos que, a nuestro criterio, podrían resultar insólitos por las características que nos presenta. Mucho después de la redacción de Samuel se redactó el libro de los Reyes, donde encontramos, entre otras cosas, dos pasajes que vale la pena analizar. El primero es cuando David da instrucciones precisas a Salomón antes de morir sobre Joab:

> Ya sabes tú lo que me ha hecho Joab, hijo de Sarvia, lo que hizo a dos generales del ejército de Israel, a Abner, hijo de Ner, y a Amasa, hijo de Jeter, a los cuales él mató, derramando en tiempo de paz la sangre de guerra… Tú, pues, harás conforme a tu sabiduría; no dejarás descender sus canas al Seol en paz.

Si hubo una persona más fiel que un perro en vida de David fue su sobrino Joab, perteneciente el grupo elitista conocido como "los valientes de David". Cuando David mandó matar a Urías Heteo, Joab simplemente cumplió la orden de su tío; cuando David fue despojado del reino por su hijo Absalón, Joab estuvo al lado de David todo el tiempo y sufrió el agravio; cuando David cometió la insensatez de elaborar un censo contra la voluntad de Dios, Joab se opuso y lo llamó al orden; y cuando el rey no entendió y obligó a Joab a actuar en contra de la voluntad de Dios, este simplemente obedeció. Si las incógnitas que suscita el redactor de Samuel se despejaran con el hecho de David ejecutó un plan de exterminio contra la casa de Saúl y contra todo aquello que se opusiera a sus propósitos, Joab sería el más leal de todos los servidores de David. Ahora, la gran pregunta que nos suscitan estas instrucciones finales de David a Salomón: ¿Por qué David instruye a Salomón para que mate a su más leal siervo? ¿Es esta la forma correcta de pagar a alguien que lo había dado todo por él? Es completamente cierto que Joab había sido un hombre temible y sanguinario, y lo más seguro es que mereciera morir con pena como instruye David a su hijo Salomón; la cuestión es que David no era menos que Joab. David era un hombre sanguinario, y el mismo redactor deja constancia de ello al afirmar que Dios no le permite construir el templo por todas las muertes que él causó, incluso después de muerto.

El otro caso que vemos en el lecho de muerte de David son las instrucciones sobre Simeí, pariente de Saúl, quien había acusado a David de asesino de la casa de Saúl. Sobre este tema la Biblia reza lo siguiente:

> También tienes contigo a Simeí, hijo de Gera, hijo de Benjamín, de Bahurim, el cual me maldijo con una maldición fuerte el día que yo iba a Mahanaim. Mas él mismo descendió a recibirme al Jordán, y yo le juré por Jehová diciendo: Yo no te mataré a espada. Pero ahora no lo absolverás; pues hombre sabio eres, y sabes cómo debes hacer con él; y harás descender sus canas con sangre al Seol.

Este pasaje nos presenta a un David rencoroso, vengativo, y si bien es cierto que él no ejecuta el hecho en sí, da instrucciones para que su hijo lo haga, que en definitiva es lo mismo. Simeí le había acusado de exterminar a la casa de Saúl y aunque le había pedido perdón a David, por temor a su vida, este le otorgó un aparente perdón. Salomón le tendió una trampa a Simeí, este cayó en ella y al final Simeí apareció como el responsable de su propio destino, cuando lo cierto es que David había dado instrucciones para que Simeí no muriera en paz.

2.2. *Valorización crítica a los problemas de redacción del libro de Samuel*

El hecho de afirmar que la Biblia es la Palabra de Dios no significa desconocer problemas como los que acabamos de desnudar. Obviar tal realidad no sería una actitud responsable por nuestra parte. Existen otros casos en el libro de Samuel que simplemente hemos pasado por alto, como el caso de Nabal y el de Urías Heteo, que nos muestran a un hombre listo para cometer cualquier tipo de bajeza con el fin de conseguir sus propósitos. En este último caso, su arrepentimiento es muy cuestionable, porque al final se quedó con la mujer de Urías, con quien tuvo hijos como si nada hubiese pasado antes, y uno de esos hijos fue Salomón. Bien, después de haber efectuado todo este estudio, es importante exponer nuestras conclusiones o valorizaciones críticas.

2.2.1. La humanidad del libro

Comúnmente se tiene un falso concepto en el sentido de que los libros de la Biblia fueron escritos por hombres místicos, casi sobrenaturales, que obraron bajo un éxtasis que dio como resultado algo desprovisto de la humanidad del hagiógrafo. Nada más alejado de la verdad, pues las personas que redactaron los libros de la Biblia realizaron el trabajo que cualquier mortal hubiera hecho; si bien es cierto que en todo esto se considera que hubo un elemento sobrenatural, que se llama inspiración, también cabe contemplar la posibilidad de que las personas que intervinieron en la formación del canon tomaran escritos que no eran inspirados o que posteriormente se le agregaran perícopas. En este sentido, el erudito profesor Samuel Pagán señala:

> Los libros de Samuel tienen un carácter eminentemente compilatorio, pues unen en sus narrativas diversos tipos de relato, que pueden ser detallados y extensos –p. ej., la unción de Saúl (1 Samuel 9:1–10:16), la boda de David y Abigail (1 Samuel 25) y la vida de David en el palacio real (2 Samuel 9:20)–, o ser porciones bien concisas y breves –p. ej., las guerras de Saúl contra los pueblos vecinos (1 Samuel 14:47-48)–. Los géneros literarios que utiliza son diversos (1 Samuel12), himnos (1 Samuel 1:1-10), estribillos de cánticos de triunfo (1 Samuel 18:7), y proverbios (1 Samuel 2:25).[244]

La acotación del profesor Pagán es más que realística. El libro de Samuel es el fruto de un trabajo de redacción donde se parte de una serie de perícopas y documentos que un redactor compila a su discreción.

---

244. Pagán, Samuel, *El Rey David. Una biografía no autorizada*, óp. cit., p. 43.

2.2.2. Samuel tiene un propósito de redacción bien claro

La cuidadosa lectura del libro de Samuel nos llevará a la conclusión de que el *Sitz im Leben* del redactor era exaltar la figura de David. Si bien es cierto que no esconde algunos de sus desaciertos, como el adulterio con Betsabé o las ejecuciones de algunos de sus enemigos, nos muestra a un personaje que respeta a Dios, se juega la vida por el Arca del Pacto, danza de júbilo por su reivindicación, y nos muestra al hombre que quiere construirle un templo a su Dios, a quien reconoce como el que lo ungió como rey. El redactor nos presenta una promesa mesiánica que Dios le hace a David, promesa que sirve de base para desarrollar posteriormente el concepto de Mesías. La conclusión final de Samuel Pagán sobre el propósito de redacción del libro de Samuel es la siguiente:

> La finalidad teológica de los libros de Samuel es hacer un recuento de la historia del pueblo de Israel desde una perspectiva oficial... de gran importancia teológica es entender que estos relatos bíblicos representan la postura oficial de la monarquía, la ideología del Estado, la posición del monarca, la perspectiva institucional pública.[245]

Esta aseveración de Pagán explica lo que hemos venido afirmando acerca del libro de Samuel, en el sentido de que el redactor tiene como objetivo resaltar la figura de David. Esto se entiende mejor si dicho relato es la postura oficial de la monarquía, no podía ser de otra manera. Ahora, esta afirmación no desmerece en absoluto la autenticidad de la Biblia, a pesar de cualquier problema de redacción.

En resumen, David es el ungido del Señor, de cuya descendencia nacerá el Mesías que reinará por siempre y para siempre. David es el instrumento escogido por Dios para establecer una dinastía y sostener el culto al Señor en todo Israel.

2.2.3. En Samuel el péndulo puede moverse hacia los dos lados

En el libro de Samuel, el péndulo puede moverse a ambos lados. Por ejemplo, si queremos ver a David como un asesino en serie, lo podemos hacer. Lo cierto es que hay suficientes indicios como para pensar que David fraguó un plan para exterminar a la familia de Saúl, de manera que, si esto es cierto, el redactor ha manipulado el texto o ha escrito bajo ignorancia. En cualquiera de los casos, no pone en entredicho la autenticidad del texto. El corolario de este complot es que David no accede al trono por la

---

245. Ibíd., p. 44.

providencia divina sino a través de un macabro plan como cualquier otro vulgar gobernante de este mundo.

Ahora bien, si queremos mover el péndulo hacia el otro lado, podemos creer lo que exactamente el texto nos dice acerca de David y dejar todas las preguntas que nos suscita el redactor en su relato en la categoría de *los misterios de Dios*.

2.2.4. Verdades pétreas sobre David

Existe una serie de verdades pétreas alrededor de la figura de David que debemos tener siempre en cuenta y que, a pesar de cualquier realidad, son estas las que deben dirigir nuestro pensamiento. En primer lugar, David es la persona a quien Dios escogió para fundar una dinastía. Ningún ser humano podrá explicar por qué Dios traspasó el poder de Israel de una familia de Benjamín a otra de Judá. Otra verdad de David es que de los lomos de él iba a salir el Mesías, como efectivamente ocurrió. David fue un hombre sanguinario; este es un hecho claramente establecido en el relato, gritado por sus enemigos como en el caso de Simeí, afirmado por el mismo Señor al impedirle construir el templo. Otra de las verdades de David es que era capaz de las bajezas más grandes para conseguir lo que quería; por ejemplo, cortar doscientos prepucios a los filisteos para conseguir la hija de Saúl, y presumir de valentía, matar a Urías solo para quitarle su mujer, como efectivamente hizo. Una de las verdades pétreas acerca de David y quizás la más incomprensible tras haber efectuado todas estas afirmaciones, es que tenía un corazón conforme al de Dios. Esta declaración podría llegar a constituirse como uno de los enigmas más grandes acerca de David.

2.2.5. La mejor forma de conocer a David

La verdad de todas las cosas es que la mejor forma de conocer a David no es a través de un escrito redactado de una serie de documentos y perícopas que tuvo en sus manos un redactor, sino a través de sus propios escritos; en este caso estamos hablando de los Salmos. Cuando uno lee los Salmos de David, entonces conoce el corazón de David y puede fácilmente dilucidar el enigma de que era un hombre conforme al corazón de Dios. David era una paradoja en su máxima expresión; por un lado era una asesino, adúltero, vengativo, caprichoso, implacable, pero al mismo tiempo era sensible a Dios, respetó y sostuvo todo el andamiaje religioso de Israel, y proclamó y reconoció la soberanía de Dios a cada momento.

En resumen, si queremos conocer a David tenemos que recurrir a sus escritos donde él mismo desnuda su corazón y sus intenciones, un acto que le valió la misericordia de Dios a pesar de todo lo que había hecho.

2.3. Cuestiones de redacción en el evangelio de Mateo

El evangelio de Mateo[246] es el libro que hemos escogido para analizarlo desde la perspectiva de su redacción; pero, antes de entrar en materia, es oportuno mencionar que el redactor utilizó una serie de fuentes para la elaboración de su escrito, entre las que podemos citar: 1) La *agrapha*,[247] que son dichos de Jesús, v.g. "... es más bienaventurado dar que recibir...".[248] 2) Los *dichos de Jesús* que encontramos en el evangelio de Tomás[249] o en el Papiro de Oxirrincos.[250] Muchos de los dichos que aparecen en estos escritos son muy similares a los que aparecen en los evangelios canónicos. 3) El documento Q[251] que contiene información sobre la vida de Jesús y dichos de Jesús y que fue utilizado por los evangelistas. 4) El evangelio de Marcos. La mayoría de los eruditos del NT consideran que fue Marcos el primer evangelista en escribir un relato sobre la vida y ministerio de Jesús, según Martin Dibelius fue él quien invento el género del "evangelio" y sirvió de fuente a los otros evangelistas.

En resumen, tanto Mateo como el resto de evangelistas usaron las fuentes que tuvieron a su disposición para redactar un relato que iba a reflejar un propósito teológico o de redacción, como muy bien puede observarse

246. Mateo fue discípulo de Jesús, por lo tanto testigo de la gran mayoría de los acontecimientos y discursos que el Señor dio durante su ministerio público.

247. Expresión griega que significa "sin escribir".

248. Hechos 20:35.

249. El *Evangelio de Tomás*, que sin duda posee una gran influencia gnóstica, nos es de gran utilidad ya que los dichos de Jesús que en él aparecen pueden provenir de la misma fuente que utilizaron los evangelistas en el momento de redactar sus escritos, pues muchos de los dichos que aparecen en este evangelio son iguales o similares a los que aparecen en los evangelios canónicos. Véase Grant, Robert, y Freedman, David, *The secret sayings of Jesus. A modern translation of the Gospel of Thomas with Commentary*, Barnes & Nobles, Nueva York, 1993.

250. Un estímulo especial recibió el estudio de "los dichos" no canónicos de Jesús en 1897, cuando fue publicado el primer volumen de papiros encontrados en Oxirrincos, Egipto. Lo primero que encontramos en este papiro, un fragmento del siglo III de nuestra era, es que contiene siete dichos de Jesús en buen estado de conservación. A modo de ejemplo, el quinto dicho de Jesús que aparece en el papiro reza de la siguiente manera: "Dice Jesús: Ningún profeta es aceptado en su país de origen, como tampoco un médico cura a aquellos que le conocen". La primera parte de este dicho lo encontramos en Lc. 4:24: "Pues bien, les aseguro que a ningún profeta lo aceptan en su propia tierra". Para más información, véase Grant, Robert y Freedman, David, *The secret sayings of Jesus. A modern translation of the Gospel of Thomas with Commentary*, óp. cit., pp. 47 y ss.

251. Proviene de la palabra alemana *quelle* que significa "fuente". Esta palabra comenzó a utilizarse a finales del siglo XIX para designar una colección de dichos de Jesús que los autores de los evangelios según san Mateo y según san Lucas habrían usado, junto con el evangelio según san Marcos y otras tradiciones, en la composición de sus respectivos relatos.

cuando realizamos un estudio cuidadoso de los mismos. Esta declaración resuelve lo que los eruditos han llamado el problema sinóptico.[252] Sin más preámbulos, procederemos a estudiar todos los detalles relacionados con la redacción del evangelio de Mateo.

2.3.1. Discursos de Mateo

El evangelio de Mateo responde a un plan muy bien concebido y minuciosamente elaborado por su autor; es un punto en el que coinciden la mayoría de los investigadores. Sin embargo, esta unanimidad está lejos de hacerse realidad cuando se trata de determinar con exactitud el plan que trazó el autor. Algunos abordan la cuestión partiendo de la teología de Mateo, mientras que otros ponen el acento en otros aspectos y consideran que la estructura literaria del primer evangelio debería establecerse a partir más bien de supuestos tipológicos, geográficos, didácticos, dramático-narrativos o puramente literarios.[253] En este trabajo de investigación vamos a sostener la tesis de que Mateo elaboró su escrito en base a cinco discursos y narraciones entre cada uno de esos discursos.

Los cinco discursos de Mateo

El primer gran discurso de Mateo lo encontramos en los capítulo 5–7 y podemos llamarlo "el sermón del Monte". Este discurso contiene, además de las famosas bienaventuranzas, todo lo relacionado con la legislación del Reino de Dios.

El segundo discurso está en el capítulo 10:5-42. En este efímero relato Jesús instruye y prepara a sus doce discípulos para realizar su misión evangelizadora entre el pueblo de Israel. De modo que podemos llamar a este "el discurso de la misión".

252. El problema sinóptico consiste básicamente en dilucidar una pregunta tan sencilla y a la vez compleja como: ¿Cómo es posible que los escritos de Mateo, Marcos y Lucas tengan tantas coincidencias si fueron escritos por personas diferentes, en épocas distintas? En esta misma línea de pensamiento, el profesor Merril C. Tenney expresa lo siguiente: "...existe una más estrecha relación, en contenido y forma de expresión, entre los primeros tres evangelios... esta interrelación ha provocado el surgimiento del problema sinóptico así llamado, que concretamente es el siguiente: Si los tres evangelios sinópticos son totalmente independientes el uno del otro en origen y desarrollo, ¿por qué se parecen tanto el uno del otro hasta concordar verbalmente con toda exactitud en muchos lugares?...". Véase Tenney, Merril C., *Nuestro Nuevo Testamento*, Portavoz, EE.UU., 1989, pp. 170-171. La respuesta es que los evangelistas utilizaron las mismas fuentes, y en el caso de Mateo y Lucas, usaron el evangelio que había escrito Marcos.

253. Roig Cervera, Miguel Ángel, tesis doctoral, *La estructura literaria del evangelio según san Mateo*, Universidad Complutense de Madrid, España, 1995, p. 2.

El tercer discurso de Mateo se encuentra en el capítulo 13:1-53, en el cual nos narra siete parábolas donde nos explica en qué consiste el Reino de Dios, de manera que a este discurso le podemos llamar "las parábolas del Reino".

El cuarto discurso lo encontramos en el capítulo 18: 1–19:1. Este discurso está compuesto de diversas perícopas: 1) El perdón (cap. 18: 21-35). Esta es una perícopa exclusiva de Mateo que nos habla de perdonar todas las veces que haga falta. El redactor objetiva la enseñanza con la parábola de los dos deudores. 2) ¿Quién es el Mayor? (cap. 18: 1-5). Esta perícopa se encuentra también en Mc 9:33-37 y Lc. 9:46-49. Aquí el redactor establece un símil con un niño para identificar quién es el mayor en el Reino de Dios. 3) La perícopa de los escándalos. (cap. 6–9). También la encontramos en Mc 9:42-48 y Lc 17:1-2. 4) Y la perícopa de la oveja perdida (cap. 10-14). También se encuentra en Lc 15:3-7.

El quinto discurso de Mateo está localizado en los capítulos que van del 23 al 25. Tenemos que reconocer que esta es una sección donde es un tanto difícil y complicado establecer límites. Algunos autores consideran que el discurso del capítulo 23 pronunciado por Jesús contra los escribas y los fariseos es completamente diferente al "discurso escatológico" de los capítulos 24 y 25.

Para finalizar, es importante señalar que resulta exagerado afirmar que los discursos del evangelio de Mateo fueron la única preocupación literaria del autor. Cuando uno examina con detenimiento las seis secciones narrativas,[254] se da cuenta de que también han sido muy bien construidas y que el autor ha puesto en ellas el mismo cuidado, o quizás más, que en las secciones discursivas. Para terminar este tema, huelga señalar que Mateo intercaló las secciones narrativas con las discursivas; por lo tanto en el escrito final tenemos seis narraciones y cinco discursos. Otro testimonio elocuente del celo que puso Mateo en el momento de efectuar la heurística de su evangelio, un trabajo de redacción muy cuidadoso.

254. 1) La primera narración va del 1:1–4:25 donde se encuentra: Genealogía, nacimiento, infancia y primera actividad de Jesús. 2) La segunda narración está localizada en el cap. 8:2–10:4. El tema es: Autoridad de Jesús, reconocido como "Hijo de Dios" y la invitación a seguirle. 3) La siguiente narración la encontramos en cap.11:2–12:50 Donde se narran diversos episodios. Jesús es mal comprendido y su mesianidad es puesta en entredicho por diversas personas. 4) Esto nos lleva a la sección de narraciones, ubicada en el cap. 13:54–17:27 donde se encuentran diversos episodios del ministerio de Jesús. En esta sección es reconocido como el Cristo por sus discípulos. 5) La penúltima sección narrativa está localizada en el cap. 19: 1b–22:46: en esta sección nos habla de la autoridad de Jesús y es reconocido como Hijo de David. Hay una invitación a seguirle. 6) La última narración de Mateo está en el cap. 26:1b–28:20. En esta última sección se relata la historia de la pasión, muerte y resurrección de Jesús.

Expresión estereotipada de Mateo

Anteriormente hemos afirmado que Mateo redactó su evangelio en base a cinco discursos; pues bien, hay una expresión griega que Mateo utiliza para terminar cada uno de ellos. 1) Para el caso, el primer discurso termina en el 7:28 con la expresión estereotipada: Καὶ ἐγένετο ὅτε ἐτέλεσεν ὁ Ἰησοῦς τοὺς λόγους τούτους ἐξεπλήσσοντο οἱ ὄχλοι ἐπὶ τῇ διδαχῇ αὐτοῦ· (Y aconteció que cuando Jesús terminó estas palabras, la gente se admiraba de la enseñanza de él). 2) El segundo discurso termina en el 11:1: Καὶ ἐγένετο ὅτε ἐτέλεσεν ὁ Ἰησοῦς διατάσσων τοῖς δώδεκα μαθηταῖς αὐτοῦ, μετέβη ἐκεῖθεν τοῦ διδάσκειν καὶ κηρύσσειν ἐν ταῖς πόλεσιν αὐτῶν (Y aconteció que cuando Jesús terminó de dar instrucciones a sus doce discípulos, se fue de allí a enseñar y predicar a las ciudades de ellos). 3) El tercer discurso de Mateo termina en el 13:53: Καὶ ἐγένετο ὅτε ἐτέλεσεν ὁ Ἰησοῦς τὰς παραβολὰς ταύτας, μετῆρεν ἐκεῖθεν (Y aconteció que cuando Jesús terminó estas parábolas, se fue de allí). 4) El cuarto discurso de Mateo termina en el: Καὶ ἐγένετο ὅτε ἐτέλεσεν ὁ Ἰησοῦς τοὺς λόγους τούτους, μετῆρεν ἀπὸ τῆς... (Y aconteció que cuando Jesús terminó estas palabras, se alejó de Galilea...). 5) El último discurso termina en el 26:1: Καὶ ἐγένετο ὅτε ἐτέλεσεν ὁ Ἰησοῦς πάντας τοὺς λόγους τούτους, εἶπεν τοῖς μαθηταῖς αὐτοῦ (Y aconteció que cuando Jesús terminó todas estas palabras, dijo a sus discípulos).

Como puede observarse, cada discurso termina con la misma fórmula estereotipada: Καὶ ἐγένετο ὅτε ἐτέλεσεν ὁ Ἰησοῦς (Y aconteció que cuando terminó Jesús). Lo anterior demuestra que el redactor tuvo en su mente la clara intención de agrupar en cinco discursos aquellas declaraciones de Jesús que contenían sus enseñanzas más importantes y que había que transmitir a la Iglesia.

2.3.2. Alusiones al AT y citas del cumplimiento

Una de las peculiaridades más notables del evangelio de san Mateo son sus abundantes referencias al Antiguo Testamento. Se trata de un tema de gran relevancia y que ha hecho correr mucha tinta. Prueba de ello son los numerosos trabajos que se han publicado al respecto. Lo anterior nos lleva a preguntarnos: *¿Por qué recurrió el redactor a este procedimiento? ¿Qué móviles impulsaron al evangelista a utilizar con tanta insistencia el AT?* Pues bien, se cree que en el momento en que se escribió este evangelio acababa de producirse un cisma entre la comunidad cristiana e Israel. La comunidad a la cual Mateo escribió estaba integrada fundamentalmente por cristianos provenientes del judaísmo. Habiendo llegado pues a ese punto sin retorno, el evangelio de san Mateo y, dentro de él las citas veterotestamentarias, constituyen una reivindicación de la comunidad a la que servía Mateo. De manera que el propósito de redacción de Mateo era probar a la comunidad judía que Jesús era el Mesías y por ende el cumplimiento de las profecías del AT y de la teología que se había desarrollado en el período intertestamentario.

Sobre este tema vamos a efectuar una diferenciación entre las alusiones al AT y las citas de cumplimiento.

Dentro la primera categoría nos referimos a cualquier alusión del redactor al AT como por ejemplo: "Maestro, Moisés dijo: Si alguno muriere..." (22:24); como esta, existen hasta veintitrés ocasiones en que el redactor usa expresiones del AT; algunas veces esas expresiones las dice Jesús mismo, otras el redactor, o los miembros del Sanedrín. De esos veintitrés casos, nueve (más de un tercio) son exclusivos de san Mateo.[255]

En la segunda categoría están las citas de cumplimiento, que son textos veterotestamentarios que el redactor introduce con la fórmula ἵνα πληρωθῇ τὸ ῥηθὲν ... διὰ τοῦ προφήτου λέγοντος... (A fin de que se cumpliese lo dicho... a través del profeta cuando dijo...) y que son diez alusiones específicas que utilizan esta fórmula.[256]

La primera cita está en el cap.1:22-23 y es una alusión a Isaías 7:14:

Todo esto aconteció para que se cumpliese lo dicho por el Señor por medio del profeta, cuando dijo: He aquí una virgen concebirá y dará a luz un hijo, y llamarás su nombre Emanuel, que traducido es: Dios con nosotros.

En primer lugar, es fundamental entender el contexto histórico en que se da este pasaje. En la época en que acontece esa historia se había acordado una alianza política entre Siria y Samaria para destruir a Judá. Esto hizo desfallecer al rey Acáz de Judá y es allí cuando el profeta Isaías interviene asegurándole a Acáz: "...esto no se cumplirá" (Isa. 7:7), y le ofrece una se-

---

255. Véase Roig Cervera, Miguel Ángel, tesis doctoral, *La estructura literaria del evangelio según san Mateo*, óp. cit., pp. 35-36.

256. Existen tres requisitos que estas citas deben cumplir, a saber: 1) son obra única y exclusivamente del redactor del evangelio y no de Jesús ni de ningún otro personaje; 2) siempre se cita, de manera parcial o ampliada, un texto del AT; y 3) las citas del AT van introducidas por una fórmula literaria estereotipada que reza ἵνα πληρωθῇ τὸ ῥηθὲν ... διὰ τοῦ προφήτου λέγοντος... de las diez primeras citas de cumplimiento antes mencionadas, cinco señalan implícitamente al profeta en cuestión. Mt. 4:14; 8:17 y 12:17 hacen referencia al profeta Isaías, mientras que Mt. 2:18 y 27:9 mencionan expresamente al profeta Jeremías. Es interesante observar también que cuatro de las citas de cumplimiento se hallan en los dos primeros capítulos. Las cuatro siguientes están relacionadas con el ministerio de Jesús en Galilea y las dos últimas con los actos de Jesús en Jerusalén. Véase Roig Cervera, Miguel Ángel, tesis doctoral, *La estructura literaria del evangelio según san Mateo*, óp. cit., pp. 37-38.

ñal al rey, este rechaza pedir una señal y es en ese momento cuando Isaías profiere las palabras que cita Mateo en su relato. El segundo aspecto a tener en cuenta es un tanto controvertido ya que la palabra עַלְמָה (almah) que se utiliza en Isaías 7:14 no necesariamente se refiere a una virgen, sino que perfectamente puede traducirse como "joven", como lo hicieron los traductores de la NVI. En tercer lugar, en ese momento se daba una situación apremiante e Isaías no iba a darle a Acáz una profecía que iba a cumplirse más de setecientos años después; simplemente no tenía sentido.

Lo anterior nos suscita una serie de preguntas como: ¿Quién es la joven que dará a luz? ¿Es la esposa de Acáz, que era estéril como se ha sugerido, y esto iba a ser una señal de que Dios estaba con él? ¿Por qué Mateo tomó este pasaje para legitimar el nacimiento virginal de Jesús, cuando Isaías nunca menciona la palabra "virgen" en el texto original? Bien, pueden haber otras preguntas, pero estas son las más inquietantes.

Si vamos a usar la lógica, concluiremos que la señal de Dios es un hecho milagroso, por lo tanto es muy posible que se trate de una joven estéril que va a concebir un hijo, alguien estrechamente relacionada al rey, como su esposa;[257] eso iba a evidenciar la presencia de Dios con ellos, es decir, עִמָּנוּאֵל (Emanuel), y por lo tanto la certeza de que la alianza política hecha por el Reino del Norte para destruirlos no iba a prosperar. En consecuencia, no puede estar hablando de que una virgen concebirá, puesto que esto es algo que va *contra natura*.

El interrogante permanece: ¿Por qué Mateo utiliza esta profecía para legitimar el nacimiento virginal de Cristo?

La segunda cita cap. 2:15 que se lee:

> ...y estuvo allá hasta la muerte de Herodes; para que se cumpliese lo que dijo el Señor por medio del profeta, cuando dijo: De Egipto llamé a mi Hijo.

Esta es una cita tomada de Oseas 11:1. El contexto de este pasaje es una profecía de Oseas al Reino del Norte cuando este se hallaba en una época de franca decadencia. Oseas le dice a las diez tribus del Norte: "Desde que Israel era niño, yo lo amé, de Egipto llamé a mi hijo", es decir, que aunque

---

257. Sobre este tema, Xabier Pikaza sostiene que la mujer pudo ser la esposa de Isaías o la mujer de Acáz: "... de todas formas, como he dicho, es posible que el padre sea Isaías y la mujer joven su esposa ... es más probable que ella sea Abi, hija de Zacarías y esposa de Acáz, madre del nuevo rey, Ezequías (Que aparecería así como un signo mesiánico (cf. 2 Re 18,2))". Véase Pikaza, Xabier, *Mujeres de la Biblia Judía,* Clie, Viladecavalls, 2013, pp. 255-256.

los había sacado de Egipto, ahora "no volverán a Egipto sino que Asiria reinará sobre ellos..." (11:5), una profecía que se cumplió a cabalidad.

La pregunta obvia es: ¿Qué tiene que ver esto con la huida de Jesús a Egipto y su posterior regreso a Nazaret? ¿Cuál es el criterio que Mateo está utilizando para efectuar la redacción?

La tercera cita de cumplimiento está en cap. 2:17-18:

> Entonces se cumplió lo que fue dicho por el profeta Jeremías, cuando dijo: Voz fue oída en Ramá, grande lamentación, lloro y gemido; Raquel que llora a sus hijos, y no quiso ser consolada, porque perecieron.

Esta es una cita de Jeremías 31:15 en la que el contexto histórico es el exilio del pueblo de Dios y la promesa de retorno de este a la Tierra Prometida. En medio de este contexto, Jeremías hace una alegoría con Raquel, quien llora por el dolor que su descendencia padece en el período de castigo o del exilio. La pregunta obligada es: ¿Qué tiene que ver el dolor del pueblo de Dios en el exilio con la matanza de niños hecha por Herodes? Sobre este tema, Juan Stam realizó una magistral explicación:

> ... es de hecho un tipo de alegorización que realmente no tiene nada de "profecía" ni de "cumplimiento" en nuestro sentido moderno. Jeremías 31.15 es un texto sumamente metafórico, una especie de hipérbole alegórica. Ramá, donde según la tradición estaba sepultada Raquel, estaba unos 9 km de Jerusalén y era un conocido punto de encuentro como estación en el camino hacia el norte (Jue 19.13). En tiempos de Jeremías, Nabucodonosor reunió a los exiliados en Ramá para llevarlos a Babilonia (Jer 40.1). Raquel era la esposa favorita de Jacob y la madre de José y Benjamín, en cuyo nacimiento murió ella (Gen 35.16-20). Los dos hijos de José, Efraín y Manasés (nietos de Raquel), representaban dos tribus fuertes del reino del norte, que habían sido llevadas al cautiverio por los asirios. El profeta imagina entonces que Raquel, desde la tumba donde tenía siglos de yacer, se pone a llorar, como si fuera plañidera de oficio, por sus descendientes tanto del norte (Israel) como del sur (Judá) que son llevados tristemente hacia el destierro.
>
> Siglos después, cuando Mateo describe la masacre de los infantes por Herodes, trae a colación esta cita de Jeremías. De nuevo Raquel, ya muerta por más de un milenio, vuelve a llorar, ahora no por los que van hacia el exilio sino por todos los niños muertos en el infanticidio. En realidad hay varios aspectos en que la cita de Jeremías 31.15 no viene muy al caso para el tema de Mat 2.18; un paralelo tipológico más pertinente hubiera sido el infanticidio de Faraón en tiempos de Moisés.

El único punto de correlación con Raquel es el dolor de una madre, aunque en el primer caso es Raquel quien muere en el parto y en Mateo son los niños que mueren. Otro factor parece haber sido una tradición distinta que situaba el sepulcro de Raquel cerca de Belén (Gen 35.19), centro de la masacre de los niños.

Tanto en Jer 31.15 como en Mat 2.18 vemos cuán lejos están los conceptos bíblicos de "profecía" y "cumplimiento" de lo que solemos entender hoy. En los relatos de la vida y muerte de Raquel no hay absolutamente nada que se hubiera podido entender como una predicción del exilio; la palabra profética, con "dice Jehová" tres veces en tres versículos, es puramente alegórica. Tampoco hay nada en Jer 31.15 que se hubiera podido entender como una predicción de la masacre de los niños bajo Herodes, pero Mateo introduce la cita con "entonces se cumplió lo que fue dicho por el profeta Jeremías" (2.17).[258]

Stam concluye de forma lógica: no existe ninguna conexión profecía-cumplimiento y lo único que existe es una alegoría que hace Mateo.

La cuarta cita que hace Mateo del AT está en el cap. 2:23 y reza de la siguiente manera:

> … y vino y habitó en la ciudad que se llama Nazaret, para que se cumpliese lo que fue dicho por los profetas, que habría de ser llamado nazareno.

Esta cita presenta una dificultad bien peculiar, y es que dicha profecía no se halla en ninguna parte del AT. No hay ningún versículo en el AT que diga que "Jesús habría de ser llamado nazareno". Esta realidad da lugar a una serie de preguntas como: ¿De dónde tomó este pasaje Mateo? ¿Qué pretende Mateo al citar un texto que no existe en la Biblia judía? ¿Está acaso Mateo manipulando el texto a su conveniencia y sin ningún fundamento?

La quinta cita de cumplimiento la encontramos en cap. 4:14-16, donde se lee:

> ...para que se cumpliese lo dicho por el profeta Isaías, cuando dijo: Tierra de Zabulón y tierra de Neftalí, Camino del mar, al otro lado del Jordán, Galilea de los gentiles. El pueblo asentado en tinieblas vio gran luz; y a los asentados en región de sombra de muerte, Luz les resplandeció.

258. Stam, Juan, *Israel en la Profecía Bíblica*, http://juanstam.com/dnn/Blogs/tabid/110/EntryID/179/Default.aspx (Visto el 28 de octubre del 2015).

En la época en que escribió Isaías, el Reino del Norte había caído o estaba a punto de hacerlo bajo el poder de los asirios, de manera que cuando se refiere a la tierra de Zabulón y Neftalí se trata del territorio que iba a experimentar la crueldad de un imperio sanguinario. En el mismo texto, el profeta Isaías hace una alusión directa a una manifestación extraordinaria de Dios. Esta cita, a diferencia de las anteriormente analizadas, parece tener una conexión con el hecho de que Jesús haya vivido en esa área deprimida y desechada de su época. La mayor parte del ministerio de Jesús se realizó en Galilea.

La sexta cita de cumplimiento la encontramos en el cap. 8:17 y dice:

… para que se cumpliese lo dicho por el profeta Isaías, cuando dijo: El mismo tomó nuestras enfermedades, y llevó nuestras dolencias.

El contexto histórico de este pasaje es una serie de sanidades que Jesús realiza en la ciudad de Cafarnaúm, donde sana primero a la suegra de Pedro lo que provoca que la gente le traiga cualquier cantidad de enfermos a los que Jesús sana. Este episodio es la base de la conexión de Mateo con Isaías 53:4; cita que no solo se puede conectar con este pasaje, sino con cualquier otro en el que Jesús sane enfermos. El contexto histórico del Isaías 53 es la del Mesías, puesto que lo que allí se dice es sencillamente inaplicable a un ser humano; por lo tanto se estima que la conexión de Mateo es pertinente y adecuada.

Existen cuatro pasajes más,[259] que sin embargo no hace falta analizar, puesto que los que hasta aquí hemos estudiado nos ofrecen un cuadro bastante completo sobre el tema. Así que, partiendo de las citas de cumplimiento estudiadas, podemos extraer las siguientes conclusiones:

---

259. Cap. 12:17-21 (Séptima cita de cumplimiento) "…para que se cumpliese lo dicho por el profeta Isaías, cuando dijo: He aquí mi siervo, a quien he escogido; Mi Amado, en quien se agrada mi alma; Pondré mi Espíritu sobre él, y a los gentiles anunciará juicio. No contenderá, ni voceará, ni nadie oirá en las calles su voz. La caña cascada no quebrará, Y el pábilo que humea no apagará, Hasta que saque a victoria el juicio. Y en su nombre esperarán los gentiles". Cap. 13:35 (Octava cita de cumplimiento) "… para que se cumpliese lo dicho por el profeta, cuando dijo: Abriré en parábolas mi boca; Declararé cosas escondidas desde la fundación del mundo". Cap. 21:4-5 (Novena cita de cumplimiento) "…Todo esto aconteció para que se cumpliese lo dicho por el profeta, cuando dijo: Decid a la hija de Sion: He aquí, tu Rey viene a ti, Manso, y sentado sobre una asna, Sobre un pollino, hijo de animal de carga". Cap. 27:9 (Décima cita de cumplimiento) "…Así se cumplió lo dicho por el profeta Jeremías, cuando dijo: Y tomaron las treinta piezas de plata, precio del apreciado, según precio puesto por los hijos de Israel…".

1) Los diez pasajes que Mateo introduce con la fórmula ἵνα πληρωθῇ τὸ ῥηθὲν ... διὰ τοῦ προφήτου λέγοντος... (A fin de que se cumpliese lo dicho... a través del profeta cuando dijo...) demuestran las intenciones del autor en el momento de redactar su evangelio.

2) En algunos casos se mira al redactor partir del acontecimiento del NT y buscar su legitimación en el AT, v.g. la primera cita que hace, cuando busca legitimar el nacimiento virginal de Jesús con Isaías 7:14; pero el estudio exegético de este pasaje a la luz del contexto tanto histórico como lingüístico no alcanza para legitimar el nacimiento virginal del Señor, y no alcanza porque Isaías nunca usó la palabra "virgen" y porque el pasaje de Isaías está enmarcado en el contexto de una situación política que no tiene nada que ver con el nacimiento del Mesías.

3) La segunda cita, "de Egipto llamé a mi hijo", y la tercera, que literalmente dice "Voz fue oída en Ramá, grande lamentación, lloro y gemido...", no tienen en realidad ninguna relación de profecía y cumplimiento. Como señala Juan Stam, "es un texto sumamente metafórico, una especie de hipérbole alegórica".

4) En la cuarta cita ocurre algo bien peculiar, pues la profecía "que habría de ser llamado nazareno" no existe en ninguna parte del AT, dejándonos Mateo con una incógnita: ¿De dónde tomó semejante profecía?

5) También existen citas que conectan perfectamente con el AT, como es el caso de la quinta y de la sexta.

6) Lo anteriormente expresado refleja el modus operandi humano en la redacción del evangelio, cuyo redactor parte del acontecimiento del NT y busca en el AT un versículo para legitimarlo. Como hemos visto, en algunos casos falla, nada malo con esto; en otros hace alegorías, tampoco nada malo con esto, en el que inventa, es decir, en el 2:23, pues no sabemos si inventa, pues pudo haberlo tomado de un libro o escrito no canonizado. También es importante reconocer que en las otras citas el redactor sí logró establecer la relación entre profecía-cumplimiento.

7) El hecho de que no exista una conexión clara o una aparente manipulación por parte del redactor en la relación profecía-cumplimiento no afecta en un ápice la autenticidad de la Biblia ni los hechos allí relatados sobre la deidad y ministerio mesiánico de Jesús.

Después de este minucioso estudio acerca de algunas cuestiones de redacción tanto en el AT, donde seleccionamos el libro de Samuel, como en el NT, donde elegimos el evangelio de Mateo, nos resta ver las diferentes posturas que los eruditos han adoptado en relación con el tema de la Crítica de Redacción.

3. Enfoque crítico

Esta es la sección donde son objeto de estudio las dos caras de la moneda, las dos direcciones en las que se puede mover el péndulo. Dentro del ala racionalista se considerarán las teorías de Baruc Halpern en el AT y las de Willi Marxsen y Conzelmann acerca de los sinópticos; y dentro de la postura bíblica se intentará refutar los presupuestos ideológicos expuestos por los eruditos citados.

3.1. Perspectiva racionalista[260]

El estudio efectuado anteriormente nos ha mostrado de una forma clara los diversos problemas que podemos encontrar en la redacción de los libros canónicos; problemas que han llevado a algunos eruditos a formular una serie de teorías que en muchos casos no pueden ser aceptadas porque simplemente violan principios elementales de la fe cristiana que han sido y son los pilares de la Iglesia. Sin más preámbulo, se efectuará una exposición de la teoría de Baruc Halpern en el AT y a continuación abordaremos las tesis racionalistas sobre Mateo y la hipótesis de Conzelmann sobre Lucas.

3.1.1. Teoría de Halpern

Baruc Halpern ha sido catedrático de Estudios Judíos en la Universidad Estatal de Pensilvania. Es autor del afamado libro *David's Secret Demons. Messiah, Murderer, Traitor, King* (Los Demonios Secretos de David. Mesías, Asesino, Traidor y Rey). En su prefacio, Halpern expone su *Sitz im Leben* al escribir el libro:

> Para escapar de la estructura de la narrativa histórica [de Samuel] lo único que necesitamos es imaginar los eventos desde una perspectiva política e ideológica, lo cual es lo opuesto a la perspectiva que nos presenta el libro de Samuel. Nuestra única información directa sobre David, en los libros de Samuel, esencialmente lo presentan a él como a un héroe. El presente libro es un vislumbre de la manera como los enemigos de David lo vieron a él... el resultado de tal ejercicio no es tan bueno, pero el hecho de que el resultado es un David humano –no

---

260. Se recomienda Guthrie, Donald, *New Testament Introduction,* óp. cit., pp. 214-219. En el AT sobresalen los trabajos de los racionalistas Gehard von Rad, citado anteriormente, y Martin Noth, que trabajó en el Deuteronomio y los llamados Profetas Anteriores. También se recomienda ver el punto de vista de Gunther Bornkamm, *El Nuevo Testamento y la Historia del Cristianismo Primitivo,* Sígueme, Salamanca, 1975, pp. 63-79.

la brillante creación literaria de Samuel, pero sí el hombre de carne y hueso– indica que la imagen de David en la Biblia fue dirigida a contestar acusaciones atribuidas por sus enemigos… el David de este libro es en un sentido el opuesto al David de Samuel. Él es el anti-David y por implicación el anti-Mesías… gran parte de Samuel se escribió para defender a David de la imagen que sus enemigos tenían de él, porque Samuel fue escrito para el sucesor de David, Salomón, y transmitido por los reyes de la dinastía que él fundó… al hacer esto, permitimos a los sin voz que hablen. Dejamos que la gente que no puede expresar sus propios puntos de vista en el texto lo haga…[261]

Lo que Halpern nos está diciendo aquí es simplemente espectacular en relación con David. Está reinterpretando el libro de Samuel y el resultado de tal relectura es un David visto de igual modo como lo vieron sus enemigos, y en consecuencia, el resultado de esta re-lectura no es la de un David héroe o valiente, sino la de un asesino y traidor. En consecuencia y en última instancia, Halpern nos está afirmando que la redacción que hizo el escritor del libro de Samuel obedece a una política de Estado que no tiene nada que ver con el David humano, el David de carne y hueso.

3.1.2. Teoría del evangelio de Mateo[262]

Mateo, en su redacción, no tiene un cuadro de profecías veterotestamentarias cuyo cumplimiento en la historia de Jesús investiga. Actúa más bien en sentido contrario, a partir de los fragmentos de tradición que tenía ante sí, busca un pasaje adecuado en el AT (Cita de reflexión), que cita y a partir de la cual legitima el acontecimiento de Jesús como cumplimiento. La dirección de la argumentación discurre por tanto en dirección contraria, partiendo del AT como magnitud legítima hacia el acontecimiento de Jesús que va a ser legitimado.

Mateo ni siquiera pregunta el significado histórico de estos pasajes en su contexto original (cf. Mt. 2:15). En la mayoría de casos, le basta sencillamente una resonancia, y en ocasiones ni siquiera se puede comprobar en qué pasaje del AT está pensando (cf. 2:33); el evangelista utiliza el AT de una forma no histórica[263] para probar la mesianidad de Jesucristo.

---

261. Halpern, Baruc, *David's Secret Demons. Messiah, Murderer, Traitor, King*, óp. cit., pp. XV-XVI.

262. Ibíd., pp. 157-162.

263. A conclusiones similares llegó el doctor Gundry en su libro *Matthew: A Commentary on His Literary and Theological Art*, Eerdmans Publishing, EE.UU., 1981.

3.1.3. Teoría de Conzelmann sobre Lucas

Se considera a Hans Conzelmann[264] como el más importante de los críticos de redacción; este autor publicó en 1954 su célebre obra *Die Mitte Der Zeit: Studien zur Theologie des Lukas* (El centro del tiempo: un estudio sobre la teología de Lucas). El libro fue traducido al inglés como *The Theology of St. Luke*, y aunque ese título revela el carácter de la obra, no es correcta su traducción. Hablando de la obra de Conzelmann, Roberto Fricke se expresa de la siguiente manera:

> Puedo decir sin temor a equivocarme que esta obra fue la que abrió los ojos del mundo a la necesidad de ir más allá de la historia de las formas. En esta obra Conzelmann aclara de una vez por todas que Lucas es un teólogo de primera magnitud y que muy intencionalmente hace teología.[265]

En esto consiste precisamente la Crítica de Redacción, esto es, en descubrir la tendencia teológica del escritor, y esto fue lo que hizo Conzelmann en el relato de Lucas.

Lucas quiere elaborar una narración "histórica" (cf. Lc. 1:1-4) a partir de las tradiciones sobre Jesús y la Iglesia primitiva. Con esta intención, busca situar cada una de las tradiciones de sus fuentes en contextos coherentes (esto dentro de los límites que le imponen sus fuentes) y, además, intenta mostrar la relación de estos relatos con la historia del mundo. Pero la presentación de Lucas no obedece a razones puramente narrativas (Historia), sino que está marcada por una visión teológica de la historia de Jesús (Crítica de Redacción).

Conzelmann señaló con claridad la importancia de una estructura espacio- temporal, que une el evangelio con el libro de Hechos y en ese sentido distingue, dentro de la historia de la salvación, tres "tiempos", cualitativamente distintos: 1) El tiempo de Israel o el tiempo de la espera. Representado por Zacarías e Isabel, el anciano Simeón, la profetisa Ana. 2) El tiempo de Jesús, que comienza con Juan Bautista. Conzelmann califica desde el primer momento el "hoy" de Jesús como el tiempo de la salvación. 3) Y el tiempo de la Iglesia que desarrolla en el libro de Hechos.

---

264. Para un estudio exhaustivo de Conzelmann, nada mejor que la tesis doctoral de Hak Chin Kim, donde realiza una exposición completa sobre la teoría de Conzelmann en el libro de Lucas. Véase Kim, Hak Chin, *Luke's Soteriology: A dynamic event in motion*, tesis doctoral presentada en el Departamento de Teología y Religión de la Universidad de Durham, 2008.

265. Véase Fricke, Roberto, *Las parábolas de Jesús*, Mundo Hispano, EE.UU., 2005, p. 243.

Hasta aquí no hay ningún problema serio con la postura de Conzelmann, pues lo que dice sobre la redacción de Lucas no afecta a la majestad de los principios de la fe cristiana; sin embargo, cuando habla de su hipótesis acerca de la parusía del Señor desde la perspectiva de la Crítica de Redacción, las cosas cambian. Sobre la hipótesis de Conzelmann en relación con la parusía, Fiensy se expresa en los siguientes términos:

> ... el motivo principal de los dos volúmenes escritos por Lucas, el evangelio y Los Hechos, era para explicar el retraso de la parusía... o segunda venida de Cristo. Los primeros cristianos, él sostiene, esperaban la parusía en su tiempo de vida y el hecho de que esto no ocurría tenía confundidos y debilitados a muchos. Lucas debe reinterpretar la importancia de esperar por la parusía y participar en la historia. El libro de Los Hechos de los Apóstoles narra el despliegue del propósito de Dios en la Historia, aliviando la confusión y la impaciencia en la espera de la parusía... [266]

Según lo anterior, Lucas redactó su evangelio con el propósito de destruir el concepto que la Iglesia tenía sobre una parusía temprana, la cual en su obra de redacción desplaza hacia un futuro lejano. En otras palabras, Lucas resuelve un grave problema de la época: la gente esperaba la parusía, pero esta no llegaba, y entonces viene Lucas y explica todo y asunto resuelto.[267]

A continuación conviene que veamos la otra cara de la moneda, es decir, la postura que respeta la majestad de los principios que sostienen a la fe cristiana.

3.2. Perspectiva bíblica

Las tesis anteriores reducen el Texto Sagrado a un puñado de escritos producto de prejuicios teológicos de hombres que simplemente escribieron para sostener su punto de vista teológico sin importar si este derrumbaba los pilares de la fe cristiana. No se va a negar que sus conclusiones son el resultado de un trabajo erudito y que sus argumentaciones son muy convincentes, pero como hemos venido aseverando a lo largo de todo este libro, el péndulo puede moverse hacia el lado que se quiera. De manera que, en este apartado, veremos que es posible bregar con los todos los problemas que desnuda la Crítica de Redacción sin renunciar a la fe sencilla que nos capacita para la vida:

266. Fiensy, David, *The Collage Press NIV Commentary New Testament Introduction*, College Press Company, EE.UU., 1994, p. 164.

267. Ibíd., p. 167. Guthrie, Donald, *New Testament Introduction*, óp. cit., pp. 216-217; Gundry, Robert, *A Survey of the New Testament*, óp. cit., p. 74 y la n. 18.

1) Los hagiógrafos no son simples recolectores de tradiciones que, después de estructurar, añaden u omiten cosas haciendo especial énfasis en temas que les interesa para así expresar su propia teología y punto de vista sobre los materiales adquiridos. Asumir esto equivaldría a aseverar que los hagiógrafos son simples redactores que han hecho un trabajo de investigación científica en el cual ponen su punto de vista,[268] y por supuesto, tal conclusión es contraria al concepto de revelación e inspiración de la Biblia, al que antes nos hemos referido.[269]

2) La teoría de Willi Marxsen en la que expone que el propósito de los evangelios, y de los demás libros, está determinado por el *Sitz im Leben* del hagiógrafo, es una verdad a medias. En los evangelios es aplicable el *Sitz im Leben* del autor, pero en el caso de las iglesias de la época de Pablo, la redacción de sus epístolas, si bien es cierto que tenían un punto de vista teológico, su redacción estaba fundamentada en base a un problemática existente donde el hagiógrafo tenía que dar una respuesta teológica y ética, y esta es precisamente la dicotomía que encontramos en la mayoría de las epístolas de Pablo, primero lo doctrinal o teológico y después lo ético y práctico.

3) Es contrario a la verdad afirmar que Mateo usó de forma arbitraria las citas del AT para legitimar las tradiciones que logró obtener de la vida de Jesús. Esto equivaldría a decir que el AT no es veraz en cuanto a sus promesas, y que el evangelio de Mateo es una simple historia redactada para demostrar la veracidad del cumplimiento de las profecías del AT. Se empatiza con Roger Nicole en la siguiente declaración:

> Que la gloria superior del NT está enfatizada no como un conflicto con el AT, sino como el perfecto cumplimiento de una revelación aún incompleta pero sancionada por la autoridad divina.[270]

---

268. Los racionalistas pretenden explicar así el problema sinóptico, que es una explicación humanista y espuria. Se recomienda ver el punto de vista bíblico sobre el problema sinóptico de Gromacki, Robert, *New Testament Survey*, Baker Book House, EE.UU., pp. 54-58.

269. Se recomienda ver la forma genial como Cordon R. Lewis contesta los argumentos racionalistas en su artículo "The Human Authorship of Inspired Scripture Inerrancy", óp. cit., pp. 229-264. También se recomienda leer el artículo "Crítica Bíblica" de Federico Battex en su libro *La Biblia*, Clie, Viladecavalls, 1985, pp. 181-239. En él hace una apología fantástica del punto de vista bíblico.

270. Nicole, Roger, *New Testament Use of the Old Testament*, Baker Book House, EE.UU., 1958, pp. 137-151.

4) La teoría de Conzelmann, según nuestro criterio, se parece a la corrección que el juez Rutherford hizo a la teoría de Russell sobre la parusía;[271] algo que en realidad es puramente humano y que puede aplicarse a los principios racionalistas de la Crítica de la Redacción. En definitiva, se considera contraproducente afirmar que Lucas escribió su evangelio para explicar el error de la Iglesia sobre una parusía temprana y hablar de una parusía lejana.

4. Resumen

Es indiscutible la segunda ley de Newton: "Toda acción provoca una reacción", lo que equivale a afirmar que todo efecto tiene su causa. Del mismo modo, todo libro de la Biblia tiene su propósito.

1) La Crítica de Redacción es una ciencia que busca desnudar la perspectiva teológica del hagiógrafo; pero todo lo humano del propósito pasa por el tamiz del Espíritu Santo; el producto es algo perfecto e inerrante y también vinculante.

2) Hemos elegido en este capítulo dos ejemplos de cómo el editor final redacta su libro desde la base de una perspectiva teológica. Nos referimos a los paradigmas del libro de Samuel y del libro de Mateo, respectivamente, donde se demostró que todo lo escrito gira en torno a lo que el redactor final quiere que la gente conozca.

3) La Crítica de Redacción, al igual que las demás, surge del racionalismo para completar la teoría de las tradiciones y de esta forma presentar la Biblia como una obra puramente humana.[272]

4) La Crítica de Redacción, al igual que las otras ramas de la Crítica Bíblica, puede ser útil si se utiliza desde una perspectiva bíblica y no racionalista, tal y como hemos demostrado con el desarrollo de los ejemplos aportados.

En este capítulo se ha abordado todo lo relacionado con la Crítica de Redacción, explicando una serie de conceptos y efectuando sendos estudios tanto en el AT como en el NT para clarificar el modus operandi de

---

271. Girón, José, *Los Testigos de Jehová y sus Doctrinas,* Editorial Vida, EE. UU., 1954, p. 23.

272. Sobre esto es sugerente la obra de D. A. Carson en su artículo: "Redaction Criticism: On the Legitimacy and Illegitimacy of the Literary Tool. Scripture and Truth", Zondervan Publishing House, EE.UU., 1983, p. 137. Para Carson, hay que distinguir entre lo que el evangelista recibe y lo que él añade, p. 122.

esta ciencia, dejando incólume el hecho de que la Biblia, a pesar de los problemas que nos presenta la Crítica de Redacción, es auténtica y confiable.

Seguidamente entramos en el último capítulo de este libro, que se refiere a la Crítica Histórica, la rama de la Crítica Bíblica que tiene que ver con la veracidad de los hechos que el Texto asegura acontecieron.

VI

Crítica Histórica

La Crítica Histórica nace como una consecuencia lógica de la Crítica de Formas. Si esta última ha afirmado que la unidades literarias que sirven de base al NT son producto de leyendas, mitos y dichos, surge el problema del concepto de Jesucristo como persona y por ende su obra como Mesías. Los racionalistas alemanes, sobre todo Bultmann,[273] ahondaron mucho sobre este tema. Este llegó a afirmar que:

> Creo en verdad que no podemos saber casi nada acerca de la vida y personalidad de Jesús, por cuanto las antiguas fuentes cristianas no exhiben interés alguno en ambas cosas, siendo además fragmentarias y legendarias; y no existen otras fuentes acerca de Jesús.[274]

Es verdad que lo que nos ha llegado sobre las fuentes que dieron origen a los evangelios, por ejemplo, son apenas fragmentos por lo que precisan de una reconstrucción para su mejor comprensión, lo cual es lógico por el tipo de material utilizado y el peso de dos mil años de historia sobre ellos. Si bien esto es cierto, la opinión de Bultmann se halla un tanto distorsionada, porque el hecho de que nosotros solo tengamos estos fragmentos no quiere decir que los hagiógrafos no tuvieran una documentación completa y fidedigna.

El estudio de la Crítica Histórica, último capítulo de nuestro trabajo de investigación, se distribuye de la siguiente manera:

---

273. Rudolf Karl Bultmann nació el 20 de agosto de 1884 en Wiefelstede, Alemania, en el seno de una familia luterana. En 1903 comenzó sus estudios de Teología en Tubinga; luego se trasladó a Berlín y Marburgo, donde obtuvo su doctorado en Nuevo Testamento en 1910. En esta última ciudad mantuvo los primeros contactos con el filósofo Martin Heidegger. La llegada de Heidegger como profesor a Marburgo y su encuentro con Bultmann marcaron el preludio de un fructífero diálogo de cincuenta años entre la filosofía y la teología occidental del siglo xx, cuyas repercusiones se mantienen hasta hoy en día.

274. Bultmann, Rudolf, *Jesus and the Word*, 1958, citado por McDowell, J., *Evidencia que exige un veredicto*, t. II, óp. cit., p. 1988.

1. Historia y concepto de la Crítica Histórica.
2. La desmitificación en la teología de Bultmann.
3. El método de la Crítica Histórica.
4. Enfoque crítico.
5. Resumen.

1. Historia y concepto de la Crítica Histórica

Se puede afirmar que con la Crítica Histórica se completa, al menos hasta el momento, la obra de los teólogos alemanes, en el sentido de inquirir sobre cada uno de los aspectos o ángulos del Texto Sagrado. Este apartado considera una sucinta historia de la Crítica Histórica y de su concepto.

1.1. Historia de la Crítica Histórica

La Crítica Histórica[275] supone un paso más allá respecto de la Crítica de Formas. Si esta última tiene que ver con las unidades literarias que dieron origen al Texto, la Crítica Histórica tiene que ver con su historicidad, es decir, con su procedencia y, sobre todo, con el contexto histórico que lo originó.

Rudolf Bultmann es el padre de la Crítica Histórica; parte de las conclusiones de Schmidt y Dibelius que habían dado origen a la Crítica de Formas, de la cual Bultmann fue un colaborador muy destacado, como lo atestigua su obra *Die Geschichte der Synoptischen Tradition* (La Historia de la tradición sinóptica), publicada en (1921). En ella Bultmann aplicó el método de la historia de las formas a los sinópticos, pero se dio cuenta de que eso no era suficiente; él descubrió que las perícopas entrañaban juicios sobre la historicidad de los relatos y la autenticidad de las sentencias contenidas en la tradición. El estudio exhaustivo del tema lo lleva a la publicación de su libro *Neues Testament und Mythologie* (Nuevo Testamento y mitología), escrito en 1941, que prácticamente da origen a la Crítica Histórica. Bultmann no da crédito histórico a las perícopas y sostiene que estas son productos de la imaginación creadora de las primeras comunidades cristianas. Esta conclusión se debe a la cosmovisión que los judíos tenían en la época que se generó la perícopa, una cosmovisión muy diferente a la que tiene el hombre actual.

---

275. Para aclarar el modus operandi de la Crítica Histórica se recomienda altamente el artículo De Smedt, Charles, "Historical Criticism", *The Catholic Encyclopedia*, vol. IV, Robert Appleton Company, Nueva York, 1908, <http://www.newadvent.org/cathen/04503a.htm> (Visto el 31 de octubre del 2015). Aquí nos dice, entre muchas otras cosas, que la Crítica Histórica es el arte de distinguir entre lo verdadero y lo falso.

Este pensamiento hizo que la academia aplicara la hermenéutica de Bultmann al resto de la Biblia para el entendimiento de la esencia del mensaje en el mundo actual, de manera que al final todo esto significó un aporte muy importante a la ciencia de la Crítica Bíblica.

1.2. Concepto de Crítica Histórica

Como todo este tema de la Crítica Histórica tiene que ver directamente con la teología germana, al igual que el resto de la Crítica Bíblica, es indispensable definir y diferenciar cierta terminología del idioma alemán, clave para entender el pensamiento de los padres de esta ciencia. En ese sentido es importante que distingamos el término *Historie* de *Geschichte*, pues, aunque ambas palabras se traducen al castellano como "historia", en alemán tienen significados diferentes. En la Crítica Histórica, los relatos del NT son *Geschichte* y deben ser estudiados bajo esta perspectiva. Todo el esfuerzo de Bultmann se centra en afirmar que el NT no es *Historie,* sino *Geschichte.* El primer término se refiere a la totalidad de los hechos ocurridos en el pasado que se pueden comparar objetivamente, mientras que el segundo se refiere a aquello que me atañe existencialmente, que exige algo de mí y que requiere mi compromiso. En este sentido, el milagro de Jesús de caminar sobre las aguas, no es *Historie* porque no puede comprobarse objetivamente, sino *Geschichte* pues es algo que atañe a mi religión. De ahí que cuando se hable de la historicidad de un hecho, estaremos hablando de su *Historie*, que se refiere directamente a su autenticidad.

Una vez hecha esta aclaración, resulta de suma importancia señalar que los principios y métodos de la Crítica Histórica, cuando se aplican a las Sagradas Escrituras, son esencialmente los mismos que se utilizan en los documentos históricos seculares donde se tienen en cuenta tres aspectos que, según Briggs, son los siguientes: "El origen del material, su autenticidad y fiabilidad".[276]

Para un racionalista, el origen de las unidades literarias de los sinópticos v.g. son mitos, leyendas o dichos del vulgo. Este primer elemento determina los otros dos que menciona Briggs, su autenticidad y fiabilidad. Si, por el contrario, se afirma el origen sobrenatural de la autógrafa, su autenticidad y fiabilidad son norma de fe y conducta del hombre. El quid del asunto es el primer elemento. R. K. Harrison, erudito bíblico, define la Crítica Histórica como:

---

276. Cf. Briggs, *The Study, of the Scripture,* óp. cit., pp. 511-532.

La rama de estudio que trata con el contenido histórico actual del texto. Le interesa primariamente establecer la historicidad de tan diversos eventos.[277]

Lo que Harrison nos está diciendo, en definitiva, es que a la Crítica Histórica le interesa, sobre todas las cosas, establecer la autenticidad del relato, lo que es completamente correcto; determinar si lo relatado es cierto o no. Sobre esto mismo, Briggs es aún más categórico cuando afirma que el propósito de la Crítica Histórica es:

> Eliminar cuidadosamente el mito y la leyenda, y determinar el elemento histórico envuelto y luego estudiar el material a fin de determinar su origen, evolución histórica, autenticidad y fiabilidad.[278]

Tiene mucho sentido lo que señala Briggs, puesto que los seres humanos tenemos la tendencia a magnificar las cosas y cambiarlas, y es esto lo que da origen al mito, de tal manera que después de un tiempo lo que tenemos como resultado es una historia distorsionada, así que "eliminar el mito ... determinar el elemento histórico" debe ser la más cara aspiración de una persona que se dedique a la Crítica Histórica. En resumen, la acotación efectuada por Briggs significa el uso bíblico de la Crítica Histórica; el uso que debe dársele por todo aquel que intente hacer exégesis bíblica.

Lo anterior puede contrastarse con la exposición que efectúa Rudolf Bultmann, pues para él los relatos de los sinópticos no caben dentro de la categoría de *Historie* al tratarse de hechos sobrenaturales, que no se pueden comprobar objetivamente; por lo tanto, los llama mitos,[279] y de ahí su célebre programa de la desmitificación, que es precisamente lo que será objeto de estudio a continuación: la teoría de la desmitificación de Bultmann.

2. La desmitificación en la teología de Bultmann

Sin lugar a dudas, Bultmann es considerado uno de los grandes teólogos alemanes del siglo xx, que hizo con sus escritos que todos pusiéramos las "barbas en remojo". A diferencias de otros, bregó entre dos aguas, el

---

277. Harrison, R. K., *The Historical and Literary Criticism of the Old Testament. Biblical Criticism*, óp. cit., p. 3.

278. Briggs, *The Study of the Holy Scripture*, óp. cit., p. 511.

279. Edmund, Leach define "mito" como "la expresión de las realidades inobservables en términos de fenómenos observables", *The Bible and its Literary Milieu*, óp. cit., p. 411.

de la Crítica de Formas y el de la Crítica Histórica; de hecho, Bultmann efectúa la conexión entre ambas ramas de la Crítica Bíblica de manera magistral. Este autor es conocido y será siempre mencionado por su tema de la desmitificación del NT que expone de forma brillante en su libro *Neues Testament und Mythologie* (El Nuevo Testamento y la Mitología), escrito en 1941, y que hizo sonar todas las alarmas de la academia en la época, dando como resultado la aparición de otra obra, *Kerygma and Myth* (Kerigma y Mito),[280] publicada originalmente en 1953. Este fue un debate teológico, como indica el mismo título del libro. En esta última obra participaron otros teólogos de la época como Ernst Lohmeyer, Julius Schniewind, Helmult Thielicke y Austin Farrer. El trabajo fue editado por Hans Werber Bartsch. Cabe señalar que existe un segundo volumen (1962) en donde Bultmann replica las observaciones de otros teólogos, entre los que se cuentan Karl Barth y Karl Jaspers, *inter alia*, de modo que existen varios volúmenes de *Kerygma and Myth*.[281]

Por la palabra "desmitificar" y por muchas cosas que afirma Bultmann, es muy fácil satanizar su obra, que fue prácticamente lo que hicimos en la primera edición de este libro. Ahora, en esta edición, analizaremos de forma más profunda el pensamiento de este teólogo para darle mayor peso a nuestro pensamiento. Así que procederemos a desarrollar todo este interesante tema expuesto por Bultmann.

2.1. Aspectos generales de la mitologización

Todo comienza con la cosmovisión de Bultmann acerca del mundo en época de Jesús. Según el autor, el mundo estaba dividido en tres partes principales, a saber: la tierra, como el centro del universo; en segundo lugar, estaba el cielo arriba y el bajo mundo abajo. El cielo es la morada de Dios y los ángeles y el bajo mundo es el infierno o lugar de tormento.[282] En la concepción de Bultmann, las fuerzas sobrenaturales que se hallan en el cielo o en el infierno intervienen en el curso de la naturaleza y en todo lo que el hombre piensa y hace, de modo que los milagros no son en absoluto raros, pues el hombre no controla su propia vida ya que espíritus demoníacos pueden poseerlo y controlar su mente. Para Bultmann esta cosmovisión del siglo I es completamente mítica y constituye la base del problema de la mitología del NT.

---

280. Bultmann, Rudolf y otros, *Kerygma and Myth. A theological debate*, vol. I, Harper and Row Publishers, EE.UU., 1953.

281. Bultmann, Rudolf y otros, *Kerygma and Myth. A theological debate*, vol. II, S.P. C.K, Londres, 1962.

282. Bultmann, Rudolf y otros, *Kerygma and Myth. A theological debate*, vol. I, óp. cit., p. 1.

Una vez entendido lo anterior, procederemos a entrar en materia, es decir, a estudiar todo lo relacionado con el mito desde la perspectiva de la teología de Bultmann.

2.1.1. La naturaleza del mito

Cuando se habla de mitología, la imagen que viene a nuestra mente es la mitología griega y las historias fantásticas de Narciso, Poseidón, Zeus, entre otras muchas. En la teología de Bultmann, mitología tiene otra connotación y la tiene porque este autor desarrolla este concepto alrededor del NT, especialmente los evangelios.

Para comenzar este tema, es oportuno conocer cuál es la opinión de Bultmann acerca del propósito del mito:

> … no es presentar una imagen objetiva del mundo como es, empero expresar el entendimiento del hombre de sí mismo en el mundo en el cual él vive. El mito no debe ser interpretado cosmológicamente sino que antropológicamente o aún mejor, existencialmente.[283]

La anterior declaración nos deja claro que el mundo del NT no tiene nada que ver con el nuestro, de tal manera que la interpretación que nosotros debemos hacer del NT no debe ser en base a lo ocurrido en aquella época sino en base al mundo en el que vivimos actualmente.

Continuando con el discurso sobre el propósito del mito, Bultmann señala:

> El propósito real del mito es hablar de una fuerza trascendente que controla el mundo y al hombre, pero ese propósito se vuelve oscuro por los términos en que es expresado. De allí la importancia de la mitología en el NT subyace no en la imaginación sino en el entendimiento de la existencia que encierra. De manera que la pregunta que debemos formularnos es si el entendimiento de esta existencia es verdadero. La fe reclama que sí, pero la fe no debe estar atada a la imaginación de la mitología del NT.[284]

---

283. Ibíd., p. 10. El mito al que se refiere Bultmann es como lo entiende la escuela de la Historia de las Religiones, que consiste en expresar términos del más allá en términos del más acá, y de expresar las cosas sobrenaturales en términos humanos.

284. Ibíd., p. 11.

Bultmann discurre como todo un erudito alemán, es decir, con razonamientos no tan fáciles de descifrar, de manera que para un mejor entendimiento de la aseveración anterior vamos a poner un ejemplo concreto. En Mateo 17:24 encontramos una perícopa que se lee así:

> Cuando Jesús y sus discípulos llegaron a Cafarnaúm, los que cobraban el impuesto del templo se acercaron a Pedro y le preguntaron: —¿Su maestro no paga el impuesto del templo? —Sí, lo paga —respondió Pedro. Al entrar Pedro en la casa, se adelantó Jesús a preguntarle: —¿Tú qué opinas, Simón? Los reyes de la tierra, ¿a quiénes cobran tributos e impuestos: a los suyos o a los demás? —A los demás —contestó Pedro. —Entonces los suyos están exentos —le dijo Jesús—. Pero, para no escandalizar a esta gente, vete al lago y echa el anzuelo. Saca el primer pez que pique; ábrele la boca y encontrarás una moneda. Tómala y dásela a ellos por mi impuesto y por el tuyo.

Bultmann asegura que la perícopa anterior es una leyenda;[285] entonces, conectando esto con el propósito de la mitología, Bultmann asevera que "… la importancia de la mitología en el NT subyace no en la imaginación –en este caso la perícopa de Mateo 17:24– sino en el entendimiento de la existencia que encierra". En otras palabras, en discernir si la perícopa es histórica o no o si es verdadera o falsa. Bultmann dirá que "la fe reclama que sí", es verdadera pero "la fe no debe estar atada a la imaginación de la mitología del NT".

Habiendo clarificado la naturaleza del mito en la teología de Bultmann, corresponde ahora ver qué es lo que este erudito profesor alemán entendía por mito.

2.1.2. La esencia del mito

Ahora corresponde entrar en el meollo del asunto: ¿Qué entendía Bultmann por mito?; pues bien, él entendía el mito como un resabio de la época precientífica que rodeaba o enmarcaba el kerigma, o sea, la proclamación del evangelio.[286] Esa mitología primitiva, según el autor, constituye un verdadero escollo para que el hombre moderno pueda acceder al mensaje. Bultmann propone desarticular la mitología (desmitificar) para llegar ontológicamente a la esencia misma del kerigma, que es la cruz de Cristo.

---

285. Bultmann, Rudolf, *Teología del Nuevo Testamento*, Salamanca, España, 1981, p. 99.

286. Bajo nuestro criterio, kerigma es más que la proclamación del evangelio; lleva implícita la esencia misma del evangelio que se predica. Existe un elemento intrínseco que es el mensaje de salvación de Dios hacia el hombre mortal.

O sea, para este teólogo, el ser humano no tiene acceso a la redención en la verificación histórico-mítica, sino a través de la verificación existencial[287] que nos demuestra que el ser humano debe cambiar su modo existencial de encarar la vida. Dicho en otras palabras, el ser humano no va a alcanzar la salvación por acontecimientos del pasado, sino por actos concretos que él adopte en su vida actual. Para entender un poco más el problema de Bultmann en relación con la mitología del NT, afirma que:

> La muerte de Jesucristo es algunas veces un sacrificio y otras veces es un evento cósmico. Algunas veces es presentado como Mesías y otras veces como el segundo Adán. La kenosis del hijo preexistente es incompatible con la narrativa de milagros como pruebas de su mesianidad. El nacimiento virginal es incompatible con la afirmación de su preexistencia. La doctrina de la creación es incompatible con la doctrina de los gobernadores de este mundo. (1 Cor.2:6) y es incompatible con el dios de este siglo (II Cor. 4:4)… La principal demanda para la Crítica de Mitología viene de las curiosas contradicciones que encontramos a lo largo de todo el NT. Algunas veces se nos dice que la vida humana es determinada por las fuerzas cósmicas y otras se nos desafía a tomar una decisión. En otras palabras, el ser humano algunas veces es considerado como un ser cósmico y otras veces es considerado como independiente.[288]

Para Bultmann, tales contradicciones son el corolario de la mitología que se halla en el NT. En esencia, lo que nos está diciendo es que se debe separar el mito del kerigma y que el kerigma del evangelio no sabe estar determinado por el entorno del NT sino por el entorno del hombre actual; entonces, para traer el kerigma de Jesús al hombre de hoy, es un requisito sine qua non desmitificarlo, de lo contrario no tendrá sentido.

Una vez estudiado lo relacionado con el mito visto por Bultmann, corresponde entrar en el proceso que él llamó desmitificación del NT.

---

287. Para referirse a Bultmann, muchas veces vamos a utilizar el término "existencial" y en su teología vamos a hallar a menudo la misma palabra y otros términos como "angustia", "decisión", "caída". Esto se debe a la gran influencia que ejerció sobre él su amigo y gran filósofo Martin Heidegger, que fue pensador existencialista por antonomasia. Para un estudio detallado sobre la influencia de Heidegger sobre la teología de Bultmann, se recomienda: Roldan, Alberto, "La fe como evento existencial escatológico en el pensamiento de Rudolf Bultmann. De la filosofía de Martin Heidegger al planteo teológico", *Franciscanum*, vol. IV, N 160, julio-diciembre de 2013.

288. Bultmann, Rudolf y otros, *Kerygma and Myth. A theological debate*, vol. I, óp. cit., p.

2.2. La desmitificación[289] propuesta por Bultmann

No está de más decir que la sola expresión "desmitificación del NT" provoca cualquier tipo de reacciones negativas, aun sin saber de lo que trata este tema, de ahí que Bultmann sea considerado un hombre satánico por el vulgo y por un sector importante de la academia. En este apartado del libro nos centraremos en explicar qué entendió Bultmann por desmitificar el NT: "La desmitificación es un proceso hermenéutico en el cual el kerigma puede suscitar la fe del hombre moderno".

Sobre este espinoso tema, el mismo Bultmann ha aseverado que:

> Mientras los liberales usaron la crítica para eliminar la mitología del Nuevo Testamento, nuestra tarea hoy es usar la crítica para interpretarla. Por supuesto que habrá casos en que haya que eliminar mitología aquí y allí. Pero el criterio adoptado debe ser tomado no del pensamiento moderno sino del entendimiento de la existencia humana que el Nuevo Testamento mismo encierra.[290]

La acotación anterior marca una línea divisoria entre la metodología de los liberales y Bultmann;[291] los primeros utilizan la crítica para eliminar los mitos, y Bultmann, en cambio, emplea la crítica para interpretar los mitos aunque reconoce la posibilidad de eliminar mitos del texto. Ahora, lo último que señala Bultmann suena muy interesante; él nos dice que el exégeta deberá tomar en cuenta "el entendimiento de la existencia humana" que el NT encierra. Esto sitúa al exégeta con una gran responsabilidad: entender una doctrina o práctica ética en base a la existencia humana de la época en que fue escrita, pero sobre todas las cosas, entenderla en la época actual.

Juan Luis Segundo aclara mejor lo anterior cuando nos dice:

> … la palabra "desmitologización" es engañosa, pues Bultmann no propone desembarazarse sin más de toda narración "mítica". Lo que propone es interpretarla. Y, para ello, volver a poner en el interior, en lo "existencial", lo que el mito proyectó al exterior, al reino de los objetos

---

289. La palabra que usualmente se usa para referirse a este proceso es "desmitologización". En este trabajo de investigación preferimos utilizar "desmitificar", que es la palabra que aparece en el diccionario de la RAE.

290. Bultmann, Rudolf y otros, *Kerygma and Myth. A theological debate*, vol. I, óp. cit., p. 12.

291. Comúnmente se considera a Bultmann y a Paul Tillich como teólogos neoliberales para diferenciarlos de los teólogos del siglo XIX y principios del XX.

y acontecimientos objetivos. Así el hecho, si no los acontecimientos objetivos. Así el hecho, si no el acontecimiento, conserva su valor decisivo y aun teológico...[292]

El pensamiento anterior nos clarifica más el concepto de la desmitificación que propuso Bultmann. Poner en el interior del hombre actual lo que el mito proyectó hacia el exterior, conservando de esta manera el valor decisivo y teológico de la perícopa.

Para finalizar esta sección, citamos a Alberto Roldán cuando expresa:

> Creemos haber demostrado que el verdadero interés de Bultmann no es la desmitologización. Su verdadero foco de atención es la fe que se ve obturada por la mitología precientífica del Nuevo Testamento. La desmitologización era solo un método que propone para facilitar que el kerigma pueda interpelar al hombre moderno.

Roldán presenta a Bultmann como un hombre de fe que utiliza un método hermenéutico que él llama desmitificación para que el kerigma tenga vigencia y sea aplicable al hombre actual.

En resumen, el mundo teológico del siglo xx se vio desafiado por el programa de desmitificación de Rudolf Bultmann. En ello, la teología tuvo que afrontar una vez más las ineludibles consecuencias que un mundo y una ciencia secularizada conllevan. Bultmann, movido por el intento de hacer accesible el kerigma del NT al hombre de su época y viendo el enorme contraste entre la cosmovisión mitológica y la cosmovisión moderna, pretende resolver el problema echando mano del existencialismo de su amigo Martin Heidegger, para que el hombre moderno pudiese sustituir la función del mito; en tal sentido Bultmann elabora el célebre programa de desmitificación para que la generación de su tiempo pudiese entender el kerigma.

Para terminar, solo acotar que el tema de los mitos y la desmitificación del NT es mucho más amplio y complicado de lo que aquí se ha expuesto; sin embargo, lo que se ha tratado clarifica la esencia del tema y aporta una base sólida y aceptable para efectuar una evaluación crítica del pensamiento de Rudolf Bultmann, padre de la Crítica Histórica y uno de los fundadores de la Crítica de Formas.

---

292. Segundo, Juan Luis, "El hombre de hoy ante Jesús de Nazaret" II/2, Cristiandad, España, 1982, p. 720.

3. El método de la Crítica Histórica

La más notable aportación teológica de Bultmann está localizada en el campo de la hermenéutica. Aunque un sector muy importante de la academia ha satanizado sus conclusiones, tenemos que admitir que ha afrontado un problema real con lo que el estudioso de la Biblia se encuentra: la dificultad de comunicar el mensaje cristiano escrito en el primer siglo a la generación que la lee, en este caso con el hombre del siglo xxi. La principal preocupación de Bultmann como teólogo es que el mensaje del NT debería ser un reto para el hombre moderno en vez de impedirle, por su lenguaje mitológico, que haga una decisión existencial.[293]

Existe en toda la Biblia un buen número de pasajes que son completamente imposibles de entender a la luz de nuestra realidad cultural actual; es necesario realizar un trabajo de Crítica Histórica, es decir, descubrir el contexto cultural que le dio origen, para lograr interpretarlo en la época del hagiógrafo, identificar el centro del mensaje para así poderlo pasar por el túnel del tiempo hasta traerlo a nuestra realidad y aplicarlo a nuestro diario vivir.

Para objetivar lo anteriormente expuesto, hemos seleccionado una serie de ejemplos concretos del NT que nos arrojaran luz para entender el método de la Crítica Histórica.

3.1. Casos en las epístolas paulinas

El apóstol Pablo escribió numerosas cartas para responder a situaciones concretas de índole cultural que no tienen ninguna vigencia ni sentido en la época actual; sin embargo, el contenido de las enseñanzas encierra verdades que trascienden no solo el tiempo sino la cultura.

3.1.1. El caso de la comida sacrificada a los ídolos

Este tema es tratado por Pablo en dos pasajes principales; el primero de ellos en la epístola a los Romanos y el segundo en la epístola a los Corintios. En el primer caso enseña:

> …De modo que, en cuanto a comer lo sacrificado a los ídolos, sabemos que un ídolo no es absolutamente nada, y que hay un solo Dios… Algunos siguen tan acostumbrados a los ídolos que comen carne a sabiendas de que ha sido sacrificada a un ídolo, y su conciencia se contamina por ser débil. Pero lo que comemos no nos acerca a Dios; no somos mejores

---

293. Cf. Rudolf Bultmann, *Teología del Nuevo Testamento*, óp. cit., pp. 15-19.

por comer ni peores por no comer...[294] A algunos su fe les permite comer de todo, pero hay quienes son débiles en la fe, y solo comen verduras. El que come de todo no debe menospreciar al que no come ciertas cosas, y el que no come de todo no debe condenar al que lo hace, pues Dios lo ha aceptado. ¿Quién eres tú para juzgar al siervo de otro? ...[295]

Dichos versículos, tal cual, no nos dicen nada, puesto que el contexto cultural que les da origen es completamente diferente al nuestro. La Crítica Histórica nos pone el método a seguir para sacar el mensaje encerrado en dicho texto para que tenga una aplicación directa a nuestra vida y nos sea útil.

El primer paso

El primer paso del método hermenéutico de la Crítica Histórica es determinar la cosmovisión de la época y, para hacer esto, nada mejor que citar a Eldon Ladd, quien nos la ofrece de una forma magistral:

Una palabra, concepto o documento a menudo confunde si no es interpretado dentro de su contexto histórico. La discusión que Pablo hace del problema de la carne ofrecida a los ídolos (Ro. 14; 1 Ca. 8) no tiene ninguna relevancia a menos que sea considerada en su contexto. La afirmación de Pablo de que "uno cree que puede comer de todo, y el débil come solo verduras" (Ro. 14:2) no tiene nada que ver con los méritos de una dieta vegetariana, como alguien podría pensar si no estuviese al corriente del trasfondo. Esta declaración trata del problema suscitado entre los cristianos por el hecho de que la mayor parte de la carne que se vendía en el mercado provenía de templos paganos, donde primeramente los animales habían sido sacrificados en honor de un ídolo y luego entregados a las carnicerías para su venta pública. Un cristiano, que había sido liberado de la adoración pagana, ¿cómo debía considerar esa carne que había sido dedicada a un ídolo? Al comerla, ¿no comprometía su fe cristiana? ¿No estaría aprobando tácitamente la adoración pagana al comprar dicha carne? La carne misma, ¿no quedaba impura por su uso en la adoración pagana? Un cristiano que deseaba tener una completa separación del mundo, ¿no debía trazar la línea de separación en el asunto de la carne asociada con la adoración de los ídolos? El dinero gastado en dicha carne, ¿no contribuía a sostener el sistema de los templos paganos?[296]

294. 1 Corintios 8:4, 7 y 8.
295. Romanos 14:2-3.
296. Ladd, G. Eldon, *The New Testament and Criticism,* óp. cit., p. 137.

La cosmovisión del mundo actual es completamente diferente. La carne que se vende en los departamentos de carnicería de los grandes establecimientos no es sacrificada a los ídolos, no hay tiempo para eso. Las grandes compañías que se dedican a este rubro tienen criaderos de animales y los problemas éticos de nuestro mundo tienen que ver con la brutalidad con que son sacrificados los animales, con el uso de hormonas para su rápido crecimiento y con el sufrimiento indecible al que son sometidos para satisfacer la voracidad de los empresarios a quienes la codicia los lleva a prácticas repugnantes. Como muy bien puede verse, nuestra realidad no tiene nada que ver con la de la época en que se originó el texto.

Segundo paso

El desafío del exégeta o de cualquier persona que estudia la Biblia es entender el kerigma y la única forma de entenderlo es quitarle el ropaje cultural que tiene, de lo contrario será imposible entender. A este proceso Bultmann lo llamaba "desmitificar"; el asunto es que para él la perícopa era una leyenda o un mito. En este caso, se trata de una enseñanza de Pablo que respondía a una situación cultural de la época; en otras palabras, no había ningún mito detrás de ella.

El tercer paso

Una vez quitado el ropaje cultural al texto, nos queda el kerigma desnudo, el cual tenemos que pasar por el túnel del tiempo y aplicarlo a nuestra cosmovisión actual. En el caso específico que nos ocupa, la esencia del kerigma es la tolerancia con las personas de otro nivel espiritual; el amor hacia las otras personas debe ser la norma ética que debe regir nuestras relaciones con el prójimo, porque haciendo esto honramos a Dios y vindicamos la eficacia del evangelio. Este es el kerigma desnudo. Esta verdad contenida en la enseñanza de Pablo la podemos aplicar en cualquier tipo de situación en la que se halla una discrepancia ética con un hermano de un nivel inferior de fe, bien porque este sea un recién convertido o porque no tuvo las oportunidades para desarrollarse de mejor manera. Y si queremos ser más precisos, a modo de ejemplo podemos mencionar la costumbre de beber vino, muy arraigada en Europa, pero condenada en Estados Unidos y en ciertos países de América Latina. Por amor a aquellos que viven en una latitud geográfica donde culturalmente el acto de beber vino se considera una falta, un europeo o un argentino no deberían beber para así no ofender a su hermano a quien aman.

3.1.2. El caso del uso del velo

Otro caso específico es el uso del velo en la Iglesia de Corinto, práctica que trajo consigo mucha confusión en la Iglesia de América Latina años atrás. La epístola señala lo siguiente:

> Porque si la mujer no se cubre, que se corte también el cabello; y si le es vergonzoso a la mujer cortarse el cabello o raparse, que se cubra. Porque el varón no debe cubrirse la cabeza… ¿no os enseña que al varón le es deshonroso dejarse crecer el cabello? Por el contrario, a la mujer dejarse crecer el cabello le es honroso; porque en lugar de velo le es dado el cabello…[297]

La cosmovisión cultural de una ciudad griega como Corinto no tiene ningún punto de referencia con la Iglesia actual. Corinto era un puerto ubicado en una ruta marítima de gran relevancia comercial. Allí atracaban numerosos barcos. En consecuencia, era una ciudad que tenía toda una infraestructura de placer para satisfacer las perversidades y pasiones más bajas de sus huéspedes marinos. Corinto era famosa por su templo de Afrodita, en el cual se practicaba la prostitución sagrada.[298] Se cree que allí había alrededor de mil prostitutas al servicio de los parroquianos que requerían de sus servicios. Era una costumbre en aquella época que las meretrices que servían en dicho templo llevaran el cabello corto, así como cualquier otra mujer que se dedicara a este oficio. Cuando una de estas mujeres llegaba a una reunión cristiana con el cabello corto, esto provocaba un escándalo, de ahí la instrucción de ponerse un velo.

Una vez que le quitamos el ropaje cultural a este pasaje nos quedamos con un kerigma depurado que tenemos que traerlo hasta nuestra época para aplicarlo a nuestra realidad. Es completamente absurdo que obliguemos a las mujeres a usar velo en la celebración de un servicio religioso o satanizar a una mujer que se corta el cabello como ha ocurrido con mucha frecuencia. Tampoco es correcto satanizar al hombre que se deja crecer el cabello, puesto que dicho versículo se encuentra envuelto en un ropaje cultural. En la cultura judía todos aquellos que eran "nazareos" usaban el cabello largo, como era el caso de Juan Bautista, de manera que no podemos satanizar dicha práctica. Es necesario ver la cosmovisión del hagiógrafo y lo que estaba ocurriendo.

---

297. Cf. 1 Corintios 11:6-15.

298. Cf. Gundry, Robert H., *A Survey to the New Testament* (1994), óp. cit., pp. 360-361.

Ahora, cuando tenemos el kerigma desnudo, lo que tenemos son varias cosas: 1) el evangelio tiene aplicaciones culturales; 2) si existe una práctica cultural aceptada por la sociedad, como el hecho de que solo las prostitutas se cortan el cabello, una mujer prostituta que se convierte debe respetar dicha práctica, siempre y cuando la misma no entre en conflicto con un principio de la fe cristiana; y 3) el mensaje cristiano llama al hombre a estar en paz con los demás hombres y esto solo se logra cuando este respeta las normas convencionales de la sociedad en la cual vive.

3.2. El caso de la maldición de la higuera

Este es un caso sumamente interesante y curioso en los evangelios que revela la cosmovisión de un mundo que no tiene nada que ver con nosotros, pero que cuando desnudamos el kerigma nos encontramos con una verdad que nos mueve el tapete. La perícopa reza de la siguiente manera:

Al día siguiente, cuando salieron de Betania, tuvo hambre. Y viendo de lejos una higuera que tenía hojas, fue a ver si tal vez hallaba en ella algo; pero cuando llegó a ella nada halló sino hojas, pues no era tiempo de higos. Entonces, Jesús dijo a la higuera: Nunca jamás coma nadie fruto de ti. Y lo oyeron sus discípulos… [un día después] y pasando por la mañana, vieron que la higuera se había secado desde las raíces…[299]

En relación con esta perícopa escrita por Marcos, Ariel Álvarez Valdés apunta lo siguiente:

El milagro más extraño que Jesús realizó en su vida, según el evangelio de Marcos, fue el de maldecir y secar una higuera. Es el único milagro "destructivo" de Jesús, el único que realizó en Jerusalén, el único que demoró 24 horas en cumplirse, y el único históricamente incomprensible. Su relato resulta tan incómodo, que la Iglesia no lo lee nunca los domingos…[300]

---

299. Marcos 11:12–14:20. Aplicándole el método de la Crítica de Redacción a este pasaje, nos vamos a dar cuenta de que el pasaje de la maldición de la higuera es una perícopa redactada de forma diferente por los evangelistas. Marcos nos presenta una versión larga y nos intercala la perícopa de la purificación del templo en medio de la perícopa de la maldición de la higuera, lo que no hace Mateo, quien nos presenta una versión corta y no realiza ninguna intercalación. Esto nos revela claramente que los propósitos de redacción de un evangelista respecto a otro varían. Lucas, por ejemplo, simplemente decide no incluirla en su relato.

300. Álvarez Valdés, Ariel, ¿Por qué maldijo una higuera? http://www.revistacriterio.com.ar/iglesia/¿por-que-jesus-maldijo-unahiguera/ (Visto el 31 de octubre, 2015).

Sin duda este comentario de Álvarez Valdés nos despierta la curiosidad y a la vez nos deja intrigados. Bien, aquí las preguntas que suscita el pasaje son: ¿Cómo es que Jesús tiene hambre si viene de la casa de unos amigos que le dieron un buen desayuno? ¿Por qué solo él tuvo hambre, puesto que no menciona a los discípulos? ¿Cómo es posible que Jesús pretenda que la higuera tenga frutos en una época que no es temporada de higos? Este es el único milagro en el que Jesús maldice algo, ¿por qué?; y, según el texto, algo quería enseñarnos Jesús, pues Marcos escribe "la higuera se había secado desde las raíces...". La maldición de Jesús fue un acto sui géneris en todo su ministerio, hasta el punto de que Mateo simplemente lo suaviza redactando la perícopa de una forma más eufemística, y Lucas simplemente decide no incluirla en su relato. Otra pregunta que nos suscita este relato es: ¿Por qué Marcos intercala la perícopa de la purificación del templo?[301]

Existen varias teorías sobre la maldición de la higuera; sin embargo, la tesis de Álvarez Valdés nos parece la más que acertada:

> ...en la Biblia es un símbolo del pueblo de Israel. En efecto, desde muy antiguo se aplica la metáfora de la higuera al pueblo de Dios. Por ejemplo, el profeta Oseas llama a los israelitas "fruto temprano de la higuera" (Os 9,10). Isaías los denomina "los primeros higos de la temporada" (Is 28,4)... Notamos que Marcos, en vez de presentar un relato continuado, donde Jesús increpa al árbol y se seca inmediatamente, prefiere contar la maldición en un día y sus consecuencias al día siguiente, convirtiendo así este milagro en el único que demoró 24 horas en cumplirse. ¿Por qué? Porque esto le permitía a Marcos introducir en el medio la visita de Jesús al Templo, donde se enojó con los sacerdotes y escribas, reprochándoles que habían convertido la casa de Dios "en una cueva de ladrones". Así, con el relato de la higuera encerrando y abrazando el incidente del Templo, los lectores podían comprender el mensaje: la higuera maldita, estéril, sin frutos, en realidad representa a aquella institución religiosa, con sus sacerdotes y ministros, cuya función ha llegado a su fin y está a punto de desaparecer... la acción de Jesús contra los vendedores y sacerdotes había sido un gesto de rechazo del Templo, creó el relato de la maldición de la higuera y envolvió con él la escena de la purificación. Así, sus lectores podían entender que Jesús no había ido al Santuario a purificarlo, sino a anunciar su pronta desaparición. El marchitarse de la higuera anunciaba que el destino del Templo estaba sellado, y nada podía evitar su inminente fin.[302]

301. Compárese con el artículo anterior.
302. Íd.

Sin lugar a dudas la exégesis de Álvarez Valdés tiene completo sentido. La maldición de la higuera es simplemente un acto simbólico que Jesús hace para hacerle saber a la gente de su época que la institución del templo y todo lo que ella representaba había llegado a su fin; su organización y liderazgo humano era estéril y estaba bajo la maldición de Dios, aunque suene duro decirlo. La expresión de Marcos "se había secado desde las raíces..." es más que severa. Fue esta la institución que unos días después condenó y crucificó al autor de la vida, aunque suene paradójico decirlo. Unos años después, la destrucción del templo bajo el sitio de Tito y la diáspora del pueblo judío confirmarían plenamente lo que Jesús había expresado simbólicamente con la maldición de la higuera.

Una vez hecha toda esta exposición podemos entender la cosmovisión religiosa judía que dio lugar al relato. El judaísmo giraba en torno a sus libros sagrados y al servicio tanto en el templo como en la sinagoga. Había en aquella época toda una organización humana liderada por un órgano llamado el Sanedrín judío.

De ahí que la historia de la maldición de la higuera no nos sirve en la actualidad, a menos que desnudemos el kerigma y lo hagamos viajar a través del túnel del tiempo para aplicarlo a nuestra realidad religiosa actual. El kerigma de la perícopa está claro; toda institución eclesial que no dé los frutos que Dios espera que dé, está *ipso facto* bajo una maldición y condenada a su desaparición, sin importar lo gloriosa que esta haya sido en el pasado.

Para terminar toda esta sección, se puede observar que el estudio histórico de la perícopa, unido al acto de quitarle el ropaje cultural o religioso que representa la cosmovisión de la época del hagiógrafo, nos va a dar como resultado el kerigma en toda su pureza. Una vez que tenemos la esencia del kerigma, debemos aplicarlo a nuestra cosmovisión o realidad para que el mismo sea eficaz y pertinente para nuestras vidas.

Acto seguido procederemos a ver cómo se mueve el péndulo en la Crítica Histórica, es decir, la argumentación tanto racionalista como bíblica sobre el tema que aquí nos ocupa.

4. Enfoque crítico

Como ha sido una nota característica a lo largo de todo este trabajo de investigación, hemos utilizado en parte el método dialéctico al exponer la tesis, la antítesis y luego presentar nuestra síntesis. Estimamos es la mejor forma de abordar este tema en particular, pues la verdad posee diferentes ángulos y esta es nuestra aspiración final. Ello solo se consigue conociendo todos esos ángulos, reflexionando acerca de ellos y extrayendo una síntesis que nos permita tener una opinión o teoría responsable y válida.

Sin más dilación veremos cómo el péndulo se mueve hacia el lado racionalista o hacia el lado bíblico, que defiende los principios sobre los cuales el cristianismo ha sido fundado.

4.1. Perspectiva racionalista de Rudolf Bultmann[303]

Es indiscutible el aporte de Bultmann a la rama de la Crítica Bíblica; el haber afirmado que la perícopa es el producto de la cosmovisión cultural, es algo que no tiene discusión; que esa cosmovisión envuelve el kerigma y que, por lo tanto, hay que quitarle esa envoltura y ponerle la de la cosmovisión actual, también es algo que no está en el tapete de la discusión. El problema de Bultmann está en afirmar que las perícopas del NT son unidades pertenecientes al género "leyenda" o "mito" o "apotegma" y por lo tanto relatos no históricos, convirtiéndose su postura teológica en una exageración. No vamos a negar que existan perícopas de origen dudoso que fueron agregadas posteriormente y luego canonizadas, pero esto no afecta en un ápice la majestad de los principios de la fe cristiana.

De manera que cuestionar la historicidad de las perícopas que dan lugar a los fundamentos de la fe cristiana resulta ser un exabrupto de Bultmann. Veamos a continuación algunas de las conclusiones de su teología:

1) Jesús es presentado "sin pecado", y esto no es una categoría humana. Jesús es presentado como uno que "tiene conciencia de su deidad", pero deidad no es una categoría histórica. Jesús es presentado como alguien con "poderes y conocimientos sobrenaturales", pero no encaja en una categoría humana o histórica.

2) Jesús es presentado como alguien que "dio su vida por los pecadores", pero la historia no puede explicar cómo un hombre, hace dos mil años en Palestina, puede salvar.

3) Jesús es presentado como "el Dios encarnado", pero la historia considera eso como una mitología. En otras palabras, lo anterior se resume en que la presentación de Jesús en los evangelios no es histórica.[304]

---

303. Se recomienda leer el capítulo I, "Presupuestos y motivos de la teología neotestamentaria", en el libro Rudolf Bultmann, *Teología del Nuevo Testamento*, óp. cit., pp. 39-236. Cf. Ladd, Eldon, *The New Testament and Criticism*, óp. cit., pp. 183 y ss. También De Wette y G. L. Baur hablaron de mitos. Véase Briggs, *The Study of the Holy Scripture*, óp. cit., pp. 493-496. Se aconseja ver el análisis sobre las tesis de Bultmann que hace Santos Olabarrieta en su obra *Sin Jesucristo todo es carroña*, EE.UU., pp. 88-90.

304. El gran esfuerzo teológico de Bultmann es hallar significado cristiano en un evangelio que está expresado de forma no histórica, categorías mitológicas que él, como científico de la historia, no puede aceptar como reales.

Lo anterior es el corolario de las afirmaciones de Bultmann en el sentido de que la cosmovisión judía de la época condicionó el mensaje del NT. Su afirmación de que el kerigma se sirvió de un lenguaje mitológico e imaginario dio como resultado doctrinas donde aparece en escena un ser preexistente que vence a los poderes del mal, resucita y reina desde un trono. Bultmann concluye que tal discurso es inaceptable para el hombre de hoy porque su fundamento es una cosmovisión extraña a la nuestra, de manera que no podemos esperar que el hombre actual cambie de cosmovisión antes de acceder al mensaje.[305]

4.2. Perspectiva bíblica

En honor a la verdad, la esencia de la cosmovisión de la sociedad judía de la época que dio origen al kerigma sigue siendo la misma; tiene que ser así porque de lo contrario tendríamos una religión mitológica, con un Jesús mitológico, lo cual es absurdo. De manera que la misma concepción de cielo arriba, infierno abajo y la tierra como el centro del universo[306] sigue siendo la misma hoy en día. En este sentido, el ser humano necesita a un ser preexistente que muera expiatoriamente por sus pecados, de tal suerte que el kerigma de Jesucristo, si bien es cierto que hay que quitarle las cuestiones culturales y aplicarlo a nuestra cultura, la esencia misma del kerigma que es lo que le dio origen, es una realidad pétrea e inamovible.

Una vez efectuada la acotación anterior, es muy correcto lo que afirma Bultmann respecto a que la vida sin pecado, la deidad de Jesucristo, el nacimiento virginal, los poderes extraordinarios, el poder de redención de Jesús no encajan en una categoría humana o histórica; lo que sí es totalmente incorrecto es concluir que todo lo anterior es un mito creado por la tradición y popularizado por la comunidad religiosa.

---

305. Cf. Sorger, Rainer, "El legado de Rudolf Bultmann: La desmitologización como acceso al evangelio". Conferencia impartida en el Escorial en marzo de 2007 en la Facultad de Teología del SEUT. http://documents.mx/documents/sargel-el-legado-de-rudolf-bultmann-la-desmitologizacin-como-acceso-al.html (Visto el 2 de noviembre del 2015). Esta es una conferencia bien documentada y con un excelente aparato crítico, en el cual el autor nos presenta el modus operandi del programa de desmitificación de R. Bultmann.

306. Por centro del universo nos referimos al hecho de que la tierra es el único lugar donde existen seres vivientes que son la pieza central de la creación del creador, de manera que en el vasto e infinito universo nosotros somos el centro de todas las cosas. Evidentemente que el comentario anterior no será aceptado por el mundo científico secular, que tiene numerosas teorías sobre la existencia de seres en otros planetas, pero que nunca se han podido ni se podrán demostrar.

Jesucristo es Dios, no solo porque Él lo dijo, sino porque lo demostró con hechos históricos palpables; y nada más ilustrativo sobre esto que una conversación entre Auguste Comte y Thomas Carlyle que nos relata Billy Graham:

> Comte manifestó su intención de iniciar una nueva religión que suplantara enteramente a la religión de Cristo. No tendría misterios, sería tan clara como la tabla de multiplicar y se llamaría "Positivismo": Muy bien señor Comte —replicó Carlyle—, todo lo que usted tiene que hacer es hablar como ningún otro ha hablado, vivir como jamás nadie ha vivido y ser crucificado y resucitar el tercer día, y lograr que el mundo crea que está vivo todavía. Entonces su religión tendrá posibilidades de salir adelante.[307]

Para utilizar la terminología de Bultmann, Comte tenía que crear un "mito", y a decir verdad nadie puede hacerlo excepto el hijo de Dios.

5. Resumen

1) La Crítica Histórica es aquella que tiene que ver con la autenticidad del Texto Sagrado. En este sentido hay que distinguir dos palabras alemanas que usan sus creadores. Las palabras son *Historie* y *Geschichte*. Ambas se traducen como "historia"; sin embargo, tienen un significado diferente. La primera tiene que ver con la autenticidad del hecho que se relata y la otra es simplemente la narración de algo que se cree ocurrió en el pasado.

2) Tomando como base lo anteriormente señalado, los relatos de los evangelios son *Historie* y no *Geschichte*. En consecuencia, Jesucristo es una persona *Historie*, hecho que nadie puede negar, que predicó mensajes *Historie*, vivió una vida sin pecado *Historie*, tuvo una muerte histórica en la cruz, una resurrección histórica al tercer día, una ascensión histórica a los diez días y tendrá una segunda venida, *Historie*.

3) La Crítica Histórica surge para desacreditar la autenticidad del Texto Sagrado. De ahí que Bultmann expusiera ante el mundo su célebre programa de desmitificación del texto. Este autor sostenía que el kerigma tuvo que usar los mitos, leyendas y cuentos que se narran en los evangelios para proclamarse. El fundamento de toda esta mitología es la cosmovisión que los judíos de aquella época tenían, muy diferente a la nuestra. Este hecho hace necesario desmitificar el kerigma para que este pueda aplicarse a la sociedad actual.

---

307. Graham, Billy, *El Mundo en llamas,* Sopena, Argentina, 1965, p. 139.

4) El Texto Sagrado nos fue entregado envuelto en un ropaje cultural y religioso judío y grecorromano. Es necesario quitarle dicho ropaje y trasladar el kerigma desnudo y envolverlo en nuestra cultura para que el mismo tenga vigencia y se pueda aplicar a nuestro diario vivir.

5) Los hechos sobrenaturales de Jesús no encajan en una categoría histórica; siguen siendo históricos porque son ciertos, pues Jesucristo no es solo hombre, sino que es Dios y lo divino no encaja ni puede encajar con lo humano. Que si todo lo que se dice de Jesucristo se dijera de otra persona, sí sería mitológico o leyenda, porque como dijera el apóstol san Juan:

> Pero sabemos que el hijo de Dios ha venido, y nos ha dado entendimiento para conocer al que es verdadero; y estamos en el verdadero, en su hijo Jesucristo. Este es el verdadero Dios, y la vida eterna.[308]

Bien, hemos hecho un recorrido por las seis ramas principales de la Crítica Bíblica, lo que equivale a decir que hemos estudiado todos los ángulos desde los cuales el Texto Sagrado puede ser estudiado. Hemos visto que las conclusiones exegéticas del crítico bíblico pueden mover el péndulo hacia el racionalismo, que niega la esencia de la verdad del cristiano, o puede moverlo hacia una postura a la llamamos bíblica, que implica reconocer los problemas existentes en el Texto, pero que, a pesar de ello, sostiene la esencia misma de la fe cristiana.

Para terminar, aseverar que este estudio no estaría completo si no presentamos al lector un caso práctico de una perícopa donde esta sea estudiada desde los seis ángulos expuestos en este libro, de manera que hemos escogido la perícopa de la mujer adúltera para efectuar dicha demostración, la cual se hará en el Anexo 1.

---

308. 1 Juan 5:20.

Conclusiones finales

Después de todo este recorrido, corresponde efectuar las declaraciones o conclusiones de todo lo estudiado sobre el tema, lo cual representa la opinión científica del autor esperando hacer con ello una contribución a la academia, aclarando conceptos y sentando precedentes.

Crítica Textual

1) La autógrafa original, aunque no existe, se considera que está exenta de todo tipo de error.

2) Aunque la autógrafa no tiene errores, los MSS que de ella se derivan tanto griegos como hebreos tienen, además de errores de transmisión textual, interpolaciones, manipulaciones y contradicciones. En consecuencia, vamos a ver reflejada toda esta problemática en las versiones que han llegado a nuestras manos.

3) La única forma de solucionar este problema y restaurar el verdadero sentido del texto original sobre la base de MSS imperfectas es realizando un trabajo de Crítica Textual.

4) Lo antes citado ha dado pie a creer que ya que las copias son imperfectas, la autógrafa también lo es. La debilidad de esta creencia es que la inspiración estrictamente hablando se aplica solo a la autógrafa, la cual en la providencia de Dios puede ser descubierta de MSS disponibles con gran confiabilidad. Además es preciso apuntar que las copias y traducciones de la Escritura son la Palabra de Dios y que ellas, fielmente, representan al original como lo demuestran los DSS.

5) La Iglesia nunca ha hablado de "inspiración divina" en el trabajo que por siglos llevaron a cabo los copistas, llamados también Soferim o escribas, que en realidad son los responsables de cualquier tipo de error en los MSS; pero responsabilizar a estos personajes así por así sería un acto de verdadera irresponsabilidad. Estos señores son realmente héroes, porque durante miles de años custodiaron, salvaguardaron y transcribieron de un papiro a otro la Palabra de Dios. Sería completamente absurdo, ilógico e irreal que hoy las versiones de la Biblia no tuvieran errores después de todo este largo

proceso. Si a todo lo anterior le agregamos el hecho de que el idioma hebreo en el que fue escrito el AT no tenía vocales, es completamente lógico que al ponerle vocales a las palabras tuviéramos problemas. De manera que decir que no debemos usar Jehová porque es una corrupción de YHWH cuando el tetragrama fue consonantado, resulta ridículo. Sabemos perfectamente que no es Jehová, pero: ¿Cuál es el problema de usarlo? Ninguno.

6) Cuando se coteja el texto actual de nuestras versiones con los MSS o los mismos DSS, las diferencias son realmente mínimas. Lo que esto significa es que el trabajo realizado por los Soferim fue extraordinario y la humanidad estará siempre en deuda con ellos.

7) En virtud de todo lo expresado anteriormente, concluimos que es completamente normal que haya errores en las versiones actuales y es nuestra responsabilidad descubrir, en la medida de nuestras posibilidades, el sentido original del Texto. Es una insolencia humana satanizar versiones de la Biblia diciendo que una es mejor que la otra o que esta contiene tal o cual error. Todas las versiones tienen errores y cada versión tiene algo que resulta útil. El verdadero estudioso de la Palabra revisará el mayor número de versiones posibles, especialmente aquellas que fueron traducidas de los originales.

Crítica Lingüística

1) El uso semántico de una palabra en la época y cultura del hagiógrafo puede ser completamente diferente al uso semántico de nuestra época o cultura; tal hecho nos obliga realizar un estudio de Crítica Lingüística.

2) El estudio semántico de las palabras debe efectuarse tanto de forma sincrónica, es decir, el significado que tenía en el momento de escribirse, como de forma diacrónica, es decir, el significado que adquirió después de una evolución.

3) Existen una serie de palabras en el NT que tienen un contenido semítico que hay que entender para su correcta interpretación. Dicho contenido semítico puede ser lingüístico, cultural o teológico. En el período intertestamentario se desarrollaron una serie de conceptos como Mesías, Satanás, juicio final, *inter alia* que aparecen mencionados en el NT y que requieren de la comprensión semítica.

4) Para efectuar el trabajo de Crítica Lingüística es indispensable que el crítico o exégeta tenga un buen manejo de los idiomas bíblicos, de lo contrario estará incapacitado para realizar su labor.

Crítica Literaria

1) La gran mayoría de los libros del AT tienen un carácter compilatorio; esto quiere decir que no fueron escritos por una única persona. Tradicionalmente se ha afirmado que Moisés es el autor del Pentateuco; sin embargo, un estudio cuidadoso de la Torá nos llevará a la conclusión de que Moisés no escribió todo el Pentateuco. Hemos crecido en un ambiente donde se nos ha obligado a creer las cosas porque sí, y se nos ha castrado el pensamiento haciéndonos creer cosas de modo irracional. Se ha satanizado y excluido a las personas que piensan diferente. Bueno, pues es hora de cambiar dicha realidad; no podemos seguir afirmando que los 187 capítulos del Pentateuco fueron escritos por Moisés, porque las evidencias internas y externas nos dicen lo contrario.

2) Lo anterior significa que el Pentateuco está integrado por documentos escritos tanto por Moisés como por otras personas. La redacción final del Pentateuco es obra de los Soferim en una época posterior a Moisés. En consecuencia, el Pentateuco tiene un carácter compilatorio producto de un extraordinario trabajo efectuado por uno o varios hombres temerosos de Dios.

3) Aunque bajo nuestro criterio la formación documental del Pentateuco no es una hipótesis sino una realidad, sostenemos que lo que se conoce como Hipótesis Documental del Pentateuco es una teoría racionalista inaceptable, porque reduce el *Sitz im Leben* de los autores a tretas políticas, poniendo la religión del pueblo de Dios y el culto a YHHW al mismo nivel que las religiones de los pueblos paganos.

4) Lo anterior es válido para Isaías. Es ridículo pensar que este escribió los sesenta y seis capítulos del libro que lleva su nombre. La evidencia interna, tanto lingüística como teológica e histórica, es tan abrumadora que sería irracional sostener la paternidad literaria del profeta en todos esos capítulos. El libro de Isaías tiene un carácter compilatorio y por supuesto que este profeta interviene en el libro, pero también lo hacen sus discípulos y las personas que trabajaron en la redacción final de tan magnífico libro.

5) Las declaraciones anteriores no alteran ni menguan uno de los principios torales de nuestra fe cristiana y es que la Biblia es la Palabra de Dios. No existe absolutamente ningún problema en creer en el carácter compilatorio de la mayoría de los libros del AT. Esto no afecta en un ápice la majestad de la Palabra de Dios.

6) Es un imperativo insoslayable sacar de nuestro pensamiento que un libro de la Biblia como Samuel o Isaías fue escrito por un solo hombre. Estos libros son hechos por equipos de personas a quienes Dios

llamó para hacer esto, personas que compilan las fuentes primigenias del libro, luego juzgan cuáles usar y cuáles no, después inician el extraordinario trabajo de redacción hasta que terminan la tarea.

7) Otro aspecto que es importante tener en mente es que las personas que acometen este trabajo no lo están haciendo con la idea de que están escribiendo la Biblia. Voy a repetir esto porque es de capital importancia: los redactares no hacen su labor pensando que están escribiendo la infalible Palabra de Dios. La canonización del Texto es otra cosa diferente, es un proceso de largos años antes de aceptar un libro dentro del canon. En el pueblo de Israel había ancianos, líderes religiosos que se encargaban de reconocer cuáles eran y cuáles no los libros inspirados. Para entenderlo mejor, existen dos cánones; el nuestro, que acepta solo treinta y nueve libros del AT, y el alejandrino, que acepta los libros deuterocanónicos que nosotros no creemos que sean inspirados, pero que los católicos sí.

8) No creemos que el apóstol Pablo haya escrito Romanos o Gálatas pensando que estaba escribiendo un Escrito que iba a situarse al mismo nivel que Jeremías. De hecho, Pablo escribió cualquier cantidad de cartas, v.g. sabemos bien que la primera a los Corintios es lo más seguro la segunda, y que la segunda es la cuarta. La primera y la tercera no fueron canonizadas, pero la segunda y la cuarta sí. La decisión de si un libro o una carta entra en el canon no es decisión de quien la escribe, sino de los ancianos, de los doctores de la Iglesia, quienes hacen su trabajo y deciden qué escrito entra y cuál no. En el caso del NT, seleccionaron solo veintisiete libros y cartas y desecharon numerosos escritos que circulaban en las Iglesias y que eran usados también.

9) Es lamentable que la Crítica Literaria haya nacido para desvirtuar y negar el carácter sagrado y sobrenatural de la Biblia. No se puede negar que muchas de las cosas que los racionalistas afirman son correctas, como también es correcto decir que estaremos en deuda con ellos por su contribución a la ciencia de la Crítica Bíblica; lo que no es aceptable es reducir la religión cristiana a una más dentro del tinglado cósmico.

Crítica de Formas

1) La Crítica de Formas constituye una verdadera contribución a la ciencia de la Crítica Bíblica. Desafortunadamente, surge para decirnos que los evangelios que nosotros consideramos inspirados están fundamentados en mitos, leyendas e historias no reales. A pesar de lo anteriormente expresado, la metodología propuesta por la Crítica de Formas resulta de gran utilidad para desentrañar verdades extraordinarias de las perícopas.

2) Tanto los evangelios como muchos otros libros de la Biblia están formados por perícopas que los hagiógrafos utilizaron en el momento de sentarse a escribir sus relatos. Es completamente irracional pensar que los evangelistas escribieron lo que les salía de la cabeza solamente. Ellos usaron las fuentes que disponían en su época como la *agrapha,* el documento Q, evangelios apócrifos, los dichos de Jesús, entre muchos otros documentos.

3) Es inaceptable y tendencioso creer que las perícopas que usaron los evangelistas eran leyendas, mitos, cuentos, etcétera. El primer evangelio fue escrito cerca de veinte años después de la muerte del Señor; esto quiere decir que había una generación que había sido testigo ocular de los hechos y que no iba a permitir que el mensaje del Señor se degenerara en mitos o leyendas.

Crítica de Redacción

1) La Crítica de Redacción es un paso más adelante en relación con la Crítica de Formas. Fundamentalmente sostiene que el redactor de un libro de la Biblia es una persona que escribe con una perspectiva teológica preconcebida.

2) Sería ilógico afirmar que el redactor final del libro de Samuel no tenía una perspectiva teológica preconcebida; sí la tenía. Y en este caso específico era exaltar la figura de David y defenderlo de todas las acusaciones que sus enemigos lanzaban contra él. Samuel no nos muestra al David de carne y hueso, al asesino, al traidor, al vengativo, al sanguinario, al hombre que está dispuesto a cometer las bajezas más infames que un ser humano pueda cometer. Samuel nos presenta al héroe que corta doscientos prepucios, que mata a Goliat, que danza ante el Arca de Dios, que quiere construir el templo, en fin, una cara que a lo mejor no era la que le correspondía. Con lo anterior, lo que queremos decir es que hay una manipulación teológica en el libro, al igual que lo hay en este libro sobre la Crítica Bíblica. Negar el hecho de que esta obra que usted está leyendo no tiene una perspectiva teológica es una quimera. Por supuesto que el autor tenía una agenda preconcebida antes de iniciar el trabajo de redacción.

3) En el caso de Mateo, podemos ver sus perspectivas teológicas. Él toma un acontecimiento de la vida de Jesús y busca una cita en el AT para legitimar el evento o el dicho de Jesús. Algunas veces falla y otras acierta. Esto nos muestra que Mateo, como cualquier ser humano normal, trata de darle una perspectiva teológica a su relato. La forma en que Mateo ordenó sus cinco discursos y las expresiones

idiomáticas que utilizó para separarlos nos demuestran el esmerado trabajo de redacción que hizo este hombre de Dios.

4) Lo anterior no afecta para nada a la doctrina de la inspiración, no quita que el evangelio de Mateo sea la Palabra de Dios. Tenemos que entender que Mateo, al igual que los redactores de Samuel, es un ser humano, igual que usted y que yo, y que esa aureola de seres místicos, sobrenaturales que se sentaron a escribir con la mente tabula rasa lo que el Espíritu Santo ponía en su mente y corazón es un verdadero mito que nos han enseñado en la escuela dominical o en la denominación que usualmente tiene una declaración doctrinal con una serie de artículos de fe que ni ellos mismos entienden.

5) Afirmaciones del ala racionalista en el sentido de que los escritores de la Biblia redactaron con propósitos políticos, como la de De Wette, que enseñó que el Deuteronomio fue escrito a raíz de un contubernio del rey Josías con el sacerdote Hilcias para hacer que la gente regresara a adorar a Dios a Jerusalén porque el templo había perdido mucho dinero, son un mito inaceptable; o que Lucas escribió para corregir un error de la Iglesia que esperaba la segunda venida de forma inmediata y su evangelio presenta una parusía tardía para corregir ese error, es completamente absurdo; es exactamente lo que hizo Rutherford cuando corrigió un absurdo de Carlos Russell en el sentido de que la parusía de Jesús iba a ser en 1914. Cuando esto no ocurrió, Rutherford tuvo que escribir un libro para reinterpretar y calmar a los seguidores.

Crítica Histórica

1) Es indiscutible que Dios nos ha entregado su palabra envuelta en una cultura judía y grecorromana que no tiene nada que ver con la nuestra. Es completamente absurdo tratar de aplicar reglas que aparecen en la Biblia y que eran para aquel mundo, pero que no tienen nada que ver con nosotros. La mala comprensión de esta realidad llevó a la Iglesia al legalismo, porque nuestros líderes nos enseñaron cosas que la Biblia dice pero que nunca dice. La Biblia dice que la mujer que tiene el pelo corto use velo cuando esté en la iglesia, pero la verdad es que no dice eso. La Biblia dice que pongamos la otra mejilla cuando en realidad no dice eso.

2) Para que la Biblia sea pertinente a nosotros tenemos que quitarle todo el ropaje judío y grecorromano y ponerle el nuestro; a esto podemos perfectamente llamarle, desmitificación del Texto. Es que el Texto envuelto en la cultura de los judíos es un mito para nosotros. Las reglas morales a las que se refiere Pablo, como "esclavos obe-

dezcan a sus amos", son un mito para nosotros. El decirle a un esclavo como Onésimo que regrese donde está Filemón para pedirle perdón es un mito para nuestro mundo. En nuestra cultura, si una persona sufre abusos por parte de su empleador, aquella tiene el derecho de presentar una demanda contra este para que corrija su abuso. Así que las regulaciones paulinas son un verdadero mito; por lo tanto, es necesario desmitificarlas.

3) Ahora, afirmar lo que sostenía Bultmann en el sentido de que las perícopas usadas por los evangelistas eran leyendas o mitos y que estas eran producto de la cosmovisión de los judíos del cielo arriba, el infierno abajo y la tierra en el centro y de que el kerigma de Jesús estaba envuelto en mitología y que por lo tanto había que desmitificarlo, puesto que perícopas como el milagro de Jesús al caminar sobre las aguas o de sanar al hombre del estanque de Bethesda son leyendas, constituye un verdadero exabrupto y una postura inaceptable por parte de Bultmann. La cosmovisión no ha cambiado, porque no es patrimonio de los judíos, es una verdad indubitada de la revelación de Dios. Existe el cielo, que es lugar de la morada de Dios y sus ángeles; existe el infierno, que será la morada de Satanás y lo es actualmente de todas aquellas personas que murieron sin Cristo; y la tierra, que es el escenario de la gran batalla espiritual entre las fuerzas del bien y del mal. Bultmann sostenía que esto era la cosmovisión del primer siglo y que no tiene nada que ver con la cosmovisión actual. Pero el señor Bultmann se equivocó; el día en que esta cosmovisión deje de existir es porque el fin del mundo habrá acontecido.

Crítica bíblica en general

1) Aunque la Crítica Bíblica surge a partir de la erudición heterodoxa alemana para pulverizar y ridiculizar la esencia misma de la fe cristiana, el tiro les salió al revés, puesto que hemos movido el péndulo hacia el lado donde la Crítica Bíblica nos da una cosmovisión espectacular del Texto que nosotros consideramos la Palabra de Dios.

2) Siempre estaremos en deuda con los teólogos alemanes porque nos mostraron ángulos desde los cuales se puede estudiar el Texto Sagrado. Cada ángulo nos dice parte de la verdad; cuando unimos los seis ángulos tenemos una imagen bien clara del texto objeto de estudio.

3) En la Iglesia y en la academia tradicional se nos enseñó, erróneamente, a ver solo a la persona a quien se atribuye la paternidad de un libro determinado, ignorando que en un gran número de ocasio-

nes el nombre de esa persona solo es eso, el nombre, como ocurre en el libro de Samuel, Isaías, el Pentateuco; estas son obras compiladas por un grupo de personas que hacen un trabajo de redacción final y son las que realizan la tarea pesada, aunque desafortunadamente son ignoradas y no tenidas en cuenta. Es importante subrayar que no todo termina cuando el editor acaba el libro. Una vez finalizado se entra en un largo proceso de socialización y aceptación por parte del liderazgo y del pueblo en general. Después de un tiempo, por la *enveterata consuetudo* y la sanción de las personas autorizadas para eso, el libro es aceptado dentro del canon, es decir, dentro de la colección privilegiada de escritos que son considerados como inspirados, recibiendo de esta manera la sanción de autoridad para ser normativos en la vida del pueblo. A todo esto, los papiros originales en que se escribió originalmente Samuel o Ester ya se han desintegrado y los copistas ya han tenido que transcribirlos a otro papiro.

4) Es importante que pongamos atención en las personas que compilan las fuentes y que hacen la redacción final de los escritos. Al final ellos son los que deciden qué documentos incorporar y qué documentos eliminar. Ellos también son los que efectúan las interpolaciones, las manipulaciones o los que agregan perícopas a libros que antes no las tenían. Estos personajes anónimos desempeñan un papel tan importante como la persona a quien se le atribuye el libro.

5) Existen una serie de mitos que nos han inculcado en la Iglesia y que es necesario que nos despojemos de ellos. Recordemos que este libro ha sido escrito para dialogar con una nueva generación que no admite mitos ni respuestas a medias.

6) Sobre el tema de la inspiración e inerrancia de la Escritura, es importante clarificar que no hay posturas intermedias, ni se pueden adoptar posiciones eclécticas; solo hay dos posibilidades: la autógrafa es inspirada e inerrante o no, pues no cabría hablar de inspiración parcial, grados de inspiración, ni mucho menos inspiración de conceptos y no de palabras. La afirmación o la negación del origen sobrenatural de la autógrafa no es precisamente científica, sino ética. Y como sostiene el profesor Berkhof: "Revela visiblemente la aversión del corazón natural hacia lo sobrenatural".

El problema no es la ciencia de la Crítica Bíblica, sino quién hace la ciencia de la Crítica Bíblica; de él depende que el enfoque afirme o niegue los principios de inspiración e inerrancia que tradicionalmente ha mantenido la Iglesia. No dudamos de la sinceridad de muchos eruditos que realizan Crítica Bíblica, pero tampoco podemos ignorar que muchas veces están sinceramente equivocados.

Finalmente dar gracias a Dios por su misericordia y amor, sin pretender infalibilidad e inerrancia en el trabajo realizado, pero con la firme convicción de que:

... Dios fue manifestado en carne, justificado en el Espíritu, visto de los ángeles, predicado a los gentiles, creído en el mundo, recibido arriba, en Gloria.[309]

309. 1 Timoteo 3:16.

Anexo I

Ejemplo práctico de un trabajo de Crítica Bíblica: la perícopa de la mujer adúltera

Hemos escogido la perícopa de la mujer adúltera por varias razones: la primera, porque nos permite verla desde los seis ángulos de la Crítica Bíblica; en segundo lugar, por la controversia que esta ha suscitado a raíz de su origen y canonización; y finalmente, porque a partir del estudio crítico de este pasaje seremos capaces de extraer verdades muy importantes para nuestra vida.

La perícopa objeto de estudio se halla localizada en Juan 7:53 y se extiende hasta el 8:11. La versión que utilizaremos para su correspondiente análisis y estudio será la versión de Nestle y Alland.

[53][[Καὶ ἐπορεύθησαν ἕκαστος εἰς τὸν οἶκον αὐτοῦ, [1]Ἰησοῦς δὲ ἐπορεύθη εἰς τὸ ὄρος τῶν ἐλαιῶν. [2]Ὄρθρου δὲ πάλιν παρεγένετο εἰς τὸ ἱερὸν καὶ πᾶς ὁ λαὸς ἤρχετο πρὸς αὐτόν, καὶ καθίσας ἐδίδασκεν αὐτούς. [3]Ἄγουσιν δὲ οἱ γραμματεῖς καὶ οἱ Φαρισαῖοι γυναῖκα ἐπὶ μοιχείᾳ κατειλημμένην καὶ στήσαντες αὐτὴν ἐν μέσῳ [4]λέγουσιν αὐτῷ· διδάσκαλε, αὕτη ἡ γυνὴ κατείληπται ἐπ᾽ αὐτοφώρῳ μοιχευομένη· [5]ἐν δὲ τῷ νόμῳ ἡμῖν Μωϋσῆς ἐνετείλατο τὰς τοιαύτας λιθάζειν. σὺ οὖν τί λέγεις; [6]τοῦτο δὲ ἔλεγον πειράζοντες αὐτόν, ἵνα ἔχωσιν κατηγορεῖν αὐτοῦ. ὁ δὲ Ἰησοῦς κάτω κύψας τῷ δακτύλῳ κατέγραφεν εἰς τὴν γῆν. [7]ὡς δὲ ἐπέμενον ἐρωτῶντες αὐτόν, ἀνέκυψεν καὶ εἶπεν αὐτοῖς· ὁ ἀναμάρτητος ὑμῶν πρῶτος ἐπ᾽ αὐτὴν βαλέτω λίθον. [8]καὶ πάλιν κατακύψας ἔγραφεν εἰς τὴν γῆν. [9]οἱ δὲ ἀκούσαντες ἐξήρχοντο εἷς καθ᾽ εἷς ἀρξάμενοι ἀπὸ τῶν πρεσβυτέρων καὶ κατελείφθη μόνος καὶ ἡ γυνὴ ἐν μέσῳ οὖσα. [10]ἀνακύψας δὲ ὁ Ἰησοῦς εἶπεν αὐτῇ· γύναι, ποῦ εἰσιν; οὐδείς σε κατέκρινεν; [11]ἡ δὲ εἶπεν· οὐδείς, κύριε. εἶπεν δὲ ὁ Ἰησοῦς· οὐδὲ ἐγώ σε κατακρίνω· πορεύου, [καὶ] ἀπὸ τοῦ νῦν μηκέτι ἁμάρτανε]]

Crítica Textual

Como se recordará, la Crítica Textual trata de recuperar el significado de un texto cuando existe una variante entre una versión y otra. Aquí el problema es mayor; resulta que la existencia de corchetes entre los cuales está la perícopa significa que esta no se halla en los más antiguos MSS y que existe una posibilidad de que haya sido agregada y canonizada posteriormente, de tal manera que nuestro estudio deberá girar en torno a las fuentes de la Crítica Textual para determinar si la perícopa pertenece o no a Juan.

Para comenzar nuestro discurso, es importante señalar que la perícopa de la mujer adúltera no aparece en los testimonios griegos más antiguos e importantes, entre ellos podemos citar 𝔓66, 𝔓75- ℵ B L N T W X Y - 0141 02 11 2233 124 157 209 788 828 1230 1241 1242 1253 2193.[310] En todos estos documentos se pasa directamente del (7:52) "¿No eres tú también de Galilea? — protestaron—. Investiga y verás que de Galilea no ha salido ningún profeta", al (8:12) que comienza de la siguiente manera: "Otra vea Jesús les habló, diciendo…"; en otras palabras, la perícopa de la mujer de la mujer adúltera fue intercalada por alguien desconocido entre estas otras perícopas. El códice más antiguo que contiene la perícopa de la mujer adúltera[311] es el códice D[312] o el Códice de Beza, que data del siglo VI.[313] Según Sánchez Castelblanco:

310. El 𝔓66 es un códice casi completo del evangelio de san Juan, encontrado en Egipto, que forma parte de la colección de papiros conocida como los papiros Bodmer. El 𝔓75 es una representación del tipo textual alejandrino. Kurt Aland lo ubicó en la Categoría I.6. El texto está más cerca al Códice Vaticano que del Sinaítico. La coincidencia entre 75 y el Códice B es de un noventa y dos por ciento en Juan 7 y noventa y cuatro por ciento en Lucas. ℵ es el Códice Sinaítico y el B es el Códice Vaticano. Ya nos hemos referido a ambos en el primer capítulo de esta obra. El L es el Códice de Leningrado. El uncial 0141 es un códice que contiene un comentario sobre el evangelio de san Juan versículo por versículo. El texto está escrito en dos columnas y data del siglo X. Para conocer toda esta nomenclatura utilizada en el aparato crítico del Nuevo Testamento griego, se recomienda ver Kruger, René, Croatto, Severino, Míguez, Nestor, *Métodos Exegéticos*, óp. cit., pp. 39 y ss. También la introducción del Nestle-Aland, *Creek New Testament*, [Introducción al NT griego], óp. cit., pp. 1 y ss.

311. Burge, Gary M., "A Specific Problem in the New Testament Text and Canon: The woman caught in adultery", *Journal of the Evangelical Theological Society*, vol. XXVII, p. 142.

312. En esta página usted podrá leer el Códice D y podrá comprobar la existencia de la perícopa de la mujer adúltera. http://codexbezae.perso.sfr.fr/cb/jn/jn.php?chapter=8&lang=en.

313. El Códice D, conocido como Códice de Beza o Cantabrigiensis, es uno de los cinco más importantes manuscritos griegos del Nuevo Testamento, y el más interesante de todos por sus lecturas peculiares. Recibe su nombre de Teodoro de Beza, el amigo y sucesor de Juan Calvino, y de la Universidad de Cambridge, que obtuvo como regalo de Beza en 1581 y aún lo guarda. El texto es bilingüe, en griego y latín. El manuscrito, escrito en caracteres unciales, conforma un volumen en cuarto, de excelente pergamino, de 10 × 8 pulgadas. El códice contiene solo los cuatro evangelios, en el orden común en Occidente: Mateo, Juan, Lucas y Marcos.

Hay manuscritos en que la perícopa en mención se encuentra en otros lugares. Así por ejemplo, el manuscrito minúsculo 225 presenta el episodio después de Jn 7:36, mientras que en los manuscritos de la familia 1 (f1) se encuentra al final del cuarto evangelio (Jn 21:25). También se encuentra en el tercer evangelio, o antes del relato de la pasión (Lc. 21:38) como en los manuscritos de la familia 13 (f13) o al final de todo el evangelio (Lc. 24:53) como en el manuscrito 1333.[314]

Lo anterior evidencia que la canonización de la perícopa de la mujer adúltera paso por un largo proceso que pudo haber durado varios siglos. Parece indicar que el reconocimiento de la perícopa se dio primero en Occidente y luego en Oriente, puesto que en la tradición latina la perícopa había sido reconocida antes que la Vulgata. Finalmente, aseverar que esta perícopa es el pasaje del NT que presenta más variables textuales, lo que permite percibir una historia llena de cambios en todo el proceso hasta su canonización.[315] Todo el discurso anterior nos lleva a las siguientes conclusiones:

1) Según la evidencia de los MSS con más prestigio disponibles hoy en día, la perícopa de la mujer adúltera no es parte original del evangelio de Juan, sino que fue añadida posteriormente.

2) El más antiguo MSS que contiene la perícopa en el lugar donde actualmente se encuentra es el Códice de Beza o D, que data del siglo v o vi.

3) Al haber sido la perícopa de la mujer adúltera incorporada en la Vulgata de Jerónimo, es considerada como canónica por los católicos; en ese mismo sentido, al haber sido incorporada en la versión británica *King James*, es considerada canónica por la Iglesia protestante de habla inglesa. Al haber sido incorporada por Casiodoro de Reina en su famosa versión del Oso de 1569 y mantenida por Cipriano Valera, la Iglesia protestante de habla castellana acepta su canonicidad.

4) La Crítica Textual es la ciencia que trata de recuperar el significado del texto mediante un estudio de las diversas variables, pero también trata de establecer si una determinada perícopa es parte del texto o no, como es el caso que nos ocupa. Siguiendo esa misma línea de pensamiento y habiendo visto que es una perícopa añadida posteriormente, la conclusión del análisis es la siguiente: la perícopa de la mujer adúltera no forma parte del Texto Sagrado.

314. Véase Sánchez Castelblanco, Wilton Gerardo, "Jesús y la mujer adúltera. Análisis exegético-Teológico de Jn 7:53–8:11", publicado en Franciscanum, vol. LII, No. 154, julio-diciembre de 2010, p. 20.

315. Ibíd., p. 21.

En consecuencia, no debe estar ni en el evangelio de san Juan ni en ningún otro.

5) Aunque la conclusión anterior sea la correcta desde la perspectiva de la lógica, no necesariamente es la verdad. Es necesario tener en cuenta otros elementos que no se hallan en el silogismo que lleva a la conclusión de que la perícopa no es parte del Texto Sagrado.

6) Entre los elementos a tener en cuenta podemos citar: a) No poseemos en nuestras manos la autógrafa que escribiera Juan, de manera que no hay nadie que pueda asegurar que tal perícopa no estaba en el MSS original. b) Los más antiguos MSS que poseemos donde no aparece la perícopa datan del siglo III y IV, y nadie puede asegurar que dicha perícopa no estuviera en documentos que circulaban en el siglo primero. c) El mismo Juan termina su evangelio con una hipérbole diciendo que hay también muchas otras cosas que hizo Jesús, las cuales si se escribieran una por una, pienso que ni aun en el mundo cabrían los libros que se habrían de escribir.[316] La pregunta obvia es: ¿Cuál es el problema de incluir la perícopa de la mujer adúltera dentro de esta categoría? d) El mismo Pablo incluye en su discursos dichos de Jesús no canónicos como "es más bienaventurado dar que recibir". En tal sentido, ¿cuál sería el problema de que alguien haya agregado esta perícopa y la haya puesto donde actualmente está? Ningún problema. En el caso de que Juan no haya sido la persona que la ubicó donde actualmente se encuentra, ¿cuál sería el problema? Ninguno. Esto en ningún momento significa que el evento no haya pasado; por lo tanto, no hay ningún problema con la perícopa. e) Finalmente, quizás lo más importante de todo este discurso es el hecho de que dicha perícopa no contradice en absolutamente nada ninguna doctrina de la fe cristiana; más bien al contrario, confirma el propósito misionero de Jesús.

Crítica Lingüística

Ahora nos hallamos en otra área de la Crítica Bíblica, que tiene que ver con todo lo relacionado con la lingüística del pasaje. En primer lugar existen una serie de expresiones que aparecen en la perícopa que no se encuentran en el resto del evangelio: a) (8:1) τὸ ὄρος τῶν ἐλαιῶν. (al monte de los Olivos); b) (8:2) Ὄρθρου (temprano en la mañana), (8:11) ἀπὸ τοῦ νῦν (desde ahora); c) (8:3) cuando la perícopa menciona οἱ γραμματεῖς (Los escribas) no los ubica como dirigentes judíos o en el (8:9) cuando escribe πρεσβυτέρων

---

316. Juan 21:25.

(ancianos) no los sitúa dentro de la categoría de dirigentes. Esto son algunos ejemplos de expresiones que no concuerdan con el resto del libro.

El estilo y el vocabulario de la perícopa muestran un gran acuerdo con los evangelios sinópticos, y especialmente con Lucas, de manera que la combinación de términos técnicos y de construcciones peculiares mostraría una autoría lucana; entre tales expresiones resaltan las siguientes: "y se fueron cada uno a su casa", "Jesús, por su parte se fue al monte de los olivos", "de madrugada se presentó de nuevo en el templo", "Él se sentó y se puso a enseñarles", "pero los letrados y los fariseos conducen a una mujer sorprendida en adulterio", "y colocándola en medio, le dicen". Sin embargo, la perícopa muestra algunos términos que Lucas desconoce, tales como: (8:4) αὐτοφώρῳ (tomada, sorprendida), (8:6) κατέγραφεν, (escribió), (8:7) ἀναμάρτητος (sin pecado), (8:3) μοιχείᾳ (adulterio), etcétera. En virtud de lo anterior no se puede aceptar así por así que haya sido Lucas el autor.

El estudio lingüístico del pasaje nos presenta varias aspectos a tener en cuenta: primero, que algunas palabras usadas no son palabras que Juan use, pero sí se utilizan regularmente en los sinópticos; en segundo lugar, hay expresiones en la perícopa que no son empleadas en los evangelios, como el de Lucas por ejemplo.

El análisis lingüístico de la perícopa nos lleva al punto de afirmar que Juan no es el redactor de la perícopa, ni tampoco los otros evangelistas; no obstante, es necesario tener en cuenta otros elementos, como el hecho de que las perícopas no fueron escritas por los evangelistas; ellos solo las redactaron en muchos de los casos. En este caso específico, nadie podría negar que cabe la posibilidad de que Juan haya insertado la perícopa tal cual, sin realizar ninguna modificación. Esto explicaría la diferencia lingüística con el resto del texto.

Crítica Literaria

La Crítica Literaria tiene que ver con la paternidad literaria de la perícopa y todo lo relacionado con este tema. Tras el estudio realizado desde la perspectiva tanto de la Crítica Textual como de la Crítica Lingüística, la conclusión sobre el origen de la perícopa es que probablemente sea anónima. Además de Juan, no existe ni el más mínimo indicio de quién pudo haber sido su autor. Lo que esto significa es que este evangelio tuvo un redactor final que agregó la perícopa y se encargó de darle el estilo final a lo que conocemos como el evangelio de Juan.

Por otro lado, huelga señalar que al estudiar la perícopa vamos a encontrar que existe unidad literaria y temática, v.g. cuando se habla de la mujer adúltera, se usa palabra ἐν μέσῳ (en medio) (8:3 y 9); esta pequeña expresión nos da testimonio de esa unidad. Tal y como señala Sánchez Castelblanco:

> ...a la premura de los acusadores que urgen la intervención de Jesús se contrapone su retirada en silencio. La trama y la tensión del relato tienen un primer culmen con la sentencia solemne de Jesús, que provoca la desbandada de los acusadores, sin embargo, la historia no termina con esa primera victoria de Jesús, sino que se dirige hacia una sentencia que compromete la vida de la mujer: Vete y en adelante no vuelvas a pecar...[317]

Lo que Sánchez Castelblanco nos está diciendo es que tanto al principio como al final de la escena la mujer se encuentra ἐν μέσῳ (en medio) de Jesús y esto simplemente le da unidad literaria a la perícopa.

Crítica de Formas

Cada perícopa se caracteriza porque tiene una unidad literaria y por lo tanto esta que es objeto aquí de análisis no es la excepción. Es importante señalar que la perícopa de la mujer adúltera está en medio de la perícopa de los fariseos enviando alguaciles a prender a Jesús[318] y la perícopa de Jesús, la luz del Mundo.

Este episodio de la vida de vida Jesús fue transmitido por tradición oral hasta que alguien decidió escribirlo. Siguiendo la clasificación de Robert Gundry, ubicamos esta perícopa en la primera categoría a la cual él llama: "Apotegmas, paradigmas o pronunciamientos", la cual él define como historias que culminan con un solemne dicho de Jesús y que son usadas como ilustraciones para sermones.[319] Definición que encaja a la perfección con la perícopa de mujer adúltera. Se ignora quién escribió esta perícopa; lo cierto es que ya sea Juan u otra persona, alguien la ubicó en el lugar donde se encuentra.

---

317. Cf. Sánchez Castelblanco y Wilton Gerardo, "Jesús y la mujer adúltera. Análisis exegético-teológico de Jn 7:53–8:11", óp. cit., p. 25.

318. Cabe señalar que la perícopa de los fariseos enviando alguaciles a prender a Jesús es interrumpida por otra perícopa que se llama "división sobre la mesianidad de Jesús" (7:40-44).

319. Gundry, Robert H., *A Survey to the New Testament*, (1994), óp. cit., p. 101. Las otras categorías que el menciona son: Historia de milagros, dichos y parábolas, leyendas para magnificar la grandeza de Jesús y la quinta y última categoría es historia de la pasión.

Crítica de Redacción

Al pasar esta perícopa por el tamiz de la Crítica de Redacción, nos damos cuenta de que ya sea Juan o quien quiera que la haya colocado donde actualmente está, ello no lo hizo al azar. El lugar donde se ubica es el correcto y revela el *Sitz im Leben* del redactor final:

> Para poder tener una visión adecuada de la perícopa de la mujer adúltera es necesario ver el contexto en el cual se encuentra y ver así si interrumpe dicho contexto o le da un mayor significado. El episodio en cuestión (7,53-8,11) se enmarca dentro de las fuertes controversias de Jesús con los judíos durante la fiesta de las Tiendas en Jerusalén (7,1-10,21). Allí se pone de manifiesto la actitud hostil de los judíos ante la propuesta y la persona de Jesús. Esa hostilidad había crecido hasta tal punto de "que Jesús no podía andar por Judea, porque los judíos buscaban matarle" (7,1). Sin embargo, después de enviar por delante a sus hermanos (7,8), Él también va a Jerusalén para participar de la fiesta de las Tiendas. Allí, aunque en un primer momento llega de incógnito (7,10), después enseña en el templo en presencia de todo el pueblo (8,1), hasta que tiene que esconderse ante el riesgo de ser apedreado (8:59).[320]

El contexto de la perícopa de la mujer adúltera nos enseña que el episodio no tiene nada que ver con el pecado de la mujer; que tristemente la mujer es simplemente un objeto para tender una trampa a Jesús sin importar la humillación a la que estaban sometiendo a un ser humano. La perversidad de los escribas y los fariseos es la consecuencia lógica de la impotencia y la incapacidad para deshacerse de Jesús, quien se había constituido en un verdadero estorbo para ellos y una amenaza latente para el ejercicio de sus respectivos oficios. Ellos no iban a quedarse con los brazos cruzados, iban a llegar hasta las últimas consecuencias sin importar actos tan bajos y perversos como expiar a una mujer para sorprenderla in fraganti y usarla como un simple objeto para destruir a una persona a quienes ellos odiaban. El redactor de la perícopa la colocó en el lugar perfecto, justo en medio de esa controversia entre Jesús y los líderes religiosos de su época.

Para finalizar, solo cabe reiterar que las perícopas en los evangelios han sido cuidadosamente colocadas, obedeciendo al *Sitz im Leben* del hagiógrafo en este caso.

---

320. Véase Sánchez Castelblanco y Wilton Gerardo, "Jesús y la mujer adúltera. Análisis exegético-teológico de Jn 7:53–8:11", óp. cit., pp. 24-25.

Crítica Histórica

Hemos llegado a la etapa final de todo este proceso: la Crítica Histórica. Lo primero que tenemos que hacer ahora es determinar la cosmovisión religiosa de aquella época que da origen a la perícopa. Pues bien, el contexto tiene que ver con Jesús dando enseñanzas contrarias a las que el oficialismo religioso tradicionalmente había dado. Las enseñanzas de Jesús habían calado en lo más hondo del alma de pueblo que empezó a ver a Jesús como el Mesías. El kerigma de Jesús estaba acompañado de milagros portentosos y extraordinarios que habían dejado mudos incluso a los más educados líderes religiosos.

Al ser las enseñanzas de Jesús incompatibles con las tradiciones de los judíos y mal interpretadas en muchos de los casos, estos encontraron un asidero legal para acusar a Jesús de blasfemo y catalogarlo como impostor. La perícopa de la mujer adúltera se ubica en medio de esta controversia, porque la misma es una trampa de los líderes religiosos para acabar de una vez por todas con el impostor.

Al vivir en la actualidad en una realidad completamente diferente, el kerigma en su estado puro pierde valor, de ahí la necesidad de desnudarlo de su contexto original y traerlo por el túnel del tiempo para aplicarlo a nuestra cosmovisión actual. Usualmente, los predicadores del evangelio usan este pasaje para predicar el perdón y la misericordia de Dios, lo que, por vía de extensión, usando un poco la alegoría es completamente válido, pero el *Sitz im Leben* del pasaje es otro, tal y como hemos podido ver.

Conclusiones

Una vez realizado el análisis crítico de la perícopa de la mujer adúltera procede apuntar las conclusiones siguientes:

1) Existen evidencias suficientes para pensar la perícopa de la mujer adúltera no formó parte del escrito original de Juan.

2) El hecho de que haya sido otra persona quien haya introducido la perícopa en el evangelio de Juan no afecta en un ápice la autenticidad y la legitimidad del texto

3) Existen expresiones idiomáticas en la perícopa que no corresponden ni al estilo ni a la terminología que usualmente encontramos en los escritos de Juan.

4) Se ignora quién escribió la perícopa, pero se puede asegurar que, por su unidad literaria, esta solo tuvo un autor.

5) Esta perícopa podemos ubicarla dentro de la categoría de los apotegmas, es decir, historias que culminan con un solemne dicho de Jesús y que son usadas como ilustraciones para sermones.

6) La ubicación de la perícopa en el evangelio de Juan nos muestra el *Sitz im Leben* del redactor final. No está puesta allí al azar, sino que está colocada en una sección en la cual Jesús se encuentra en una serie de encuentros controvertidos con los líderes religiosos de su época.

7) Lo anterior nos muestra que el propósito principal de la perícopa no es hablarnos de la mujer adúltera, sino mostrarnos la controversia que Jesús tenía con los líderes religiosos y cómo esta había llegado a un estadio altamente peligroso para Jesús. La mujer adúltera es simplemente un objeto para tenderle una trampa a Jesús.

8) La cosmovisión religiosa que dio origen a la perícopa es completamente diferente a la nuestra, de manera que para guardar la majestad del kerigma es necesario despojarlo de ese ropaje religioso del siglo I y arroparlo con el contexto religioso en el que vivimos actualmente para que podamos aplicar el mensaje central de la perícopa a situaciones concretas de nuestro diario vivir y de esta manera el kerigma se vuelva palabra viva.

Para finalizar, solo huelga señalar que, una vez hecho el análisis crítico del texto, resta efectuar la exégesis de la perícopa, es decir, que el trabajo de análisis crítico sin la exégesis del pasaje nunca tendremos la imagen de la perícopa en su dimensión completa. En virtud que este es un libro de Crítica Bíblica y no de hermenéutica, no nos corresponde hacer tal exégesis; sin embargo, recomendamos altamente la magnífica exégesis llevada a cabo por Sánchez Castelblanco.[321]

---

321. Véase Sánchez Castelblanco y Wilton Gerardo, "Jesús y la mujer adúltera. Análisis exegético-teológico de Jn 7:53–8:11", óp. cit., pp. 29-46.

La Declaración de Chicago sobre la inerrancia bíblica

La autoridad de las Escrituras es un tema clave para la Iglesia cristiana, en esta y en todas las épocas. Aquellos que profesan fe en Jesucristo como Señor y Salvador son llamados a declarar la realidad de su discipulado a través de su humilde y fiel obediencia a la Palabra escrita de Dios. Desviarnos de las Escrituras en fe o en conducta es deslealtad a nuestro Maestro. El reconocimiento de la verdad y la confiabilidad total de la Sagrada Escritura son esenciales para adquirir total y adecuadamente la confesión de su autoridad.

La siguiente declaración afirma nuevamente esta inerrancia de la Escritura, haciendo claro nuestro entendimiento de ella y advirtiéndonos en contra de su denegación. Estamos persuadidos de que negarla es hacer a un lado el testimonio de Jesucristo y del Espíritu Santo y rehusar esa sumisión a las demandas de la misma Palabra de Dios que marcan la verdadera fe cristiana. Veamos este como nuestro oportuno deber de hacer esta afirmación a la luz de actuales lapsos de la verdad, de la inerrancia entre nuestros compañeros cristianos y falta de entendimiento de esta doctrina a lo largo del mundo.

Esta declaración consta de tres partes: una declaración resumen, artículos de afirmación y negación y una exposición concomitante. Ha sido preparada en el transcurso de tres días de consulta en Chicago. Aquellos que han firmado la declaración resumen y los artículos desean afirmar su propia convicción en cuanto a la inerrancia de la Escritura y animan y desafían a ellos mismos y a todos los cristianos a un creciente aprecio y entendimiento de esta doctrina.

Reconocemos las limitaciones de un documento preparado en una breve e intensiva conferencia; sin embargo, nos regocijamos en el afianzamiento de nuestras convicciones por medio de nuestros diálogos juntos, y oramos para que la declaración que hemos firmado sea utilizada para la gloria de Dios hacia una nueva reforma de la Iglesia en su fe, vida y misión. Ofrecemos esta declaración, no en un espíritu de contienda, sino de humildad y amor, el cual nos proponemos por la gracia de Dios mantener en cualquier diálogo futuro que surja de lo que ya hemos dicho. Con gusto declaramos que muchos que niegan la inerrancia de la Escritura no manifiestan las consecuencias de esta negación en el resto de su creencia y conducta, y somos conscientes de que nosotros, los que confesamos esta doctrina, con frecuencia la negamos en nuestra vida con nuestros pensamientos y hechos, nuestras tradiciones y hábitos, los que debemos traer a una sujeción a la Divina Palabra.

Invitamos a dar una respuesta a esta declaración de cualquiera que vea razón para enmendar sus afirmaciones sobre la Escritura a la luz de las Escrituras mismas, en cuya autoridad inerrante nos basamos al hablar.

No reclamamos una inerrancia personal por el testimonio que sostenemos y por cualquier ayuda que nos capacite para fortalecer este testimonio de la Palabra de Dios estaremos agradecidos.

Una corta declaración

Dios, quien es la verdad misma y quien habla verdad solamente, ha inspirado la Santa Escritura para revelarse a sí mismo a la humanidad perdida por medio de Jesucristo como Creador y Señor, Redentor y hez. La Sagrada Escritura es el testimonio de Dios acerca de Él mismo.

La Sagrada Escritura, que es la misma Palabra de Dios, escrita por hombres, preparada y dirigida por su Espíritu, es de autoridad divina infalible en todo lo que contiene: debe creerse, como la instrucción de Dios en todo lo que afirma, se le debe obediencia, como el mandato de Dios en todo lo que requiere, debe ser abrazada, como el compromiso de Dios de todo lo que promete.

El Espíritu Santo, el autor divino de las Escrituras, abre nuestras mentes para comprender su significado.

Siendo completa y verbalmente dada por Dios, la Escritura no tiene error ni falla en su enseñanza, ni tampoco en lo que declara, acerca de los actos de Dios en la creación, de la historia del mundo, de sus propios orígenes literarios bajo la égida de Dios, y en su testimonio de la gracia salvadora de Dios en la vida de los individuos.

La autoridad de la Escritura es dañada si esta total inerrancia divina es de alguna manera limitada o no tomada en cuenta, o si es hecha relativa a un punto de vista de la verdad contrario al de la Biblia misma y tales lapsos acarrean pérdida, tanto al individuo como a la Iglesia.

Artículos de afirmación y negación

Artículo I

Afirmamos que las Sagradas Escrituras deben ser recibidas como la palabra autoritaria de Dios.

Negamos que las Escrituras reciban su autoridad de la Iglesia, tradición o cualquier otra fuente humana.

Artículo II

Afirmamos que las Escrituras son la norma suprema escrita por medio de la cual Dios ata la conciencia, y que la autoridad de la Iglesia está subordinada a la Escritura.

Negamos que los credos, concilios o declaraciones de la Iglesia tengan mayor o igual autoridad que la autoridad de la Biblia.

Artículo III

Afirmamos que la Palabra escrita en su totalidad es la revelación dada por Dios.

Negamos que la Biblia sea meramente un testimonio de revelación, o que depende de las reacciones de los hombres para su validez.

Artículo IV

Afirmamos que Dios, quien hizo a la humanidad a su imagen, ha usado el lenguaje como un medio de revelación.

Negamos que el lenguaje humano es tan limitado por nuestra humanidad, que es considerado inadecuado como vehículo de revelación divina.

También negamos que la corrupción del lenguaje y de la cultura humana, por medio del pecado, ha frustrado la obra de inspiración de Dios.

Artículo V

Afirmamos que la revelación de Dios en las Sagradas Escrituras es progresiva.

Negamos que la revelación futura, la cual puede completar la revelación anterior, alguna vez la contradice. También negamos que cualquier información normativa haya sido finalización de los escritos del NT.

Artículo VI

Afirmamos que toda la Escritura y todas sus partes, hasta las mismas palabras del original fueron dados por inspiración divina.

Negamos que la inspiración de la Escritura pueda ser afirmada correctamente del todo sin las partes, o de las partes sin el todo.

Artículo VII

Afirmamos que la inspiración fue la obra por la cual Dios por su Espíritu, a través de humanos escritores, nos dio su Palabra. El origen de la Escritura es divino. La forma de la inspiración divina aún es un misterio para nosotros.

Negamos que la inspiración pueda ser reducida a un discernimiento humano o estados exaltados de conciencia de cualquier clase.

Artículo VIII

Afirmamos que Dios en su Palabra de inspiración utilizó distintas personalidades y estilos literarios, a los cuales Él había escogido y preparado.

Negamos que Dios, al causar que los hagiógrafos usaran las palabras exactas que él escogió, sobrepasó sus personalidades.

Artículo IX

Afirmamos que la inspiración, aunque no confiere omnisciencia, garantiza verdad y confianza en todos los asientos a que los hagiógrafos fueron movidos a hablar o a escribir.

Negamos que la finitud o debilidad de estos escritores, por necesidad u otra forma, introdujeron distorsión o falsedad a la Palabra de Dios.

Artículo X

Afirmamos que la inspiración, estrictamente hablando, se aplica solamente a la autógrafa, la cual en la Providencia de Dios puede ser descubierta de Manuscritos disponibles con gran confiabilidad. Nosotros además afirmamos que las copias y traducciones de la Escritura son la Palabra de Dios y que ellas fielmente representan al original.

Negamos que cualquier elemento esencial de la fe cristiana está afectada por la ausencia de la autógrafa. Además negamos que esta ausencia vuelve la aserción de la inerrancia bíblica inválida o inerrante.

Artículo IX

Afirmamos que la Escritura, habiendo sido dada por divina inspiración, es infalible, así que, lejos de desorientarnos, es verdadera y confiable en todas las materias a las que pe refiere.

Negamos que sea posible para la Biblia ser al mismo tiempo infalible y errante en sus aserciones. Infalibilidad e inerrancia pueden ser distinguidas, pero no separadas.

Artículo XII

Afirmamos que la Escritura es totalmente inerrante, y está libre de toda falsedad, fraude o engaño.

Negamos que la infalibilidad e inerrancia bíblica están limitadas a temas espirituales, religiosos o redentivos; excluyendo el campo histórico o científico. Además negamos que las hipótesis científicas acerca de la historia de la tierra puedan propiamente ser usadas para tergiversar la enseñanza de la Escritura sobre la creación y el diluvio.

Artículo XIII

Afirmamos la propiedad de usar la inerrancia como un término teológico con referencia a la completa veracidad de la Escritura.

Negamos que es propio evaluar la Escritura según los estándares de verdad y error que sean extraños a uso o propósito. Además negamos que la inerrancia es negada por fenómenos bíblicos tales como la carencia de modernas técnicas de precisión, irregularidades de gramática o deletreo, observaciones descriptivas de la naturaleza, el reporte de falsedades, el uso de hipérboles y de cifras, el arreglo por asunto de las materias, selecciones variadas de material en relatos paralelos o el uso de citas libres.

Artículo XIV

Afirmamos la unidad e interna consistencia de las Escrituras. Negamos los errores alegados y las discrepancias que no han sido resueltas viciando la verdad que reclama la Biblia.

Artículo XV

Afirmamos que la doctrina de la inerrancia está fundada en la enseñanza de la Biblia acerca de la inspiración.

Negamos que las enseñanzas de Jesús acerca de la Escritura puedan ser afectadas por apelaciones a acomodaciones o a cualquier limitación natural a su humanidad.

Artículo XVI

Afirmamos que la doctrina de la inerrancia ha sido integral a la de la Iglesia, a través de toda su historia.

Negamos que la inerrancia es una doctrina inventada por el protestantismo escolástico, o que es una posición reaccionaria en respuesta a la alta crítica.

Artículo XVII

Afirmamos que el Espíritu Santo da testimonio de las Escrituras asegurando a los creyentes la confiabilidad de la Palabra de Dios.

Negamos que este testimonio del Espíritu Santo opera aisladamente de o contra la Escritura.

Artículo XVIII

Afirmamos que el texto de la Escritura debe ser interpretado a través de un exégesis gramático-histórica, tomando en cuenta sus formas literarias y que la Escritura debe interpretar la Escritura.

Negamos la legitimidad de cualquier trato del texto o búsqueda de fuentes que lleve a realizar o tergiversar sus enseñanzas, o rechazar su afirmación de paternidad literaria.

Artículo XIX

Afirmamos que una confesión de autoridad completa, infalibilidad e inerrancia de la Escritura es vital para un entendimiento de la fe cristiana. Además afirmamos que tal confesión debería llevarnos a aumentar nuestra imagen a la de Cristo.

Negamos que tal confesión es necesaria para la salvación. También negamos que la inerrancia puede ser negada sin graves consecuencias, tanto para el hombre como para la Iglesia.

Bibliografía

Diccionarios, enciclopedias y Biblias

Alexander, David, y Alexander, Pat, *Manual Bíblico Ilustrado*, Unilit, Miami, 1989.

Fernández Marco, Natalio y Spottorno Díaz Caro, María Victoria, *La Biblia griega Septuaginta*, Sígueme, Salamanca, 2008.

Green, B. Joel (ed.), *Dictionary of Jesus and the Gospels*, Intervarsity Press, EE.UU. Traducido en español: *Diccionario de Jesús y los Evangelios*, Clie, Viladecavalls, 2007.

Haley, John y Santiago Escuain, *Diccionario de Dificultades y Aparentes Contradicciones Bíblicas*, Clie, Viladecavalls, 1987.

Joüon Paul, *Grammaire de l'hébreu biblique*, Pontificio Istituto Biblico, Roma, 1996.

Nestle-Aland, *Creek New Testament*, Deutsche Bibelgesellschaft, Alemania, 1998.

Ropero, Alfonso (ed.), *Gran diccionario enciclopédico de la Biblia*, Clie, Viladecavalls, 2013.

Scofield, C. I., *Biblia Comentada*, versión de 1960.

Spadafora, Francisco, *Diccionario Bíblico*, Editorial Litúrgica Española, Barcelona, 1959.

Manuales del AT y NT

Andiñach, Pablo, *Introducción hermenéutica al Antiguo Testamento*, Verbo Divino, Estella, 2014.

Briggs, Charles A., *The Study of the Holy Scriptures*, Baker Book House, Grand Rapids, 1970.

Deissler, A., *El Antiguo Testamento y la moderna exégesis*, Herder, Barcelona, 1966.

Eichhorn, J. G., *Introduction to the Study of the Old Testament,* Spottiswoode and Co., Londres, 1888.

Fiensy, David, *The Collage Press NIV Commentary New Testament Introduction,* College Press Company, EE.UU., 1994.

Francisco, Clyde, *Introducción al Antiguo Testamento,* Casa Bautista de Publicaciones, El Paso, Texas, 2002.

Gaisler, Norman L., y Nix, W. E., *A General Introduction to the Bible,* Moody Press, Chicago, 1986.

García Santos, Ángel, *El Pentateuco: Historia y Sentido,* San Esteban, Salamanca, 1998.

Gromacki, Robert, *New Testament Survey,* Baker Book House, EE.UU., 1974.

Gundry, Robert, *A Survey of the New Testament,* Zondervan Publishing, EE.UU., 1972.

Guthrie, Donald, *New Testament Introduction,* Intervarsity Press, EE.UU., 1979.

Harrison, Evertt, *Introduction to the New Testament,* Eerdmans, Grand Rapids, 1971. Traducida en español: *Introducción al Nuevo Testamento,* Iglesia Cristiana Reformada, Grand Rapids, 1980.

Harrison, R. K., *Introduction to the New Testament,* Eerdmans, Grand Rapids, 1973.

Kitchen, K. A., *Ancient orient and Old Testament,* Inter-Varsity Press, Chicago, 1966.

Lohse, Edward, *Introducción al Nuevo Testamento,* Sígueme, Salamanca, 1972.

Marguerat, Daniel (ed.), *Introducción al Nuevo Testamento,* DDB, Bilbao, 2008.

Marxsen, Willi, *Introducción al Nuevo Testamento. Iniciación a sus Problemas,* Sígueme, Salamanca, 1989.

Neill, Stephen, *La interpretación del Nuevo Testamento 1861-1961,* Ediciones 62, Barcelona, 1967.

Nicole, Robert, *New Testament Use of the Old Testament,* Baker Book House, EE.UU., 1958.

Pagán, Samuel, *Introducción a la Biblia Hebrea,* Clie, Viladecavalls, 2012.

Pfeifer, Robert, *Introduction to the Old Testament,* Harper Brothers Publisher, EE.UU., 1941.

Rowley, H. H., *The Growth of the Old Testament,* Hutchinson University Library, Londres, 1950.

Sanford, La Sor, *Old Testament Survey,* Eerdmans, Grand Rapids, 1963.

Sicre, José Luis, y Andiñach, Pablo, *Introducción al Antiguo Testamento,* Verbo Divino, Estella, 2011.

Tenney, Merril C., *Nuestro Nuevo Testamento,* Editorial Portavoz, EE.UU., 1989.

Young, Edward. J., *Introducción al Antiguo Testamento,* TELL, Grand Rapids, 1977 y 1881.

Libros especializados de Crítica

Archer, Gleason, "Alleged Errors and Discrepancies in the Original Manuscripts of the Bible", en íd., *Inerrancy,* Zondervan, Grand Rapids, 1980

Archer, Gleason, *Reseña Crítica de una Introducción al Antiguo Testamento,* Moody Bible Institute, EE.UU., 1964.

Armending, Carl E., *The Old Testament and Criticism,* Eerdmans, Grand Rapids, 1963.

Barton, Payne, *Higher Criticism and Biblical Inerrancy,* Zondervan, Grand Rapids, 1979.

Bultmann, Rudolf y otros, *Kerygma and Myth. A theological debate,* vol. I, Harper and Row Publishers, EE.UU., 1953.

Bultmann, Rudolf y otros, *Kerygma and Myth. A theological debate,* vol. II, S.P.C.K. Londres, 1962.

Bultmann, Rudolf, *History of the Synoptic Tradition,* Oxford, 1963. Es una traducción de la tercera edición alemana de 1958, *Die Geschichte der synoptischen Tradition,* originalmente publicada en Gotinga, 1921.

Burge, Gary M., "A Specific Problem in the New Testament Text and Canon: The woman caught in adultery", *Journal of the Evangelical Theological Society,* vol. XXVII, 1984.

Cantera Ortiz de Urbina, José, "Antiguas versiones bíblicas y traducción", *Hieronymus* 2, Universidad Complutense de Madrid, 1995.

Casciaro, J. M., *Exégesis Bíblica, Hermenéutica y Teología,* Eunsa, Pamplona, 1983.

Chavel, Simeon, *On Genesis 1-3,* BIBL 31000, University of Chicago, 2014.

Dan, H. E., *El Nuevo Testamento ante la crítica,* Casa Bautista de Publicaciones, El Paso, Texas, 1953.

Dibelius, Martin, *From tradition to Gospel,* James Clark & Co., 1982. Traducido en español: *La historia de las formas evangélicas,* Edicep, Valencia 1984.

Fee, Gordon, *Biblical Criticism,* Zondervan Publishing, Grand Rapids, 1978.

Flores, José, *El texto del Nuevo Testamento,* Clie, Viladecavalls, 1977.

Granger Cook, John, "Matthew 5.39 and 26.67: Slapping another's Cheek in ancient Mediterranean Culture", *Journal of Greco-Roman Christianity and Judaism* 10, 2014.

Grant, Robert, y Freedman, David, *The secret sayings of Jesus. A modern translation of the Gospel of Thomas with Commentary*, Barnes & Nobles, Nueva York. 1993.

Guthrie, Donald, *The Historical and Literary Criticism of the New Testament*, Biblical Criticism Zondervan Publishing, Grand Rapids, 1978.

Harrison, R. K., *The Historical and Literary Criticism of the Old Testament. Biblical Criticism.*, Zondervan Publishing, Grand Rapids, 1978.

Kim, Hak Chin, *Luke's Soteriology: A dynamic event in motion*, tesis doctoral presentada en el Departamento de Teología y Religión de la Universidad de Durham, 2008.

Krüger, René, Croatto, Severino, y Míguez, Néstor, *Métodos Exegéticos*, Publicaciones Educab, Buenos Aires, 1996.

Ladd, G. Eldon, *The New Testament and Criticism*, Eerdmans, Grand Rapids, 1967. Traducido en español: *Crítica del Nuevo Testamento*, Editorial Mundo Hispano, El Paso, 1990.

Manaham Ronald, "The Cyrus Notations Of Deutero-Isaiah", *Grace Journal* 11.3, Grace Theological Seminary, EE.UU., 1970.

Marxsen, Willi, *Mark the Evangelist: Studies on the Redaction History of the Gospel*, Nashville, Abingdon, 1969.

McDowell, Josh, *Evidencia que Exige un Veredicto*, t. II, Clie, Viladecavalls, 1988.

McKnight, Edgar, *What is Form Criticism*, Fortress Press, EE.UU., 1971.

Orr, James, *The problem of the Old Testament considered with reference to recent criticism*, Charles Scribner's Sons, Nueva York, 1906.

Oswalt N. John, *The book of Isaiah: Chapters 40-66*, Grand Rapids, 1998.

Roig Cervera, Miguel Ángel, *La estructura literaria del evangelio según san Mateo* (tesis doctoral), Universidad Complutense de Madrid, Madrid, 1995.

Sánchez Castelblanco, Wilton Gerardo, "Jesús y la mujer adúltera. Análisis exegético-Teológico de Jn 7:53–8:11", *Franciscanum*, vol. LII, nº 154, 2010.

Soulen, Richard, *Handbook of Biblical Criticism*, John Knox Press, EE.UU., 1981.

Thompson, P. E. S., "The Yahwist Creation Story", *Vetus Testamentum* 21, 1971.

Travis, Stephen H., "Form Criticism" en Howard Marshall (ed.), *New Testament Interpretation: Essays on Principles and Methods*, Carlisle: The Paternoster Press, 1977.

VanderKam, James, "Davidic Complicity in the Deaths of Abner and Eshbaal: A Historical and Redactional Study", *Journal of Biblical Literature*, 1980.

Vidal Manzanares, César, *El primer Evangelio: El Documento Q*, Planeta, Barcelona, 1993.

Waltke, Bruce, "The Textual Criticism of the Old Testament", *Expositor Bible's Commentary*, Zondervan Publishing, 1979.

White, James, *The King James only Controversy*, Bethany House Publishers, EE.UU., 2009.

Zimmermann, H., *Los métodos histórico-críticos en el Nuevo Testamento*, BAC, Madrid, 1969.

Otras fuentes

Battex, Federico, *La Biblia*, Clie, Viladecavalls, 1985.

Benlloch y Tejedor, *Filosofía general*, SM, Madrid, 1975.

Berkhof, L., *Introducción a la Teología Sistemática*, Edit. Tell, México, 1974.

Boettner, Loraine, *The Inspiration of the Scriptures*, Eerdmans, Grand Rapids, 1973.

Bornkamm, Gunther, *El Nuevo Testamento y la Historia del Cristianismo Primitivo*, Sígueme. España.

Bultmann, Rudolf, *Teología del Nuevo Testamento*, Salamanca, 1981.

Carlson, D. A., *Scripture And Truth*, Zondervan, EE.UU., 1983.

Chafer, L. S., *Teología Sistemática*, Publicaciones Españolas Dalton, EE.UU., 1974.

Chávez, Moisés, *Hebreo bíblico*, Editorial Mundo Hispano, 1981.

Dana y Mantey, *Gramática griega del Nuevo Testamento*, Casa Bautista de Publicaciones, El Paso, 1975.

Fanuli, *Problemas y Perspectivas de las Ciencias Bíblicas*, Salamanca, España, 1983.

Fatone, Vicente, Lógica e Introducción a la Filosofía, Kapeluz, Buenos Aires, 1951.

Fricke, Roberto, *Las Parábolas de Jesús*, Editorial Mundo Hispano, EE.UU., 2005.

Garber, Scott, *Notas de clase no publicadas, sobre Evangelios Sinópticos*, IBSTE, 1990.

Garraghan, Gilbert, J., *A guide to Historical Method*, Fordham University Press, EE.UU., 1946.

Girón, José, *Los Testigos de Jehová y Sus Doctrinas*, Editorial Vida, EE.UU., 1954.

Graham, Billy, *El Mundo en Llamas*, Sopena, Buenos Aires, 1965.

Grelot, Pierre, *Hombre, ¿quién eres? Los once primeros capítulos del Génesis*, Verbo Divino, Estella, 1988.

Gundry, Robert Matthew, *A Commentary On His Literary and Theological Art*, Eerdmans, Grand Rapids, 1981.

Hayes, John, *Biblical Exegesis*, John Knox Press, EE.UU., 1933.

Henry, Carl, *Revelation and Bible*, Baker Book House, EE.UU., 1980.

Hernando Cuadrado, Luis Alberto, *Introducción a la teoría y estructura del lenguaje,* Editorial Verbum, Madrid, 1995.

Hirschberger, Johannes, *Breve Historia de la Filosofía,* Herder, Barcelona, 1982.

Kale, Yates, *Nociones Esenciales de hebreo bíblico,* Casa Bautista de Publicaciones, El Paso, 1970.

Kapelrud, Arvid, "The Mythological features in Genesis chapter 1 and the author's intentions", *Vetus Testamentum,* vol. XXIV, 1974.

Keyon, Frederic, *Our Bible and The Ancient Manuscripts,* Eyre and Spottiswoode, Londres, 1896.

Lewis, Gordon, "The Human Authorship of Inspired Scripture", en Norman L. Geisler (ed.), *Inerrancy,* Zondervan, Grand Rapids, 1980

Lindsell, Harold, *The Battle for the Bible,* Zondervan, EE.UU., 1976.

Lindsell, Harold, *The Bible in the Balance,* Zondervan, EE.UU., 1976.

Lund, E., *Hermenéutica. Introducción Bíblica,* Editorial Vida, EE.UU., 1964.

Maier, John, *The Bible in its Literary Milieu,* Eerdmans, Grand Rapids, 1978.

Manley, G. T., *Nuevo Auxiliar Bíblico,* Clie, Viladecavalls, 1987.

Martínez, J. M., *Hermenéutica bíblica,* Clie, Viladecavalls, 1984.

McClain, Alva J., *Christian Theology,* Grace Theological Seminary, EE.UU., 1954.

Nazari Bagha, Karim, "A short introduction to Semantics", *Journal of Language and Research,* vol. II, nº 6, 2011.

Olabarrieta, Santos, *Sin Jesucristo todo es carroña,* Edit. BPIN, EE.UU., 1982.

Pache, René, *The Inspiration and Authority of Scripture,* Moody Press, 1969.

Pagán, Samuel, *El Rey David. Una biografía no autorizada,* Clie, Viladecavalls, 2013.

Perrot, Charles, *Jesús y la Historia.,* Ediciones Cristiandad, Madrid, 1982.

Pikaza, Xabier, *Mujeres de la Biblia Judía,* Clie, Viladecavalls, 2013.

Recinos, Adrián, *Popol Vuh, Antiguas leyendas del maya quiche,* Edit. Leyenda, México, 2012.

Rodríguez Adrados, Francisco, *Historia de la Lengua Griega,* Gredos, Madrid, 1999.

Saussure, Ferdinand, *Curso de Lingüística General,* Losada, Buenos Aires, 1969.

Segundo, Juan Luis, *El hombre de hoy ante Jesús de Nazaret,* Ediciones Cristiandad, Madrid, 1982.

Shedd, William G. T., *Calvinism: Pure and Mixed,* Charles Scribners Sons, Nueva York, 1893.

Sttot, John, *Cómo comprender la Biblia,.* Ediciones Certeza, Buenos Aires, 1971.

Suplemento Arqueológico, *The Greatest Archaeological Discoveries*, Open Bible, Nelson Publishers House, EE.UU.

Vardman, Jerry, *La Arqueología y la Palabra Viva*, Casa Bautista de Publicaciones, El Paso, 1968.

Von Rad, Gehard, *El Libro de Génesis*, Sígueme, Salamanca, 1977.

Vos, Howard F., *Archeology in Bible Lands*, Moody Bible Institute, EE.UU., 1977.

Yamaughi, Edwin, *Las Excavaciones y las Escrituras*, Casa Bautista de Publicaciones, El Paso, 1971.

Zaldívar, Raúl, *Teología Sistemática desde una Perspectiva Latinoamericana*, Clie, Viladecavalls, 2006.

Páginas de internet

Álvarez Valdés, Ariel, ¿Por qué maldijo una higuera? http://www.revistacriterio.com.ar/iglesia/¿por-que-jesus-maldijo-unahiguera/ (Visto el 31 de octubre del 2015).

De Smedt, Charles, "Historical Criticism", *The Catholic Encyclopedia*, Vol. IV, Robert Appleton Company, Nueva York, 1908. <http://www.newadvent.org/cathen/04503a.htm> (Visto el 31 de octubre del 2015).

El primer libro Adam (Adan) y Java (Eva), http://solutionsagp.es/resources/Libro+de+ADAN.pdf (Visto el 21 de octubre del 2015).

http://escrituras.tripod.com/Textos/Diatessaron.htm.

Israel en una profecía bíblica, http://juanstam.com/dnn/Blogs/tabid/110/EntryID/179/Default.aspx.

Martin Dibelius Die, *Formgeschichte des Evangelium*, publicado en 1919, se puede encontrar en https://archive.org/stream/MN41397ucmf_1#page/n7/mode/2up.

Martínez, Juan, *Formgeschichte: La Crítica de Formas y sus efectos en el pensamiento cristiano moderno*, www.semilla.org.

Novakovic, Lidija, "Turning the Other Cheek to a Perpetrator Denunciation or Upholding of Justice?", Annual SBL Meeting, 2006. https://www. sblsite.org/assets/pdfs/Novakovic_Cheek.pdf (Visto el 20 de octubre del 2015).

Sorger, Rainer, "El legado de Rudolf Bultmann: La desmitologización como acceso al Evangelio". Conferencia impartida en El Escorial en marzo del 2007 en la Facultad Teológica del SEUT. http://documents.mx/documents/sargel-el-legado-de-rudolf-bultmann-la-desmitologizacin-como-acceso-al.html (Visto el 2 de noviembre del 2015).

Printed in the USA
CPSIA information can be obtained
at www.ICGtesting.com
LVHW020858210724
785408LV00006B/26